大人の教養

面白いほどわかる

JN017810

政治・経済

執行康弘

駿台予備学校・
東進ハイスクール・
代々木ゼミナール講師

＊この本には「赤色チェックシート」がついています。

はじめに

　昨今、学び直しを意味するリスキリングという言葉をよく耳にするようになりました。

　知らないことやあやふやなことを学び直して得た知識が、また別の知識の扉を開き、その知識の連鎖反応に自分自身が成長できている感じがして非常に楽しくなります。

　私が学校、予備校で担当している政治・経済では憲法、人権、金融、紛争、貿易などの基礎を学びます。これらは現代社会で必須知識だと思われますが、「中学公民」で少し習っただけ、大学受験で使わないから勉強しなかったなど、みなさんにとって「見ないよう」、「触れないよう」にしていた教科だったのかもしれません。ですが、実際の社会において「見ないよう」、「触れないよう」にしておいて、「誰かが何とかしてくれるだろう」と思っても、結局は自分自身の問題になりますので、自分でどうにかするしかありません。政治や経済は政治家や一部の人たちのものではなく、われわれ自身が行わなければならないと思います。

　現実社会の目的は、われわれ自身が主人公となり、みんなで幸せになる物語をつくることだと思います。みんなが幸せになる物語をつくるためには、現在の問題・課題を知らないといけません。そのためにはどうしても知識が必要になります。そこで本書で中学公民や高校政治・経済の基礎知識をもう一度、学び直していただければと思います。
　なお本書は拙著「**改訂版大学入学共通テスト　政治・経済の点数が面白いほどとれる本**」の内容を抜粋したものとなっておりますので、この本で興味が持たれた方は是非、こちらも手にとってください。よりいっそう知識が深まるのではないかと思います。

　知識があることは非常に素晴らしいことです。ないよりある方がよいに決まっています。本書で政治・経済の知識をもう一度、身につけることは非常に意味のあることだと思います。
　ただ私は、ネットなどでも調べればわかるような知識があることが人として素晴らしいこととは思いません。知識にプラスして、「**人として善く生きるこ**

と」、そうなれるように行動することが素晴らしいことだと思います。政治・経済はみなさんが主人公となり、周りと協力しながら社会全体の幸せを実現させる必須教科です。そのために主人公であるわれわれが正しい知識にプラスして「人として善く生きる」ことが重要だと思います。そうなれば誰もが幸せになる社会が実現できるのではないかと思います。

　最後になりましたが、株式会社 KADOKAWA の岡田晴生さんには大変お世話になりました。岡田さんのご助力がなければ、本書がみなさんに届くことはなかったと思います。この場をお借りして感謝を申し上げます。

　　　　　2023年3月　　東進ハイスクール・東進衛星予備校　公民科講師
　　　　　　　　　　　代々木ゼミナール　　　　　　　　　　公民科講師
　　　　　　　　　　　駿台予備学校　　　　　　　　　　　　政経科講師
　　　　　　　　　　　　　　　　　　　　　　　　　　　　　執行　康弘

もくじ

第 4 章 現代の国際政治

第2部　経済編

第1章　現代の経済

第 **3** 章　国際経済

本文イラスト：どいせな

本文デザイン：長谷川有香（ムシカゴグラフィクス）

＊本書掲載のデータは、原則的に2023年4月現在の情報が最新です。

第 1 部

政治 編

人権や権利、国際情勢など身近なテーマについて学びます。この分野を学ぶことで視野が大きく広がります。現状を理解し、課題や問題点を考えながら読み進めてください。

民主政治の基本原理

1 政治と権力

> 人々の意見を調整し、人々の幸せを最大化するのが「政治」。他者を
> 強制する力が「権力」だ！

　さっそく政治分野からはじめましょう。言葉や内容は難しいですが、政治・経済をはじめ、勉強は未来の自分への投資だと思って頑張っていきましょう。

　「人間はポリス（社会）的動物である」。これは万学の祖といわれる**アリストテレス**の言葉です。われわれは一人で生きることはできません。そのため、お互いの自由を尊重しながら社会とかかわり、生きていかなければなりません。

　お互いの自由を尊重するためには、「みんなで話し合う」ことや「ルール」を決めることが必要です。みんなで話し合うことで、お互いの意見や利害を調整して、みんなが幸せになれるような社会を形成していく。これが「**政治**」です。

　そして、みんなで決めたルール（法）を守るためには、他人の行動を支配する強制力が必要になります。これを「**権力**」といいます。

2 国家の誕生

> 国家とは国民・領域・主権からなる。

　古くから、われわれは支え合って生きてきました。最初は家族、次に古代ギリシアではポリス（都市国家）という単位で集団が形成され、それらがやがて国という単位の集団へと発展することになりました。これが国家です。

　ドイツの**イェリネック**は、国家が成立する条件として、**国民**（人民）がいること、そしてその国民が生活する場所として**領域**（領土・領海・領空）があること、**主権**があることの3つの条件を示しています。主権とは領域内において、他のすべての個人や集団を支配し、対外的に他の国からのいかなる干渉をも受けない独立性を有するという意味です。この**国民・領域・主権**を**国家の三要素**といいます。

理解を深める▶ **領　域**

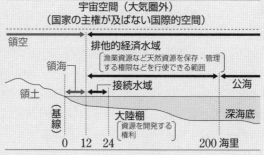

領土・領海・領空 排他的経済水域は 領海の幅をはかる 基線から200海里 を超えて拡張して はならない。 1海里＝1852メー トル

理解を深める▶ **主　権**

最高意思決定権	国政のあり方を最終的に決定する最高権力
統治権	国家の持つ領域や国民を統治、支配する権力
対外独立性	他国からの干渉や強制を排して自国の領域と国民の独立を保持する

※近代的主権概念を確立したのが、フランスの**ボーダン**（『国家論』）である。ボーダンは主権を国家の絶対的権力と主張し、主権は君主に委託されるとした。

3 民主政治

> 君主政・貴族政・民主政。もっとも理想的な政治の形態とは何か。
> 長い歴史の中で絶えず、検証されてきた！

<u>「人民の、人民による、人民のための政治」</u>。これは誰の言葉でしょうか。

（ リンカン大統領です。 ）

　そうです。南北戦争最大の激戦地であったゲティスバーグにおいて、リンカン大統領が民主政治の本質を端的に表現したものとして、日本国憲法でもその理念は受け継がれています。その一方で、イギリスのチャーチル首相は「民主主義は最悪の政治形態であるといえる。ただし、これまで試されてきたいかな

る政治制度を除けば」とも述べています。

> なんだか深い言葉ですね。

　民主政治（民主主義）の語源は、demos（デモス＝人民）と kratia（クラティア＝支配）です。古代ギリシアでは、人々（成人男子）がみんなで政治に参加する**直接民主制**が採られ、一人一人が政治に直接参加していました。また、絶対王政や特権階級が政治を行う貴族政などが行われたこともありましたが、いずれも最終的にはうまくいきませんでした。

４ 合意の形成

> 意見の対立を話し合いで解決し、合意を得る。

> みんなが幸せになる政治、またルールをつくることって難しそうですね。

　最も良い方法は、みんなから「**合意（コンセンサス）**」を得ることです。
　例えば「独裁」の場合は、意思決定が容易で時間はかからないかも知れませんが、その他全員の満足度は無視することになります。「多数決」は、一見すると民主主義的手法に見えますが、テレビや新聞などのマスメディア、発言に影響力がある人（オピニオンリーダー）などによって世論が誘導され、それによって多数派が形成されれば、フランスの**トックビル**が指摘したように「**多数派の専制政治**」となり独裁とほぼ変わりません。**多数決は結局、数にモノをいわせた意思決定になるので、少数派の意見をいかに尊重するかが課題となるのです。**
　価値観が多様化する現代だからこそ、全員の合意は難しいですが、時間はかかっても、意見対立を乗り越えて合意すれば、社会参加への意識が高まるはずです。よって**合意（コンセンサス）型民主主義**が最も理想だといえます。

５ 民主政治の成立

> 絶対王政から国民主権へ。

　「自分のものは自分のもの」。そんなことは当たり前ですが、それが当たり前

ではない時代がありました。

　絶対王政の頃ですね。

　王の権力は神から授けられたものという**王権神授説**を信奉したイギリスのジェームズ１世、フランスのルイ14世のように、絶対王政とは王による専制政治のことで、16世紀から18世紀のヨーロッパで見られた政治体制です。
　でも、いくら王の権力は絶対だといっても、「人のものを盗ってはいけない」、「人を殺してはいけない」など、世の中には守らないといけないルールがあります。その守らないといけない一種の社会常識的なもの、「**人間の理性に根ざしたいくら時代が変わっても変わらない常識の根底にある法**」を**自然法**といいます。この考えを前提とするならば、われわれには「自分の持ち物は自分が自由にできる（所有権）」などの権利が生まれながらにあるはずです。これが**自然権**です。

> 成員が守る法や道徳などのルールのことを社会規範といい、法は道徳と異なり、国家権力の強制力に裏付けられた社会規範である。
> 自然法とは異なり、人間が人為的に定めた法のことを実定法という。

　絶対王政では自然権を守ることができないですね。

　そうです。では、「人が生まれながらに持つ権利」を守るためにはどうすればよいだろうか。絶対王政だとわれわれの自然権は侵されてしまいます。そこで、**自分たちの自然権を守るために、自由で平等な人々が話し合って（契約にもとづいて）国家をつくろう（社会契約説）**と考えたのが、**ホッブズ**や**ロック**、**ルソー**です。彼らの考え方や自然法思想が人々（市民）に大きな影響を与え、ついには絶対王政を倒し、新たな国家を築きました。これが現在の国家のもとになっています。

6 社会契約説

> 自然権を守るため、人々は契約を結んで国家をつくった。

　まずホッブズ（1588〜1679・英）から見ていきましょう。彼が生きた時

代は清教徒革命（ピューリタン革命）の混乱期であり、その混乱をおさめるためには、神や宗教を前提としない、強力な権力を持った新たな国家が必要だと考えました。

　ホッブズが考えた**自然権**は**自由**（何をやってもよい＝他人の生命を奪う自由も含まれる）や**自己保存の権利**（他人に生命を奪われない）です。しかし、**人間は利己的である**ため、自然状態（国家が成立する以前の状態のこと）では、各々が自分の自然権を満たすため争いを起こしてしまいます。これが「**万人の万人に対する闘争**」です。

 闘争状態を解消するためにはどうすればよいのですか？

　それは「**平和を求めよ**」**という、理性の命じる自然法に従うこと**です。無制限に自由を主張し合うから対立するので、互いが自然権を放棄し合い自由を制限する契約を交わす。互いの契約を守らせるためには、違反した者を取り締まる国家が必要ですから、個人が決して敵うことができない絶対的な存在、リヴァイアサン（旧約聖書に登場する海の怪物）に相当する**国家を人々の合意によってつくる**。その**国家に権力を譲渡し、それに服従する**ことで闘争状態を終わらせる。このような契約をホッブズは考えました。

 ホッブズの社会契約だと絶対王政を擁護することになりませんか？

　確かに結果的には絶対王政を擁護することになってしまいましたが、ホッブズ自身は絶対王政を擁護していません。争いに勝った者が権力を握るのではなく、「人々の合意により国家をつくる」という社会契約の考え方は、結果はともかく、今日に与えた影響は大きいです。

　次は**名誉革命**（1688）を理論的に擁護した**ロック**（1632〜1704・英）です。

〈ホッブズの考え〉

権力者

自然権〔譲渡〕　安全

人民

　ロックはホッブズとは異なり、自然状態が闘争状態になるとは考えていませんでした。ロックは、人間は理性的な生き物だから、たとえ自然状態であっても闘争状態にはならず、人々は自由で独立した平和な状態にあるとし、また、自由で独立した人間が持つ自然権を「**生命・自由・財産**」であると考えていました。

この自然状態だと国家なんて必要なさそうですね。

　ただ残念ながらそうはいきません。ある程度の問題は自分たちで解決できるでしょうが、人によって自然法の解釈は異なり、また人が人を裁くのは難しいことです。そこでロックは、自然法の適切な解釈や個人が裁く権利を国家に**信託**（人々が権利を持ったまま預けること）するべきだと考えました。

全面譲渡ではないのですね。

　はい、譲渡ではなく信託です。**生命・自由・財産**といった自然権を持っているのはわれわれであり、国家ではありません。譲渡であれば抵抗することはできませんが、あくまで信託なので、国家がもし、われわれの自然権を侵害するようなことがあれば、われわれが**革命権**や**抵抗権**を行使することを認めたことに特徴があります。また、ロックは、主権はあくまでも人民が持つが、国家の意思決定は主権者である人民の代表によって行われるべきであると考えました。このようにロックは**国民主権、間接民主制（代議制）**を主張したのです。

他にロックで注意するところはありますか？

　ロックは、**立法権**と**執行権**（法に違反した者を裁き、処罰する権限）・**連合権**（外国から自然権を侵害されることを防ぐ権利。ロックは執行権と連合権は同一の主体［国王］が担うべきだと考えた）を分ける権力分立論を唱え、お互いが抑制し合うべきだと考えました。ですが、人々からより信託を受け、法律を制定する**立法権は他の機関よりも優越する**としています。

〈ロックの考え〉

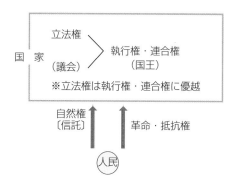

最後は**ルソー**（1712〜78・仏）です。ルソーはホッブズやロックとはまた違う社会契約説を展開しました。ルソーにとって自然状態は、みんなが自由で平等であり、お互いが助け合って生きている、理想的な世界。ところが文明の発達にともない、貧富の差などが生まれ理想的な社会は崩壊しました。

　例えば、本来であれば、土地はみんなのもの（公的なもの）です。それがより多くの財産を得ようと土地を囲い込むようになり、ついには争いを起こすようになりました。このような文明社会に侵された現実はルソーにとって我慢できない状態です。だからルソーはお互いが平和に暮らせるように、また、失われた自由や平等を取り戻すため、新たな社会契約を結ぶことを主張しました。

> ルソーは人間の根源的な本性を、自分が死なないように気遣うこと（**自己愛**）と他人や他の動物が苦しんでいるときに、自分も苦しいと感じる共感能力（**憐れみ**）であると考えた。

「自然に帰れ」ですね。

　有名な言葉ですが、ルソー自身はその言葉を用いていないようです。ホッブズの社会契約は非常に画期的なものでしたが、権力者と人民との主従関係が生まれ、権力者に生殺与奪の権利を与えてしまう。しかし、ルソーの場合、主権者である「私」が全員参加する「私たちの共同体」をつくり、そこでは共同体の利益、すなわち**一般意志**（一般意思）にもとづき、みんなの合意によって「法」を決めるべきだと考えました（**直接民主制の採用**）。そして私は他人から強制されたものではなく、私自身が参加し、私たちで定めた「法」に自ら従うことで自由になれ、また政府はあくまで私を代弁した法の執行者であり、この法にはもちろん国王なども拘束される。このような社会契約をルソーは考えたのです。

一般意志？

　一般意志とは、**個人の意志ではなく、共同体の利益を求める意志**であり、その一般意志は誰にも譲り渡すことができない不譲渡性、分割することができない不可分性といった特徴がありますが、ちょっとわかりにくいのでくだいて説明します。

　例えば、「ゴミの分別なんてめんどくさくて嫌だ」という意見があるとします。それが個人の意志（**特殊意志**）です。個人の意志が集まって、みんなが「ゴミの分別なんてやってられるか」となるのが**全体意志**。でもそうなれば、リサイクルできず、ますます資源の枯渇(こかつ)が進んでしまいます。だから「ゴミの分別はめんどくさくて嫌だけど、限られた資源を大事にするためには必要だ」というのが**一般意志**です。**一般意志と、個人の意志である特殊意志の総和である全体意志は違うもの**なのです。

 他にルソーについて何か注意することはありますか？

　ルソーは主権を他人に譲ったり、分けたりすることはできないと考えました。だからロックのように自然権を信託するやり方では、人々の意思を正しく政治に反映することはできないので、ルソーは**「イギリス人たちが自由なのは、議員を選挙する間だけのことで、議員が選ばれるやいなや、イギリス人民は奴隷となってしまう」**と痛烈に皮肉っています。

　ちなみに、現在、イギリスには国王がいますが、フランスに国王は存在しません。これはルソーの影響があることは否定できません。そもそも土地は公的なもの。それを私有化する極みは当時の絶対王政にあります。ルソー自身は国王の存在を否定していませんが、国王は明らかに一般意志に反しています。だからフランス革命で処刑されてしまいました。**主権者である国民が政治の主人公。人民主権、直接民主制こそがルソーの主張した社会**なのです。

7 法の支配

> 法の支配（rule of law）の究極的な目的はわれわれの権利・自由を守ること。法治主義（rule by law）は法の内容よりも議会が制定したという手続きを重視する!!

　絶対王政などは国王自身が「法」をつくり、それをもとに人々を支配していたので、人々の権利・自由はたびたび侵されていました。そこで、絶対王政のように王という人が人を支配する「**人の支配**」に対し、われわれの**権利・自由を守ること**を目的にイギリスで発展してきた考えが「**法の支配**」です。

　人の支配から法の支配へですね。

　法の支配は、法を権力者の上に位置づけることにより、法の範囲内でのみ権力を行使するよう制限しました。このようにすることで権力者の暴走を防ぎ、われわれにとって最も重要な権利や自由を守ることができると考えました。
　ですから、その法は絶対に「正しい法」じゃないといけません。そこで法の内容を審査する権限を裁判所に与え、裁判所が法の内容を審査することにしました。この法の内容を裁判所が審査する権限のことを**違憲立法審査権（法令審査権）**といいます。なおイギリスでは、国民の信託を受けた議会は間違ったことをしないという不文律があり、**法の支配の母国であるイギリスの裁判所には違憲立法審査権はありません**（ちなみにイギリスには、イギリス憲法のようなまとまった憲法典もありません）。
　違憲立法審査権はアメリカの判例（1803年のマーベリー対マディソン事件）で確立された権限です。合衆国憲法の条文には明記されていませんが、戦後、英米法の影響を受けた日本国憲法には明文化されています（憲法第81条）。このように「法の支配」はわれわれの権利・自由を守るものとして、近代憲法の大原則になっているのです。

　「法治主義」という考え方もありますよね？

　「法律万能主義」、「形式的法治主義」とも呼ばれる考え方ですね。「法の支配」と言葉ではよく似ていますが、「**法治主義**」はドイツで発展してきた考え方で、**議会が制定したという手続きを重視する考え方**です。法の支配の究極的な目的

は権利・自由を守ることにあるため、議会によって制定された法は絶対的に正しい法でないといけません。当然、われわれの権利・自由を奪うような法は許されません。しかし法治主義は、議会が制定したという手続きを重視する考え方なので法の内容にはこだわりません。明治憲法下の治安維持法やナチスによる全権委任法などが「（形式的）法治主義」の例で、まさに「悪法もまた法」です。

戦後ドイツでは、人権を侵害することがないように法の内容の重視や違憲立法審査権の導入などを行ったため、実質的法治主義と呼ばれるようになった。実質的法治主義は法の支配とほぼ同じ意味である。

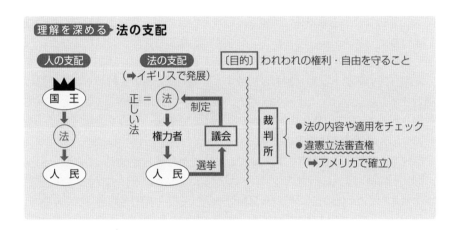

理解を深める▶**法の支配**

2 権力分立と個人の尊重

1 権力分立

> 立法権・行政権・司法権を異なる機関が持つことで権力の抑制と均衡を図る!!

　そもそもなぜ、王や将軍は他者を支配する力＝権力を持つようになったのでしょうか。「神から権力を授かった」、「絶対的な武力を持っていた」など、宗教や絶対的な武力に権力の正統性を見いだすことができなくはありません。

　イギリスの**アクトン**は「**権力は腐敗する。絶対的な権力を持つものは絶対に腐敗する**」と述べました。やはり**立法（法をつくる）・行政（法にもとづいて政治を行う）・司法（法にもとづいて裁く）**の三権を一人の人間が持てば、われわれの人権は侵害されるのです。

　そこで、著書『**法の精神**』において、この三権を異なる機関に担わせ、相互に抑制と均衡（チェック＝アンド＝バランス）を図ることにより、人権を守ろうと考えたのがフランスの**モンテスキュー**です。この権力分立論は各国の憲法に採用され、日本では立法権は国会が、行政権は内閣が、司法権は裁判所が担うことになっています。

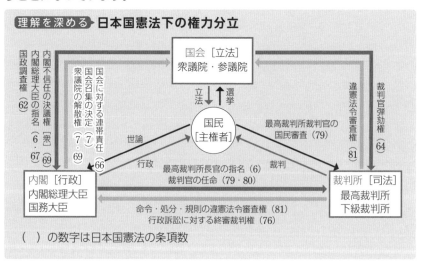

理解を深める▶日本国憲法下の権力分立

（　）の数字は日本国憲法の条項数

2 人権思想の発展

> まず自由権が保障され、20世紀になると社会権が保障されるように
> なった。

「王の権力は神から授けられたものだから、みなさん従いましょう」。「王が
税金を上げると言っています。みなさん納めてください」。そう言われたらど
うしますか？

 無視するか、「ふざけるな」と言います。

当然、私もそうします。でも「ふざけるな」と言えるのは幸せなのかもしれ
ません。絶対王政の時代では、王の理不尽な命令に従うことは当たり前でした。
でも、今の私たちは「ふざけるな」と声に出すことができます。自分の財産を
不当に差し押さえられることもなければ、不当に拘束されることもありません。
私たちは一人一人、「自分の意見を述べる」、「財産を侵害されない」、「不当に
逮捕されない」などの権利が保障されています。

このように現在では、一人一人の人間に「権利」が与えられています。王の
みが権利を有するのではなく、**一人一人の人間が権利を持つ、かけがえのない
個人として尊重されている**。これこそが人権思想の第一歩です。

人権宣言の先駆となったのが**マグナ゠カルタ**（**大憲章・1215**）です。マグ
ナ゠カルタは王権を大幅に制限する内容となっていて、議会の承認がない課税
の禁止、法と裁判によらない拘束の禁止（人身の自由の保障・罪刑法定主義）
など、近代憲法の原典というべき内容が示されました。しかし、17世紀に王
権神授説を根拠に絶対王政を行ったジェームズ1世はそれを無視しました。
そこで当時、裁判官であった**エドワード゠コーク（クック）**は13世紀の裁判
官であったブラクトンの言葉を引用して、ジェームズ1世を諫めます。

 「王といえども神と法の下にある」という有名な言葉ですね。

そうです。この言葉をコークが引用することで、イギリスにはすでに**法の支
配の伝統とコモン゠ロー（慣習法・判例法）の優越**が確立していることを示し、
王といえども勝手なことはできないとジェームズ1世に強く訴えました。その
後コークは、マグナ゠カルタをもとに**権利請願**（**1628**）を起草し、それをジ
ェームズ1世と同じく絶対王政を行っていたチャールズ1世（ジェームズ1

世の息子）に提出しました。マグナ＝カルタの精神をチャールズ1世に再確認させようとしましたが、チャールズ1世も無視しました。結局、**清教徒（ピューリタン）革命**でチャールズ1世は処刑されてしまいました。

その後、クロムウェルによる独裁を経て、再びチャールズ2世、ジェームズ2世による絶対王政に戻ってしまいました。しかし、自由と権利を奪う絶対王政を人々が許すわけがなく、1688年に**名誉革命**が起こって、王による専制政治は終わりを告げました。この名誉革命の結果、**権利章典**（1689）が発表され、権利請願で主張された権利だけでなく、請願権や議員の発言・表決の自由なども明記され、議会が政治を主導する立憲君主制の確立へと進むことになりました。

一方、アメリカではイギリスからの独立を目指し、独立戦争が起こりました。この戦争のさなか、バージニアで発表されたのが、**バージニア権利章典**（1776）です。バージニア権利章典では、特権階級を対象とするとされていた自由や諸権利を、すべての人に認めること（天賦人権思想）を高々と宣言し、人民に「革命権」などがあることも明記されました。また同年には、ジェファーソンらが起草した**アメリカ独立宣言**が発表されました。アメリカ独立宣言は、生命・自由および幸福の追求を人民の天賦の権利（天から与えられた権利）とし、抵抗権が明記されました。アメリカ独立宣言もバージニア権利章典と同じくロックの影響を強く受けた内容になっています。

さらにフランスでは、厳しい身分制の存在などの旧体制（アンシャン＝レジーム）がはびこっていましたが、それらを打ち破るため**フランス革命**（1789）が起こり、その革命の成果として**フランス人権宣言**が発表されました。フランス人権宣言には「国民主権」、「権力分立」などの規定も明記されていて、まさに人権思想の集大成ともいえる内容になっています。

> フランス人権宣言ですべての人権が保障されることになったのですね。

いえ、市民革命によって形成された人権は、信教の自由、身体の自由、経済活動の自由など、**国家からの自由**を求める**自由権**が中心でした。その後、資本主義経済の発展とともにさらに新たな人権が加わることになります。

まず**資本主義経済は、土地や工場などの生産手段の私有化を認める経済体制**です。そのため生産手段を有する資本家と、生産手段を持たず労働力を提供するしかない労働者との2つの階級を生みました。また資本主義経済は**契約の自由**によって成り立ち、契約を交わせば劣悪な環境であっても労働者たちは生活

のために働くしかありませんでした。たとえ幼い子どもであっても、炭坑など の過酷な環境の中で長時間働かされることもしばしばあったのです。

当時は労働法規が整備されていなかったのですね。

　ですから労働者たちは何とかして自分たちの地位を向上させ、労働条件を改善させたかった。しかし、当時の政治は**教養や財産を有する名望家（エリート）**たちだけのものであって、一般の人々は政治に参加することができませんでした。そこで人々は自分たちの意見を政治に反映させるため、**政治に参加する権利**（＝**参政権**）を求めて立ち上がり、ついに**参政権（19世紀的基本権。国家への自由）**を認めさせることに成功しました。

自由権に加え、参政権が確立したのですね。でもまだ何か足りないなー。

　資本主義経済では**自由放任主義（レッセフェール）**のもと、**国家の役割は、国防や警察などの人々の生命を守る最小限のことのみに限られていました。**このような国家は**夜警国家・消極国家**と呼ばれます。資本主義経済はいわばトーナメント戦のようなもので、競争に勝ち、資本主義のゴールである市場の独占に到達すれば巨万の富を得ることができますが、それは同時に多くの敗者を生むことになり、どうしても貧富の差を生んでしまいます。みなさんも競争に敗れ、衣食住を失い、路頭に迷ったことを考えてみてください。

それは困りますね。

　そうですよね。経済的弱者だけでなく、世の中には子どもや高齢者、ハンディキャップを負った人など社会的弱者が存在します。果たして自由や平等の権利だけで足りるでしょうか？　絶対、足りません。そもそも人権思想の根底にあるものは何か。それが**個人の尊重**です。
　一人一人はかけがえのない存在だからこそ自由で平等であり、自由で平等な個人がお互いを尊重し合うことで社会が成り立ちます。そこで国家によって、**人間が人間らしく生きることを保障してもらうために登場したのが社会権（20世紀的基本権。国家による自由）**です。
　社会権は、第一次世界大戦の敗戦国ドイツの**ワイマール憲法**（1919）で認められました。この社会権の登場によって、国家の役割には国防や警察だけで

なく、国家が人々の生活に積極的に介入することで社会不安を解消し、人々が安全に生活できる社会をつくることも含まれるようになりました。このような国家は、**福祉国家・積極国家**と呼ばれます。

3 人権思想の国際化

> イギリス、アメリカ、フランス、ドイツと人権思想が発展してきたが、ただし残念ながら、それぞれの人権保障はそれぞれの国民に限られていた。

> 第二次世界大戦中にはヒトラーによってホロコーストが行われましたよね。

ホロコーストとは、ナチスによるユダヤ人の虐殺のことで、**アウシュビッツ収容所**などで行われました。

個人の尊重こそが人権の基盤であり、個人の尊重は国や性別、人種などあらゆる枠を超えて、世界中の人々すべてに平等に及びます。それぞれの国の国民のみに人権を保障するのではなく、人権の国際化が必要となりました。

第二次世界大戦中にアメリカの**フランクリン＝ローズベルト**大統領が発表した**4つの自由**（**言論・表現の自由**、**信仰の自由**、**恐怖からの自由**、**欠乏からの自由**）は、各国の憲法や**世界人権宣言**（**自由権・平等権だけでなく参政権や社会権も規定**）などに大きな影響を与え、人権の国際化の先駆けとなりました。しかし、**世界人権宣言は単なる宣言にすぎませんでした（法的拘束力がない）**。そこで、それに**法的拘束力を持たせた**のが1966年に国連で採択された**国際人権規約**です。これは、経済の発展に応じて漸次的（「ゆっくり」という意味）達成を求める社会権的な内容のＡ規約と即時実施義務を定める自由権的な内容のＢ規約から成り立っており、Ａ規約、Ｂ規約の第 1 条は世界人権宣言にはなかった人民の自決権を認めることからはじまっています。日本は憲法との兼ね合いから、**Ａ規約の一部を留保し、Ｂ規約に関する選択議定書と死刑廃止条約は批准**※**していません**。国連では国際人権規約以外にも人種差別撤廃条約や女子差別撤廃条約などが採択され、地域によっては、ヨーロッパの欧州人権条約やアフリカのバンジュール憲章のように、より幅広く人権を保障しているものも次々と誕生し、人権の国際化が進んでいます。

※批准：国家が条約などを最終的に確認し、同意する手続きのこと。

第1章　国家の誕生と民主政治の基本原理

3 各国の政治体制

1 イギリスの政治体制

> 議院内閣制の祖国。国王が君臨する立憲君主制の国。

　イギリスは現在、国王が君臨する**立憲君主制**の国であり、また議院内閣制の祖国として有名です。

　立憲君主制とは、憲法に従って君主が統治権を行使する制度のことです。ただイギリスでは、18世紀のジョージ2世のときに**「君臨すれども統治せず」**の原則が確立し、国王に実質的な権限はありません（国王は英国の元首であり、軍の統帥、法案拒否権などの強大な権限を有しますが、内閣の助言が必要です）。また**議院内閣制とは行政府（内閣）が立法府（議会・国会）の信任にもとづいて成立し、連帯して責任を負うしくみ**のことです。

　イギリス議会について教えてください。

　イギリス議会では**上院（貴族院）**と**下院（庶民院）**の二院制が採られています。上院は名誉職みたいなもので、一代貴族が議席の大半を占め、他に世襲貴族や僧侶貴族などで構成されています。このように上院は全国民の代表者ではないので、国民の直接選挙によって選ばれた代表者で構成される下院が優越する**下院優越の原則**が採られています（議会法・1911）。そして首相は慣例として下院第一党の党首が指名され、国王が任命することになっています。

　首相以外の大臣はどうやって任命するんですか？

　議会の信任を得た首相が国務大臣を任命しますが、その**国務大臣は必ず国会議員でなければなりません**。日本の場合は**過半数が国会議員**であればよいので、国会議員でない私でも首相が任命すれば大臣になることができますが、厳格な議院内閣制を採るイギリスでは国会議員であることが条件です。なお、野党は**影の内閣（シャドー＝キャビネット）**をつくって、いつでも政権交代に備えています。

　また、イギリスではイギリス憲法といった**まとまった憲法典がありません**

③　各国の政治体制　29

（不文憲法）。歴史を重んじるイギリスでは三大法典（**マグナ＝カルタ・権利請願・権利章典**）や**コモン＝ロー**（慣習法・判例法）などが憲法典の役割を果たしており、憲法典がない以上、**裁判所には違憲立法審査権がありません**（なお、上院には最高法院が設置されていたが、ブレア首相により権力分立が進められ、2009年に最高裁判所が設立された）。

　イギリスは立法府、国民の代表である議会を重視する。さすが議会制民主主義が発展した国ですね。

まとめ　イギリス　議院内閣制、立憲君主制

国王　「**君臨すれども統治せず**」といわれ、政治上の実権を持たない。

立法　**貴族院（上院）と庶民院（下院）の二院制**。
　　　下院のみが国民の直接選挙で選ばれ、**下院は上院に優越する**。
　　　本会議中心の議事運営が行われている。

行政　内閣は議会（下院）に対して連帯責任を負う。
　　　首相と国務大臣は、国会議員の中から選ばれる。
　　　※日本の場合は国務大臣の過半数が国会議員であればよい。

司法　違憲立法審査権はない。2009年に連合王国最高裁判所を設置。

政党　保守党と労働党の二大政党が中心であるが、自由民主党などもある。
　　　野党（政権を担当していない政党）は**シャドー＝キャビネット（影の内閣）**を組織し、政権交代に備えている。

---

2 アメリカの政治体制

> 中央集権を嫌い、連邦制を採る国。厳格な権力分立制を採ることでも有名だ。

> アメリカの大統領について教えてください。

　民主主義の国アメリカでは、国を引っ張るリーダーを**国民による間接選挙によって選びます**。選挙で選ばれた大統領は、アメリカだけでなく、世界のリーダーとして注目を集めます。

アメリカの大統領選挙は国民が直接選ぶのではないのですね。

　そうです。アメリカの有権者は大統領を直接選挙で選ぶのではなく、まずは**大統領選挙人（538人）を選び、大統領選挙人が大統領を選ぶという間接選挙が採られています**。これは昔、現在よりも識字率が低かったので、地元の有力者が一般の人々に代わって選挙を行っていたときの名残です。

　大統領選挙人は州ごとに人口によって人数が振り分けられており、大統領選挙人をいかに獲得するかで当落が決まります。この大統領選挙人ですが、相手候補よりも1票でも多ければ、その州の大統領選挙人をすべて獲得することができる勝者総取り方式（ウィナー＝テイク＝オール）をほとんどの州が採用しています。ですので、2016年の大統領選挙のようにヒラリー＝クリントンを支持した人のほうがトランプを支持した人よりも多くても、大統領選挙人を多く獲得したトランプが当選するといった現象が起こることがあります。

　こうして晴れて選ばれた**大統領は、国家元首として行政権、外交権、統帥権など強大な権限を握ることになります**。この大統領の任期は 4年で、**三選することはできません**。かつてニューディール政策を進めたフランクリン＝ローズベルトは四選しましたが（在任1933〜45）、1951年の修正第22条で**三選が禁止されました**。

連邦議会と大統領の関係について教えてください。

　大統領は権力の象徴のような感じですが、**厳格な権力分立制が採られている**ため、連邦議会との関係においては何でもできるわけではありません。

　連邦議会は上院（元老院）と下院（代議院）の二院で構成されていて、**上院も下院も国民の直接選挙で選ばれます**。そのため、**大統領は国民によって選ばれた議会を解散させることはできません**。また、厳格な権力分立制を採るアメリカでは**行政機関の長である大統領に法案提出権はありません**。法案提出は立法機関である連邦議会しかできません。

トランプ前大統領はイラクやイランなどの人たちの入国を規制する法をつくったような…。

　それは大統領令ですね。**大統領令は行政機関に対する命令**で、一般の国民に対する命令ではありません。ですから予算をともなう法律など、大統領が法律

をつくって欲しいときには、連邦議会に対し**教書**（年頭・一般・経済教書を三大教書という。それ以外に特別教書がある）**を送付**することでお願いします。もちろん連邦議会はそのお願いを拒否しても構いません。

　一方、**連邦議会は大統領に対し、不信任決議を行うことはできません**。ただ、大統領を辞めさせる**弾劾裁判**を行うことはできます。弾劾裁判は不信任決議とは異なり、大統領や公職についている者が罪などを犯した場合に行われ、その者をクビにすることができるというもので、**下院が訴追を決定し上院が裁きます**。かつて弾劾裁判でクビになった大統領はいませんが、クリントンやトランプのように弾劾裁判にかけられた大統領はいます。

 上院と下院は対等ですか？

　二院は対等だけど、「格」としては上院のほうが上かもしれません。厳格な権力分立制を採るアメリカでは**閣僚と議員の兼職はできません**が、例外として副大統領は上院議長を務めます。

　また上院は、各州から2人ずつ選ばれますが（2年に1度、約3分の1を改選。任期は6年。100人で構成）、この州は日本の都道府県のイメージではなく、**州は国という意味**です。アメリカは50の連合国家から成り立っており、**それぞれの国の代表が上院議員**です。そのため、条約の同意権は上院にしかありません（高級官吏の任命同意権も上院のみ）。**条約は国と国が結ぶもの**ですから、大統領が結ぶ条約に同意を与えることができるのは上院だけなのです。

　一方、下院は定員が435人で小選挙区から選ばれ（50州の各州に最低１議席を保証し、残りの議席は人口に応じて振り分けられる）、任期は2年と短いです。ちなみにかつて首都がフィラデルフィアにあったときに、議員数の少ない州の代表が2階を、州の人口に比例配分され選ばれた代表が1階を使っていたことから上院・下院と呼ばれるようになったといわれています。

まとめ アメリカ　大統領制、連邦制

立法　上院（元老院）と下院（代議院）の二院制。
　　　両院とも国民の直接選挙にて選ばれる。
　　　上院のみの権限として、高級官吏の任命同意権、条約の承認（同意）権がある。
　　　委員会中心の議事運営が行われている。
行政　大統領制を採る。大統領は国家元首であり、任期は4年。三選はできない。
　　　間接選挙によって選ばれる。法案提出権や議会の解散権はない。
司法　日本と同じく付随的違憲審査制を採用している。
政党　共和党と民主党の二大政党制。

3 フランスの政治体制

> 大統領制と議院内閣制の複合型の半大統領制。

　大統領（任期5年、三選禁止）は国民の直接選挙によって選出され、首相や国務大臣は大統領によって任命されるしくみを採っていますが、大統領が任命した首相は、国民が直接選挙によって選んだ国民議会（下院）に対して政治的責任を負い、国民議会は首相に対し不信任決議権を持つという議院内閣制のしくみも採用しています。

　大統領の地位は国家元首であり、権限としては国民議会の解散権のほか、**軍の統帥権**、条約の批准や締結交渉などの**外交権を有します**。一方、首相は内閣を指揮し、**内政を中心に行います**。

4 中国の政治体制

> 全人代に権力が集中する権力（民主）集中制

　中国は共産党が指導する社会主義の国です。**権力分立を否定した事実上の共産党一党支配体制**ですが、共産党以外にも8つの公認政党があります（すべて共産党の指導を受ける）。また中国は社会主義ではありますが、1993年の憲法改正により、「**社会主義市場経済**」という不思議な言葉を使い、基本は社会

主義ですが、市場の原理を導入することで経済成長を遂げています。

　さてその中国ですが、共産党の指導のもと、すべての権限が**全国人民代表大会**（全人代。一院制であり毎年1回開催）に集中する**権力集中制**（民主集中制）を採っています。全人代は国家主席・国務院総理（首相）・最高人民法院院長・国家中央軍事委員会主席の選出、憲法の改正、法律の制定など、非常に幅広い権限を有しています（全人代の閉会中は全人代の常設機関である常務委員会が最高権力機関としての役割を果たしている）。

 ◁ 国家主席の任期は何年ですか？

　任期は5年で三選は禁止されていましたが、2013年に国家主席となった習<ruby>近平<rt>きんぺい</rt></ruby>が任期をなくしてしまいました。共産党の書記長でもあり、中央軍事委員会の主席でもある習近平は、中国の最高権力者としてまるで皇帝のように君臨しています。

　その習近平は、巨大経済圏構想である「**一帯一路**」構想を進めていますが知っていますか？

 ◁ ニュースで聞くんですけど…。

　これはヨーロッパと中国をつなぐ新たなシルクロードをつくり、巨大な経済圏をつくるという構想です。そのためには道路や港湾などのインフラを整備する必要があるので、中国主導で2015年に AIIB（**アジア・インフラ投資銀行**）がつくられました。中国は AIIB を中心として、着々と一帯一路を進めています。しかし、その一方で中国からの融資が返済できず、港湾などを事実上、中国に差し押さえられた国もあります。21世紀は中国かアメリカのどちらかが覇権を握るでしょうから、日本は隣国として無関心ではいられません。

まとめ 中国 権力集中制（民主集中制）

立法 **全国人民代表大会**（全人代）…国家の最高権力機関で、すべての権力が集中する（権力集中制）。一院制。毎年1回開催。
常務委員会…全人代の常設機関で全人代の閉会中は、事実上、最高機関としての役割を果たしている。

国家主席 全人代から選出。

政党 事実上、**共産党**が政治の実権を握っているが、他の政党も存在している。ただし、他の政党は共産党の指導を受ける。

理解を深める その他の国の政治体制

◆ドイツの政治体制

　ドイツは大統領制と議院内閣制を併用しているが、大統領には権限がなく象徴的な地位にすぎない（任期5年）。実質的な権限は首相（任期4年）が持ち、「首相よりも大統領に近い」といわれるほど権限が強い。

　ドイツの憲法はドイツ連邦共和国基本法であり、憲法とは呼ばない。かつて民主主義の敵（ヒトラー）にも権限を与えた反省から「戦う民主主義」といわれている。

　※共和制とは、国民が主権を有し、直接または間接的に国民によって選出された国家元首や複数の代表者により政治が行われる制度。また、共和国とはこの制度をもとにした国家。

◆ロシアの政治体制

　➡「共和制を採る民主主義的な連邦制の法治国家」（ロシア憲法）

　ロシア大統領は国民の直接選挙によって選ばれた国家元首である。従来、大統領の任期は4年（連続三選不可）であったが、2012年から大統領の任期は6年（連続三選不可）に延長されることになった（2020年、憲法が改正され、プーチン大統領は2036年まで大統領職にとどまることができる）。

　大統領は首相の任命権、下院解散権、非常大権を有しているだけでなく、軍の最高指揮権までも有しており、その権限は巨大である。しかし、上院は大統領に対し解任決議を、下院は弾劾発議を行うことができる。

◆開発独裁

　経済開発の達成により、政治的独裁を正当化する政治体制。途上国で多く見られ、議会制民主主義を否定し、縁故主義に陥りやすい。かつての韓国の朴正煕（2013年に女性ではじめて韓国大統領に就任した朴槿恵の父）、フィリピンのマルコス、インドネシアのスハルト、近年ではルワンダのカガメなどはその例である。

4 大日本帝国憲法と日本国憲法

1 大日本帝国憲法（明治憲法）

> 君主権に制限を加えない立憲主義、外見的立憲主義を採用。

　天皇を中心とした中央集権国家の建設。これこそが明治新政府の最大の目的です。

　そこで伊藤博文らは**君主権の強かった**プロイセン（プロシア・ドイツ）の憲法を参考に憲法を制定することにしました。できあがった大日本帝国憲法は、天皇が自らの意志によって制定し、臣下に与えるという**欽定憲法**の形を採り、中央集権的な憲法として、**枢密院**で審議された後、1889年に発布されました。

> 「大日本帝国ハ万世一系ノ天皇之ヲ統治ス」（第1条）これは天皇主権を原則としたものですね。

　そのとおりです。「万世一系…」とは、大日本帝国は天皇の家系が建国から途切れることなくずっと続いており、天皇の統治が永遠に続いていくという意味です。そして第3条では、**天皇は神聖不可侵の存在**として「**現人神**」とされました。天皇は人間の形をした神様という意味です。次の第4条では天皇は**統治権の総攬者**として規定されました。大日本帝国憲法下でも一応、権力分立の形態が採られ、帝国議会や国務大臣、裁判所に関する規定はありました（ただし内閣に関する規定はない）。ですが帝国議会は**協賛機関**※①、国務大臣は**輔弼機関**※②、裁判所は**天皇の代理人として裁判を行う**とされ、三権はすべて天皇に集中しました。そのため大日本帝国憲法は**外見的立憲主義**といわれました。

　※①協賛…同意する　　※②輔弼…助ける

> 外見的立憲主義って何ですか？

　まず**立憲主義とは、憲法の力で国家権力を制限して、国民の権利・自由を守ろうとする考え**のことです。しかし、大日本帝国憲法は君主権に制限を加えない立憲主義、見せかけの立憲主義ということで外見的立憲主義といわれたのです。

天皇には他にどのような権限があったのですか？

　天皇には議会の協賛や国務大臣の輔弼を必要とせずに行える**天皇大権**が認められており、**陸海軍の最高指揮権である統帥権**、議会閉会中に出すことができる緊急勅令、戒厳令（一時的に軍隊にほとんどの権限を委譲すること）の宣告、条約の締結など非常に多くの権限が認められています。まさしく天皇主権です。

立法や行政、司法権に関する規定はどうなっているのですか？

　まず、天皇の協賛機関である帝国議会は**民選の衆議院**と皇族や華族、勅任議員で構成された**貴族院**の二院制を採っており、二院は対等な関係でした。

　次に内閣ですが、大日本帝国憲法には**内閣の規定はなく**、国務各大臣は輔弼機関とされました。また内閣総理大臣は現在と異なり、国務大臣の任命や罷免権などはなく（任命・罷免は天皇が行う）、あくまで内閣の顔に過ぎなかったので**同輩中の首席**と呼ばれました。

　最後に裁判所は「天皇の名に於いて」裁判を行いました。裁判所としては、現在の最高裁判所に相当する大審院や、日本国憲法では設置が禁止されている軍法会議や行政裁判所などの特別裁判所も設置されていました。また裁判官の身分保障もある程度は規定されていましたが、違憲立法審査権はありませんでした。

国民の権利はあったんですか？

　大日本帝国憲法下では私たち国民は天皇の民。すなわち臣民とされました。

　天皇主権下において臣民には何も権利がないように思われますが、大日本帝国憲法下でも臣民の権利として、**信教の自由や居住・移転の自由などの自由権や裁判を受ける権利や請願権といった請求権など、ある程度の権利が認められていました**（平等権・参政権・社会権の規定はない）。でもそれらはすべて**恩恵的に与えられていたもの**に過ぎず、今日的な**天賦人権としての権利ではありませんでした**。

　また、自由権の規定のほとんどに**法律の留保**（法律の範囲）という制限が設けられており、例えば、治安維持法という法律があれば、その法律の範囲内でしか権利が認められないという、非常に限られたものでした。

大日本帝国憲法と日本国憲法の比較

比較事項	大日本帝国憲法（明治憲法）	日本国憲法
発布(公布)年月日	1889年2月11日（明治22年）	1946年11月3日（昭和21年）
施行年月日	1890年11月29日（明治23年）	1947年5月3日（昭和22年）
模範とした外国憲法等	プロイセン（ドイツ）憲法	アメリカ合衆国憲法・イギリスの政治機構など
形　式	欽定・硬性・成文憲法	民定・硬性・成文憲法
主　権	天皇主権	国民主権（前文、第1条）
天　皇	神聖不可侵。元首。統治権の総攬者	**象徴天皇制**。日本国と日本国民統合の象徴。形式・儀礼的な国事行為のみ
戦争と軍隊	**天皇大権**による軍の統帥権、宣戦の大権、臣民は兵役の義務	**平和主義**。戦争放棄。戦力不保持。交戦権否認
国民の権利	天皇が恩恵的に付与。「**臣民**」としての権利。**法律の留保（制限）**。自由権的基本権と請求権の範囲にとどまる	基本的人権は**永久不可侵の権利**。国政上、最大限に尊重
国民の義務	兵役・納税の義務	勤労・子女に普通教育を受けさせる・納税の義務
国　会	**天皇の協賛機関** 二院制。貴族院（皇族・華族・勅任議員等特権階級）。両院平等	**国権の最高機関。唯一の立法機関**。二院制。両院とも民選。衆議院の優越
内　閣	内閣の章なし。国務大臣は天皇の行政権を輔弼する。首相は天皇が任命。国務大臣は**天皇のみに責任を負う**	行政権は内閣に属す。行政の執行機関。議院内閣制。首相は国会の指名。内閣は国会に対して責任を負う
裁判所	天皇の名において裁判を行う 違憲立法審査権なし。特別裁判所（行政裁判所など）の存在	司法権は裁判所に属す。司法権の独立。**違憲立法審査権**あり。特別裁判所（行政裁判所など）の禁止
予　算	予算不成立の場合は前年度予算により施行が可能	予算不成立の場合は支出を認めず、暫定予算も国会の議決を要する
地方自治	**規定なし**	地方自治の本旨を尊重。自治体の長と議員の直接選挙。地方特別法の住民投票権
改　正	天皇の発議➡議会の議決	国会の発議➡国民投票

最高法規など	規定なし	国会議員、公務員などの憲法尊重擁護義務。基本的人権の尊重

2 日本国憲法

> 日本国憲法は日本国の最高法規であり、「国民主権」・「平和主義」・「基本的人権の尊重」を三大原則とする民定憲法だ。

　次は日本国憲法について見ていきましょう。まずは制定過程です。

　1945年8月、日本はポツダム宣言を無条件に受け入れ、これによって戦争は終結しました。このポツダム宣言には、領土の制限や戦争の放棄、基本的人権の尊重などが示されており、憲法を改正せよという内容はありませんでしたが、事実上、憲法改正を示唆したものでした。

　そこで当時の幣原喜重郎内閣は、松本烝治国務大臣を中心に**憲法問題調査委員会**を設立し、憲法改正案をまとめることにしました。

　松本は**国体**（当時の天皇中心の国家体制）**の護持**にこだわったので、改憲案は文言を変えたものに過ぎませんでした。例えば明治憲法の第3条は「天皇ハ神聖ニシテ…」ですが、松本案は「天皇ハ至尊ニシテ…」となっており、明治憲法とほとんど変わりませんでした。

　マッカーサーは松本案の内容を知って怒り、**天皇制の維持、戦争放棄、封建制の廃止**という三原則を示し（**マッカーサー三原則**）、GHQ の民政局に憲法改正原案の作成を命じました。それをもとに改憲案が作成され、改憲案は**第90回帝国議会**で審議されることになり、**大日本帝国憲法の改正手続きに則って、改憲が行われることになりました**。ちなみに、この最後の帝国議会が開催される前に、**戦後はじめて衆議院議員総選挙が行われ（1946.4）、39人の女性議員が誕生し、その女性議員も含め憲法改正が審議されました**。

　改正案は**衆議院で加筆・修正された後、貴族院でも加筆・修正され、また衆議院で審議されて可決されました**。それを枢密院で諮詢し、天皇が裁可することで、ついに**個人の尊重**を目的とし、**国民主権・平和主義・基本的人権の尊重**を三大原則とする**日本国憲法**が誕生しました。

　　天皇は象徴とされたんですよね。

　そうです。日本国憲法で**天皇**は、**日本国および日本国民統合の象徴**となり、

内閣の助言と承認にもとづき国事行為のみを行うとされ、国政に関与できません。また皇室の財産は国のものとされ、皇室の予算に関しても国会の議決を経ることと制限が加えられました。さらに皇室の憲法であった皇室典範は、一般の法律と同じ扱いになりました。現在の皇室典範では男子のみが皇位を継ぐことになっていますが、国会で皇室典範を改正すれば、女子が皇位を継ぐこともできます。

　日本国憲法は、日本国の最高法規として、70年以上の時を経ています。しかし、時代にそぐわない条文があることや、日本を取り巻く環境が変化してきたこと、また日本国憲法はマッカーサーらによって押しつけられた憲法だから、自主憲法を制定すべきだという意見もあります。

3 　日本国憲法の改正

> 日本国憲法は硬性憲法。一般の法律に比べ、改正にはハードルが高い!!

 具体的にどうすれば憲法改正できるのですか？

　憲法改正を国会で国民に対し発議（提案すること）するためには、衆議院・参議院各議院の総議員の3分の2以上の賛成が必要です。発議後、国民投票などを行い、過半数の賛成があれば天皇が国民の名で公布すると定められていますが、具体的に国民投票をどうやって行うかは決まっていませんでした。そこで、第1次安倍内閣のもとで制定されたのが国民投票法です（2007年制定）。主な内容としては、満18歳以上の日本国民に投票権を与える（在外投票も可能、制定当時は20歳以上）、憲法の個々の条文について、賛成か反対かの意思を示す、各条文について2分の1以上の賛成があれば改憲となっています。

ところで、国民の三大義務をご存じですか？

 確か子女に普通教育を受けさせる義務、勤労の義務、納税の義務でしたよね。

そうです。憲法を守る義務はありません。
憲法は公法※です。よって、憲法第99条の憲法尊重擁護義務を負う人（日

本国憲法を守らないといけない人）**に国民は入っていない**のです。これは、か つてわれわれ国民が、国王や公権力によって人身の自由や財産権を奪われ、侵 害されてきた経験があるからです。そこで憲法は、**国民の権利を憲法に示すこ とにより「国民の権利はこのように定められているのだから、これを侵害して はいけませんよ」と公務員のような公権力を担う人たちに命令している**のです。

　いわば憲法は、公権力からわれわれの人権を守る「盾」みたいなものです。 その「盾」の形を大きくしたり、質を変えたりして、より自分の身を守りやす くさせるのは、もちろん国民自身のはずです。ですが**国民投票法**では、その 「盾」を変形させるのが、公権力になってしまっています。憲法改正論議をす ることは重要ですが、われわれ国民の憲法だからこそ、もっと国民が主体とな って議論することが大切なのです。

　🗣 ※公法：国や地方公共団体とわれわれの関係を規律した法。

5 平和主義

1 平和主義

> 平和主義（戦争の放棄）は日本国憲法の三大原則の一つ。

　日本国憲法では、「**前文**」と「**第9条**」で平和主義が謳われ、二度と戦争をしないとの不戦の誓いを立てたものになっています。これは軍部の暴走を許し、多くの尊い生命が奪われるのを目の当たりにした当時の人々が、それだけ平和を望んだことのあらわれだと思います。戦争を経験した人たちからの教訓を、私たちは素直に学ばないといけませんが、「平和」が当たり前になっている私たちにとって、当時の人々の「平和への願い」がどれだけ強かったのかを完全に理解するのが難しくなっているのかもしれません。

第9条〔戦争の放棄、戦力の不保持、交戦権の否認〕
① 日本国民は、正義と秩序を基調とする国際平和を誠実に希求し、国権の発動たる戦争と、武力による威嚇又は武力の行使は、国際紛争を解決する手段としては、永久にこれを放棄する。
② 前項の目的を達するため、陸海空軍その他の戦力は、これを保持しない。国の交戦権は、これを認めない。

　第9条を文字通り解釈すれば、日本は武力を持つことができません。もちろん侵略戦争なんてもってのほかです。ですが、相手を攻撃するだけが武力ではなく、武力を持つことで相手に攻撃を躊躇させるという抑止力もあります。このように考えたかどうかはわかりませんが、憲法第9条第2項の冒頭に、「**前項の目的を達するため**」という一文が付け加えられました。これにより、**日本は自衛のための「実力」を有することができる**余地が残されました。

　つまり、前項の目的が第1項の「国際紛争を解決する」を指すと解釈すれば、**国際紛争を解決する手段としては**、戦力を持つことはできませんが、**自衛のためには**持っても構わないと解釈できます。これが現在の自衛隊の根拠となっています（**解釈改憲**）。

　ただし、いくら「自衛のための」といっても、軍部が暴走しては太平洋戦争の二の舞です。そこで、第66条に付け加えられたのが「**文民規定**」です。

　自衛隊法に記されているように、自衛隊の最高指揮官は**文民である内閣総理**

大臣であり、戦前のような軍部支配を起こさせないように、職業軍人でない文民が行政を担うという**シビリアン＝コントロール（文民統制）**が日本の防衛政策の基本原則となっています。

「完全な武力の放棄」は現実的ではありませんが、先人たちの「平和への願い」は深く心に刻んでおかなければなりません。第9条の理念は受け継いでいかなければならないと思います。

 憲法第9条が争点となった判例について教えてください。

砂川事件や**長沼ナイキ基地訴訟**などがあります。

砂川事件では、**在日米軍が第9条の戦力にあたるのか、裁判所が条約に対し違憲審査を行うことができるのか**が争点となりました。**第一審の東京地裁は日米安全保障（安保）条約を違憲と判断しました**が、最高裁（跳躍上告審）は日米安全保障条約に対し、**統治行為論**※的な立場をとり、憲法判断を行いませんでした。また、**在日米軍**は外国の軍隊であり、日本が指揮できる戦力ではないので、**憲法が禁止する戦力にはあたらない**と判断しました。

一方、**第9条と自衛隊が争点**となったのが、長沼ナイキ基地訴訟、百里基地訴訟などです。**長沼ナイキ基地訴訟の第一審の札幌地裁は自衛隊を違憲と判断しました**。この事件は最高裁まで争われましたが、**最高裁は自衛隊の合憲性や第9条解釈には一切触れませんでした**（百里基地訴訟においても最高裁は第9条解釈には触れず）。このように**最高裁が日米安全保障条約や自衛隊に対し、合憲か違憲かの明確な判断を下したことは現在のところありません。**

> ※統治行為論：高度に政治的な事例・事案は司法審査の対象としないという考え方。衆議院の第7条にもとづく解散が争点となった苫米地事件、長沼ナイキ基地訴訟の札幌高裁などで採られた。

2 日本の防衛原則

> 戦争の反省から生まれた日本の防衛基本方針。大きな転機を迎えている。

　平和主義を掲げる日本には、防衛に関する基本原則があります。まずは**海外派兵の禁止**。これは、自衛隊が発足した1954年の参議院で決定されました。

> でも自衛隊はPKO協力法やイラク特措法などで、世界に行っているような気が。

　確かに自衛隊は数多くの**PKO活動**に参加して、**海外に派遣されています**。でも、それは「派兵」ではなく、「派遣」です。

　1990年、イラクがクウェートに侵攻したことを原因に、1991年に湾岸戦争がはじまりましたが、自衛隊が湾岸戦争に参加することはありませんでした。ですが、湾岸戦争終結後にペルシア湾にばらまかれた機雷を除去するため、**自衛隊の掃海艇がはじめて海外に行くことになりました**。当時の海部俊樹首相は、「自衛隊を派兵」ではなく、「自衛隊を派遣する」という言葉を使った。戦争放棄、武力の不行使を掲げる憲法では「派兵」はできないが、「派遣」は可能という理屈です。

　次に**専守防衛**。日本から攻撃をしかけることはできません。攻撃を受けたときに防衛する。これが基本原則です。さらに、最も問題となる**集団的自衛権行使の禁止**。**集団的自衛権とは、自国と密接な関係にある国が他国から攻め込まれた場合、それを自国の安全に対する脅威とみなし、同盟国と共同防衛を行う権利**です。

> 集団的自衛権の行使は安倍内閣が誕生するまでは認められていなかったんですよね。

　そのとおりです。**個別的自衛権だけでなく集団的自衛権も国際連合憲章で、その行使が認められています**が、日本は認めてきませんでした。ですが、**安倍内閣は積極的平和主義の方針のもと、集団的自衛権行使容認を閣議決定しました（2014年）**。「憲法違反」、「日本が戦争に巻き込まれる」などの反対意見、「日本が攻め込まれたときには他国が守ってくれるのに、他国が攻め込まれたときには日本が守れないのはおかしい」などの賛成意見がある中で、安倍内閣は事

前に**内閣法制局**（内閣の法律顧問）の局長を入れ替えてまで、行使容認を閣議決定しました。

> ※積極的平和主義：国民の生命を守りつつ、世界の平和と安定に取り組んでいくこと

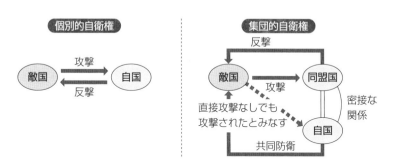

続いて**文民統制（シビリアン＝コントロール）**。文民統制とは、民主主義の国では政治が軍事よりも優位にあるという考え方です。軍が実力でその国の国民を支配すれば、国民の権利・自由が侵されてしまいます。そうならないために主権を持つ国民（文民）が軍を統制するのが文民統制です。よって自衛隊の最高指揮権は、国民の代表である国会議員の中から選ばれた内閣総理大臣が有しています。

他に、防衛費GNP1％枠の堅持（現在は総額明示方式に変更）、**非核三原則の保持**などがあります。非核三原則って何でしたっけ？

 何でしたっけ？

日本は世界で唯一の被爆国として、日本の**国是**（国の最重要方針）としているのが**「核兵器を持たず、つくらず、持ち込ませず」**の三原則です。これは1971年の衆議院本会議で可決された大原則で、実は**憲法にはもちろん、法律などにも明文化されていません。**ですが、この国是も、新日米安全保障条約が結ばれた際、アメリカ軍の核搭載船の通過・寄港を事前協議の対象外とした密約の存在が明らかにされたように、「持ち込ませず」の原則は守られていないのが実情です。

3 自衛隊と国際貢献

> 湾岸戦争後、国際貢献とは何かが模索された。

　朝鮮戦争の際、自衛力強化のために、**1950年に警察予備隊、52年に保安隊、54年に防衛庁（2007年から防衛省に格上げ）と自衛隊が発足することになりました**。

　自衛隊が憲法に反するかどうかは別にして、今日では震災での対応・復興支援、災害救助など自衛隊の活動は広く国民に受け入れられており、その存在は必要不可欠なものになっています。しかし、かつて吉田茂首相が防衛大学校の卒業式で述べたとおり、自衛隊が表に出るよりも日陰の存在のほうが国民にとって幸せなのは事実です。

　自衛隊の海外派遣が叫ばれるようになったのは、先にも述べたとおり湾岸戦争がきっかけです。日本は湾岸戦争の際、1兆円以上の莫大なお金を戦争のために払いましたが、他の国からは「日本は金ばっかり出して、血を流さない」と批判されました。そこで、「国際貢献とは何か」が議論されることになり、1992年に制定されたのが**PKO 協力法**です。

　PKO（平和維持活動）は、国際連合憲章第6章の「平和的解決」、第7章の「強制措置」の間の活動ということで、**6章半活動**などと呼ばれており、**国際連合憲章には明記されていません（P115参照）**。

　その**PKO**には、大きく分けて非武装の**監視団**（停戦監視団・選挙監視団）と軽武装の **PKF**（平和維持軍）があります。PKO 協力法上は制定当初から PKF にも参加できましたが、**PKF への参加は凍結されていました**。しかし2001年、小泉純一郎首相によって凍結が解除され、現在は監視団だけでなく、PKF 活動にも自衛隊が参加するようになっています（警察官や行政官などの文民も PKO に参加している）。

 PKO 協力法にもとづいて自衛隊がはじめて派遣された国はどこですか？

　1992年に**カンボジア**に派遣されたのが最初です。他には、モザンビーク、ゴラン高原（シリア南西部の高原でイスラエルが占領中）、南スーダンなどに派遣されています。イラクにも自衛隊が派遣されていますが、PKO 協力法にもとづく派遣ではありません。なお、南スーダンのミッションから「**駆けつけ警護**」という業務が新たに付与されています。

4 日米安全保障体制

> 日本の安全保障はアメリカによって支えられているが、転換期を迎えている。

日本は1951年の**サンフランシスコ平和条約**（日本代表は吉田茂首相）で主権・独立を回復しましたが、それと同日に結ばれたのが**日米安全保障条約（日米安保条約）**です。しかし、この日米安全保障条約は非常に片務的な内容で、条約というよりも、むしろ日本に対する命令でした。

 片務的な内容って？

例えば、日米安保条約では「アメリカ軍の駐留を日本は認めるが、アメリカ軍は日本を守る必要がない」、「日本で内乱（社会主義革命など）が起こったら、アメリカ軍の出撃が可能」など、全く対等な条約ではありませんでした。そこで岸信介首相はこの条約を対等なものへと変えようと考えました。

ところが、当時は戦争を体験した人が多くいること、岸信介がA級戦犯（A級、B級、C級は罪の種類であり罪の重さではない。A級は「平和に対する罪」）であったことなどもあり、平和主義を唱えながら、米軍基地を認める日米安保条約には反対意見がすさまじく、多くの国民は、安保廃止を訴え、連日デモを行いました。これが**安保（反対）闘争**です。それでも岸は、安保改正案を衆議院で可決し、参議院の同意がないまま安保改正は承認されました（自然承認）。

一連の安保闘争の責任をとって岸は辞任することになりましたが、このとき結ばれた**新日米安全保障条約（新日米安保条約）**には、日本が他国から攻撃された場合、在日米軍は日本を守り、また在日米軍が攻撃された場合には、自衛隊が米軍を守る共同防衛義務を課すなど、旧安保条約に比べ、やや対等な条約になりました。

 外務省のホームページを見ましたが、10条しかないのですね。

そのとおりです。たった10条だけだと不備が生じるので、それを補足するために結ばれたのが、悪名高い**日米地位協定**です。

地位とは「身分」という意味で、在日米軍基地で働くアメリカ人、またそこで働く人々（軍属）の身分を保障した条約です。この条約には、「公務中」の事件については日本の法律でアメリカ人を裁くことができないことなどが規定されてお

り、日本がまるで植民地であるかのような協定です。また、在日米軍の駐留経費は原則としてアメリカが負担することになっていますが、日本は1978年から在日米軍の駐留経費の一部をいわゆる「思いやり予算」として負担するようになっています。

　1971年**沖縄返還協定**により、翌年に祖国復帰を果たした沖縄ですが、在日米軍の大部分が沖縄に集中している問題があります。このような状況下に置かれている沖縄で1995年、少女暴行事件が発生しましたが、少女を暴行した海兵隊員を罪に問うことができないという問題が起こりました。これに対し、沖縄県民の怒りが爆発して、日米地位協定の見直し、在日米軍基地縮小を訴える大規模な集会が開かれました。この結果、住宅地や小学校の近くにあり、世界で最も危険な基地などといわれている**普天間基地**を辺野古周辺に移設することが日米で合意されましたが、日米地位協定の見直しは現在においても行われていません。この協定の見直しは絶対に行わなければなりませんが、アメリカに国防を委ねている日本にとって、難しい問題となっています。やはり自国の防衛は自国で行うのが当然だと思います。

　なお、新日米安全保障条約は自動更新されており、現在でもこの枠組みは変わっていません（破棄する場合には1年前に通知が必要）。また、1996年の**日米安保共同宣言**（橋本龍太郎首相・クリントン大統領の間で締結）により、1997年には**新ガイドライン**が整えられています。

　1989年のマルタ会談、1991年のソ連の崩壊と、かつて安保条約が仮想敵国としていたソ連が崩壊し、世界は平和になると思われていました。しかし実際には、ソ連の影響力が失われたことによって、各地で地域・民族紛争が発生しました。そこで新ガイドラインでは、安保条約が**極東の平和を守ることを目的としていた**のに対し、より広い地域で平和を達成するために、**アジア・太平洋地域の安全を守ることに再定義されました**。範囲が広くなれば、従来の日本の法律では対処できないため、小渕恵三首相は**周辺事態法**など、いわゆる**ガイドライン関連三法**を制定しました。

5 国際情勢の変化と日本

> 自衛隊はインド洋やイラクなどにも派遣された。

2001年に国際的なテロ組織アル＝カーイダ（アルカイダ）によってアメリカで**同時多発テロ**が発生し、国と国との戦いからテロ組織との戦いへと、戦いが変化しています。アメリカは、アルカイダのリーダーでテロの首謀者とされていたビン＝ラーディン（ビンラディン）が、アフガニスタンを支配する**ターリバーン（タリバン）政権**にかくまわれていたため、タリバン政権に対し、ビンラディンの身柄引き渡しを要求しましたが、タリバン政権はこれに応じませんでした。そこでアメリカはアフガニスタンに軍事行動を展開。日本はアメリカを後方支援するために**テロ対策特別措置法**を制定し、<u>インド洋に自衛隊を派遣しました</u>。

その後、アメリカはさらにイラクの大量破壊兵器保有を理由に、2003年、**イラク戦争**を開始しました。日本は同年**イラク人道復興支援特別措置法**（イラク特措法）を制定し、翌年には、イラクの復興支援のために自衛隊をイラク南部の都市サマーワ（サマワ）に派遣しました。しかし、インド洋やイラクでの自衛隊の行動は集団的自衛権の行使であり、憲法違反ではないかとの意見※がありました。日本が平和であるためには、世界も平和でなければならない。この時期は、冷戦終了後唯一の大国となったアメリカの**ユニラテラリズム**（単独行動主義）が目立つ時期でもありました。アメリカに追従することで安全を保っていた日本にとって、集団的自衛権の行使を認めるかどうかは非常に難しい問題だったのです。

なお、2009年にはソマリア沖を通航する船舶を海賊から守るため、**海賊対処法**が制定されました。この法律にもとづき、自衛隊がソマリア沖に派遣されています。

> ※**自衛隊イラク派兵差止訴訟**：2008年4月、名古屋高裁において、イラク特措法における米兵など武装した兵員の空輸活動は、憲法第9条第1項に違反するとの違憲判決が下されたが（賠償・差し止め請求は認められず）、当時の福田康夫首相は傍論（判決理由に該当しない部分）に過ぎないとの立場を採った。

6 基本的人権

1 基本的人権と個人の尊重

公共の福祉に反しない限り、最大限に尊重される。

基本的人権について見ていきましょう。

人間が人間であるために生まれながらにして持っている権利。これが**基本的人権**です。この基本的人権は「**個人の尊重**」を基調としています。

人間は一人一人異なり、さまざまな価値観や個性を持っている。そこでお互いの価値観や個性を尊重し、かけがえのない自立した人間として尊重し合う。お互いを尊重し合うことに人権の第一歩があります。

また、お互いを尊重し合う必要があるからこそ、個人の生命を奪う戦争は否定されますし（**平和主義**）、一人一人の価値観や意見に違いがあるからこそ、一人一人の意見を政治に反映させるために**国民主権**の原理があります。さらに誰一人として同じでなく、みんなが違うから、すべての人は平等でなければなりません。このように三大原則をはじめ、すべての人権は「個人の尊重」を出発点にしたものです。近代では、一人一人の人間を自立した個人として尊重し合うことを大前提として人権が、そして社会が発展してきたのです。

人権って無敵ですか？

もちろん人権は無敵ではなく、制約が加えられています。それは「公共の福祉」による制約です。「**公共の福祉**」とは、公共は「みんなの」、福祉は「幸せ」だから「みんなの幸せ」、「社会全体の利益」（公益優先という意味は含まない）という意味です。

でも、「公共の福祉」の名のもとに何でもかんでも制約してしまうことも問題です。「公共の福祉」のもとに私たちの権利・自由を奪えば、「個人の尊重」を否定することになってしまいます。「個人の尊重」に優先する「公共の福祉」であってはいけないのです。

2 基本的人権の体系

基本的人権は「平等権」・「自由権」・「社会権」・「基本的人権を守るための権利（参政権・請求権）」・「新しい人権」の5本柱で構成!!

❶ 平等権——形式的な平等だけでなく、実質的な平等を保障

法の下の平等（第14条）

「人はみな違うからこそ平等でなくてはならない」。**個人の尊重を基調とする平等とは、人種・信条・宗教など違った価値観を持つ人間をお互いが尊重し合う**ことです。よって、法的に特定の人を優遇することや差別することは許されず、**法の適用**はみんな同じです（**形式的平等・機会の平等**）。しかし、人間はすべて同じではないから、すべてを同じに扱うことが逆に問題になることもあります。

形式的な平等だけでなく、実質的な平等を図らなければならないということですね。

　例えば、日本では所得に応じて課税額が異なる**累進課税制度**が採られていますが、すべての人を平等に扱うなら、同じ税率にすべきです。しかし、すべてを同じにしてしまうと、お金持ちとそうでない人との間に実質上の負担の差が生じ、かえって差別を助長してしまうことになります。そこで平等とは、**法の内容や適用をすべて同じにしようという形式的な平等だけでなく、経済的格差や社会的格差を是正する、実質的な平等も考慮することだと考えられるようになっています**（**実質的平等・結果の平等**）。よって、累進課税制度の適用や、判断能力に乏しい未成年には刑罰を軽くするなどの少年法の規定、選挙における候補者数を男性と同数を女性に割り当てる（クオータ制）の導入などの**ポジティブ＝アクション**（積極的な差別是正）政策は、実質的な平等を図る上での合理的な差別であると考えられています。しかし、合理的な差別とは何か。何が合理的で何が非合理的なのか。この難しい問題を判断するのが裁判所の役割の一つです。

❷ 自由権——国家からの自由（18世紀的基本権）

　人間が自由であるためには何が必要だろうか。
　例えば、あなたの体を縛りつけたらあなたは自由だろうか。また、あなたの

思想をコントロールしてしまったらどうだろうか。さらに、あなたが稼いだお金などを奪い取ったらどうだろうか。

 全部、嫌です。

そうですよね。人間が自由であるためには、体と心とお金が必要です。そこで憲法では、**人身（身体）の自由**、**精神の自由**、**経済活動の自由（経済の自由）の3本柱の自由を保障しています**。

人身（身体）の自由

正当な理由がないのに身体を拘束することはできません。これを**人身（身体）の自由**といいます。

人身の自由の保障として憲法では、**奴隷的拘束及び苦役を禁止しています（第18条）**。

個人の尊重を大前提としている近代社会において、他人に対し、奴隷的な扱いを行うことなど認められているわけがありませんし、また苦役を与えることも禁止されています。

奴隷的拘束及び苦役の禁止以外に人身の自由には、**法定手続きの保障**（第31条）、**遡及処罰の禁止**（第39条）、**一事不再理**（第39条）などもあります。これらは**罪刑法定主義**の原則を具体的に示した条文として解されています。**罪刑法定主義とは、ある行為を罪として刑罰を科すのであれば、その行為を罪とする事前に制定された法律がなければならないという大原則**です。これは**マグナ゠カルタ**でもすでに登場している原則で、どのようなことをすれば罪になるのか、また罪を犯せばどのような刑罰が科せられるのかが事前に定められていないと、突然、刑務所に入れられることにもなりかねず、私たちは息を吸うことすらできなくなり、完全に自由が奪われてしまいます。罪刑法定主義は憲法には直接明文で規定されてはいませんが、絶対的な原則です。

また留置所や拘置所では、人身の自由が奪われることになるので、人権侵害にならないよう、刑事事件の被疑者・被告人には最大限注意を払わなければなりません。そこで、**令状主義**（第33条・35条）や**公務員による拷問の禁止**（第36条）のほか、被疑者・被告人には**黙秘権**などが認められています（自白強要の禁止〔第38条〕）。

精神の自由
思想・良心の自由（第19条）

頭の中で何を思おうが、それは個人の自由です。それを条文化して保障した背景には、戦前の**治安維持法**があります。治安維持法では天皇制を否定したり、社会主義・共産主義を主張したりした人たち（国体の変革）は徹底的に弾圧されました。こうした背景があるので、現在の憲法では、頭の中で何を思おうが、何を考えようが、**絶対的に保障される内心の自由として、思想・良心の自由や**次の**信教の自由が保障されています**（テロ等準備罪を新設した組織犯罪処罰法は内心の自由の侵害だという意見がある）。

> この思想・良心の自由が争点となった事件が**三菱樹脂事件**ですね。

以下に三菱樹脂事件の概要を示します。

【概要】Tさんは学生運動に参加していた事実を隠して、三菱樹脂に採用された。しかし参加していたことが会社にばれて、試用期間中に解雇された。そこで、学生運動に参加するという思想の自由と企業の解雇の自由が争点となった。

　本件で争点となったのは、**憲法の規定が私人相互の関係（私人〔＝自然人〕と法人）に直接適用される**かどうかです。結論から言うと憲法は**公法**（公人と私人の関係を規律した法）なので、本件のように、自然人であるTさん（私人）が学生運動に参加するという思想の自由と、法人である企業（私人）が雇用するかしないかの自由が対立しても、**憲法の規定が直接適用されるのではなく、憲法をもとに、民法のような私人相互の関係を規律した私法が適用され、憲法は間接的にしか適用されないという間接適用説を最高裁判所は採りました**。この判決には異論も多いですが、最高裁は**憲法は公法であって、私人相互の関係については直接適用されない**と判断したのです。

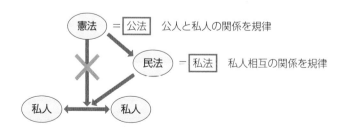

また**国旗・国歌法**（1999）や愛国心教育を明記した**教育基本法**の改正（2006）は、思想・良心の自由や**子どもの権利条約**に反するという意見もあります。なお、子どもの権利条約は満18歳未満を子どもと定義し、子どもに対して意見表明権などを認めている条約で、日本も1994年に批准しています。

信教の自由（第20条）

　頭の中で何を思ってもよいということは、何を信じてもよいということです。よって、私たちがどんな宗教を信仰しようが、まったく問題ありません。大日本帝国憲法下でも信教の自由は一応、認められていましたが、事実上、神道が国教化されていました。その神道が軍国主義に利用され、戦争中は天皇のために命を捧げるということが誉れ（ほまれ）となってしまいました。

　そこで登場したのが政教分離の原則ですね!!

　そのとおり。戦争の反省から、宗教と政治を切り離すため、日本国憲法では**政教分離の原則**が定められています。

　政治と宗教の境界線は難しいですね。裁判所の出番ですね。

　政教分離の原則が争点となった訴訟は数多くありますが、**津地鎮祭訴訟**において最高裁判所は「**目的・効果基準**」という基準を用いて**合憲**と判断しました。一方、**愛媛玉串料訴訟**（たまぐしりょう）では「**目的・効果基準**」を厳格に適用して**違憲**と判断しています。

　また北海道砂川市が空知太神社（そらちぶと）に無償（タダ）で土地を提供していたことが、政教分離の原則に反するかどうかをめぐって争われた**砂川市有地神社違憲訴訟**では、最高裁判所は従来の「目的・効果基準」ではなく、新たに**社会通念という総合判断で違憲と判断しました**（孔子廟訴訟も社会通念に照らして違憲とされています）。

集会・結社・表現の自由（第21条第1項）

　自分の意見・考えを発表する自由として表現の自由※**が保障されています。**自分の意見・考えを発表する表現の自由は、民主政治には絶対になくてはならない人権です。

　また、世の中に自分の考え方を広めるには、大勢の人たちに聞いてもらいたいから人を集める**集会の自由**が、その考え方に共感した人がグループをつくる

結社の自由が保障されています。自民党などの「政党」に関する規定は憲法にはありませんが、この結社の自由を根拠としています。

表現の自由は無制限に認められるのですか？

　表現の自由は先ほどの思想や信教の自由のような内心の自由とは異なり、他人の人権を侵害する可能性があるので、制限されることがあります。でもその制限は経済活動の自由を制限するのとは異なり、**表現の自由のような精神の自由を制限する場合は、より慎重にならなければなりません。**

どうしてですか？

　例えば独占禁止法は、経済活動の自由を制限することになりますが、その法律の内容に反対の場合は、国会議員に請願する、自分が選挙に出るなどで、その法律を改正して経済活動の自由を回復させることが可能です。ですが、もし表現の自由を制限する法律ができてしまうと、意見や考えを自由に述べることができなくなってしまい、誰かが独裁政治をやっても誰も批判できなくなってしまいます。また、その法律を改正しようにも、そもそも表現の自由がなければ、言論に訴える・デモ行進を行うなどの表現活動がまったくできなくなってしまいます。このように**表現の自由は自分で回復することが難しい**人権ですので、数多くある人権の中でも極めて重要な人権なのです。

※表現の自由には、個人が言論活動を通じて自己の人格を発展させる個人的な価値（**自己実現の価値**）と言論活動によって国民が政治的意思決定に関与するという民主政に資する社会的な価値（**自己統治の価値**）がある。

検閲の禁止、通信の秘密（第21条第2項）
　検閲とは、行政権が主体となって、新聞や雑誌などが発表や出版される前に事前にチェックすることをいいます。たとえ表現の自由が保障されているとしても、政府が事前に出版内容などをチェックすれば、それは表現の自由の制限に他なりません。そんなことは許されるわけはありませんから、検閲は絶対的に禁止されています。
　また同じく第21条には**通信の秘密**も保障されています。電話やメールの内容などをチェックされていたら、恐ろしい管理社会になってしまいます。しかし、1999年に制定された**通信傍受法**は銃器売買の情報などに限られるとされていますが、捜査機関に盗聴を容認した法律です。犯罪を未然に防ぐ取り組みが必要ですが、私たち一般人の会話の内容などがチェックされていたらと思う

と不安になってしまいますね。

学問の自由（第23条）

　かつてソクラテスは真理とは何か、本当とは何かについて考えました。でもその本当のものが、現体制の否定や都合の悪いものにつながるとして弾圧されてきた歴史があります。

　日本でも大日本帝国憲法下においては**滝川事件**や**天皇機関説事件**などの弾圧事件が起こっています。そこで日本国憲法では、真理を探究する自由として**学問の自由**が保障されています。

　この学問の自由には、**大学の運営は外部に干渉されることのない「大学の自治」、そして研究内容や成果を発表する「教授の自由」も制度的に含まれている**と解されています（大学が対象。小・中・高は制限を受ける）。でも「**東大ポポロ事件**」の判例によると、学生が大学において反体制的な演劇を行うことなどは、「学問の自由と大学の自治は享有（享有とは、生まれながらに身につけていること）しない」とされており、**外部機関である警察が取り締まっても学問の自由、大学の自治の侵害にはあたらない**とされています。このように学問の自由とは学問研究の自由ですが、2001年に制定されたクローン規制法のように、人間の尊厳や生存を脅かすクローン技術などについては法律で禁止される研究分野もあります。

経済活動の自由

居住・移転・職業選択の自由（第22条第1項）

　私たちはお金を稼ぐために、どこに住もうが、どこに移転しようが、どんな職業に就くのかも自由です。また、憲法には明記されていませんが、この条文から**営業の自由も保障されている**と解されています。この営業の自由をめぐって最高裁が違憲判決を下した訴訟が**薬事法距離制限訴訟**です。薬局の近くに薬局を開局することを認めると、薬の安売り競争が起こり、国民の健康を害する可能性があるという理由で、薬事法や条例で薬局の近くに薬局をつくってはいけないという距離制限が設けられていました。この距離制限に関し、最高裁は合理的な規制とはいえないとして**違憲判決を下しました**。

　しかし、この第22条は、無制限に保障されている人権ではありません。例えば、殺人を生業（なりわい）とする職業が認められるわけがありません。また政府によって届出制や許可制、資格制などの各種規制や、場合によっては営業停止などの処分を受けることもあり、表現の自由と同様に、**第22条も公共の福祉によって制限される人権**です。

> ［理解を深める▶］**消極目的規制と積極目的規制**
>
> 　職業選択の自由は公共の福祉によって制限される。この制限には、規制の目的によって、**国民の生命や健康を守るための規制**（消極目的規制）と**社会的・経済的弱者を保護するための規制**（積極目的規制）に分けられる。例えば、誰でも医者になることができれば、国民の生命に危機が及ぶので、医師資格を免許制にすることは消極目的規制となる。先の薬事法距離制限訴訟も消極目的規制の立場だ。一方、電気やガスの公益事業などは許可（特許）制となっているが、電気やガスが高騰するとみんな困ってしまう。だから国が価格決定にかかわっている。よって弱者を保護する立場の規制だから積極目的規制の例となる。

財産権の不可侵（第29条）

　憲法第29条によると、国家が国民の財産権を侵害することは許されず、私有財産制を保障した内容となっていますが、「**正当な補償のもとに、公共のために用いることができる**」ともされています。「正当な補償」に関してはいろいろな学説がありますが、財産権は公共の福祉の範囲内で認められるということです。

　このように経済活動の自由には、公共の福祉という制限が精神の自由よりも幅広く行われています。これは無制限に経済活動の自由を企業・個人に認めると、利潤追求に走りすぎた企業・個人によって、人権が侵害される可能性があるからです。そのようなことがないように、社会政策的な観点から積極的に経済活動の自由は制限されています。

　なお、財産権の不可侵が争点となった訴訟に**共有林分割制限訴訟（森林法訴訟）**があります。最高裁判所は自分の持ち物なのに、山林などを自由に処分できない**森林法の規定を違憲と判断**しています。

❸　社会権──人間が人間らしく生きるための権利。20世紀的基本権。「国家による自由」。

　いくら自由だ、平等だといってもそれだけではお腹はふくれません。アンパンマンの世界のカバオくんみたいに私たちはお腹が空いては動けないから、いざとなったら助けてくれるアンパンマンみたいな存在が必要です。それが**社会権**です。

　資本主義経済の発展は貧富の差をもたらしました。また、世の中にはハンディキャップを負った人など社会的弱者も数多く存在しています。人権が個人の尊重を基本としている以上、お互いがお互いを支え合い、人間らしい生活を社

会全体で保障することが必要です。そのための権利が生存権をはじめとする社会権なのです。

　社会権はまず**生存権**を保障している（第25条）。でも、国が最低限度の生活を保障してくれるのであれば、働かない人が出てきてしまいます。みんながそれでは社会が成り立ちませんので、働ける人はしっかりと働いて、社会に貢献していかなければなりません。でも働くためには、知識が必要ですから、義務教育を無償で受ける、**教育を受ける権利**が保障されています（第26条）。そして教育を受けた者はしっかりと頑張ってもらわないといけませんが、労働者の立場は使用者の立場に比べて弱いので、第28条で**労働三権（団結権・団体交渉権・団体行動権）**が、また**勤労の権利**（第27条）が保障され、ハローワークなど職業紹介する場が提供されています。この**生存権・教育を受ける権利・勤労の権利、労働基本権（労働三権）が社会権の3本柱**です。

生存権（第25条）

　生存権は直接的に保障されるものでなく、法律などの具体的な定めが必要な権利です。

　憲法第25条の第1項には、「**すべて国民は健康で文化的な最低限度の生活を営む権利を有する**」とあります。また第2項では、社会保障政策の実施を政府に義務づけています。

　さて「最低限度の生活」とはどのような生活でしょうか？

> 衣食住があればいいかな。

　たしかに、衣食住が保障されていればいいかもしれません。でも世の中には、高級車に乗るとかが最低限度の生活と考えている人もいるでしょう。この最低限度の生活は、人によってさまざまであり、基準が非常に難しい。そこで最低限度の生活の保障をめぐって裁判になります。その代表的な訴訟が、人間裁判と呼ばれた「**朝日訴訟**」です。

【概要】国立岡山療養所で肺結核のため療養していた朝日茂さんが、月額600円（現在の貨幣価値では23000円程度）の生活扶助では、最低限度の生活を営むことはできず、生活保護法にもとづき厚生大臣が定めた生活保護基準は憲法に違反するとして訴えた。

　朝日訴訟において最高裁判所は、朝日さんが上告中に亡くなったことを理由

に、上告を退けました。その上で最高裁判所が採ったのが**プログラム規定説**です。プログラム規定説とは、**憲法第25条はわれわれ国民の具体的権利を示したものではなく、政府の指針や道義的目標を示したものに過ぎない**という学説です。ここでいうプログラムとは、**指針や方針という意味**です。要するに最低限度の生活を保障するかどうかは政府しだい、ということです。社会権は「**国家による自由**」です。国家によって恩恵的に与えられているような権利ですから、**法律の制定がなければ認められない抽象的な権利**です。裁判所としてみれば、法律を制定する国会議員は国民が選ぶことができるので、生活保護法の内容に不満があるのであれば、その不満を解消してくれる国会議員を選びなさい、ということなのです。

教育を受ける権利（第26条）

　国によって生活が守られるだけでなく、個人の自立を促すために教育を受ける権利が保障されています。

　憲法では「**その能力に応じて、ひとしく教育を受ける権利**」が保障されており、聾学校や盲学校などの特別学校の設置、奨学金の付与など、**教育の機会均等**が図られています。

　また第26条第2項では「**義務教育は無償**」とされていますが、この「無償」の範囲について判例では「授業料」とされていて、「教科書代」や「給食費」、鉛筆やノートなどの「学用品」は無償の範囲外とされています（教科書代は法律により無料となっている）。十分なお金があるにもかかわらず、憲法の条文を盾に「給食費」を払わない家庭もあると報道されていますが、判例上、給食費は無償の範囲外です。

勤労の権利・労働基本権（労働三権）

　国民には**勤労の義務**がある一方で、働くことによって自ら収入を得て、自立した市民として生活するために**勤労の権利**があり、そのため**職業安定法**にもとづいて**公共職業安定所（ハローワーク）**があります。

　また労働者には**団結権・団体交渉権・団体行動権**の労働三権が認められており、弱い立場の労働者を保護する内容となっています。

❹　基本的人権を守るための権利

参政権（19世紀的基本権。国家への自由）

　参政権とは、国政に国民が参加することを保障した権利で、国民主権を実現するための権利です。憲法では、**公務員の選定や罷免権**（第15条）、**普通選挙**、

平等選挙、秘密選挙の保障（第15条・44条）、**地方公共団体の長や議員の選挙権および被選挙権**（第93条）が定められています。また、日本では代議制を採用していますが、代議制を補うために直接民主制的な参政権として、**最高裁判所裁判官の国民審査**（第79条）、**地方特別法の住民投票**（第95条）、**憲法改正の国民投票**（第96条）が規定されています。

請求権（受益権）

　請求権とは、人権が侵害されたときに救済を求める権利です。

　無実の罪で刑務所に30年以上も入った後で、無実が証明され釈放されたとしても、30年以上の時間を取り戻すことはできません。また無実の罪で死刑が執行された場合、尊い生命は絶対に返ってきません。

　死刑判決から**再審**の結果、**冤罪**（無実の罪）が証明された事件として**免田事件、財田川事件、島田事件、松山事件**の4例がありますが（2023年3月）免田事件の場合、被害者となった免田栄さんは、死刑が確定してから11527日間（約31年7カ月）も不当に拘束されました。しかも、拘束された間、国民年金の掛け金を支払っていなかったため、死去するまで無年金の状態が続きました（免田さんは生存中に特例法が成立し、死刑判決確定から再審無罪になるまでの保険料を一括で納めることで無年金状態から救済されています）。このように国家などによって不当に拘束され、人権が侵害されて、**裁判所から無罪判決が出た場合、その賠償などを請求する権利を刑事補償請求権**といいます。

　請求権としては**刑事補償請求権**（第40条）以外にも、**請願権**（第16条）、**国家賠償請求権**（第17条）、**裁判を受ける権利**（第32条）が保障されています。国家賠償請求権とは、**公務員の不法行為によって損害を受けた場合**、国や地方公共団体に対し損害賠償を請求できる権利です。

　先に述べた免田事件においては、免田栄さんに約9000万円が支払われましたが、失った時間はあまりにも長すぎます。**取り調べの可視化**などの冤罪を防ぐ取り組みを行っていかないと、冤罪は誰にでも起こりうるものだから人ごとではありません。国家賠償請求権や刑事補償請求権が行使されない社会が理想です。

❺　新しい人権

　憲法が公布されてから70年あまり。時代の変化とともに新たな権利も主張されはじめました。それが**新しい人権**です。新しい人権は憲法の条文を根拠に主張されていますが、第13条の**幸福追求権**を根拠条文にしているものが多くあります。

環境権

　環境権は第13条の幸福追求権と第25条の生存権を根拠に主張されている人権です。しかし、残念ながら**環境権は判例で認められていないし、環境憲法と呼ばれる環境基本法でも認められていません**（環境権の一つである日照権を認めた判例はあります）。

知る権利

　知る権利は国民主権や表現の自由などを根拠として主張されている人権です。

　政府が国民に伝えるべき情報をしっかりと伝えないと、第二次世界大戦の大本営の発表のようになってしまいます。そこで国や地方公共団体に対し、情報の提供・公開を請求する権利が「知る権利」なのです。

　情報公開に関する動きは、地方公共団体が先行しました。**1982年の山形県金山町からはじまって、現在ではすべての都道府県で情報公開条例が制定されています**。そして国レベルでも、1999年に**情報公開法**が制定されました（施行は2001年）。

　この法律は誰でも情報の公開を請求できるのが画期的です。お金さえ払えば、**未成年であっても外国人であっても、情報の公開を請求できます**。ただし、この法律の正式な名称は「行政機関の保有する情報の公開に関する法律」なので、**対象は行政機関であって、国会（立法）、司法（裁判所）などは対象外とされています**。また、いくら情報公開できるといっても捜査状況や国防、個人のプライバシーに関する情報は公開の対象外とされています。ここまで情報公開制度を整えるのであれば、「知る権利」も法律に明記すればいいのに、残念ながら「知る権利」は規定されませんでした。

プライバシーの権利

　誰だって人に言えない秘密の一つや二つあるでしょう。それを暴露されるとたまったものではありません。このように個人の**私的な情報を他人に干渉されない権利**を**プライバシーの権利**といいます。この権利は**判例で確立した権利**として認められています（**『宴のあと』事件**、**『石に泳ぐ魚』事件**）。もともとは「他人にほっといてもらう」権利としてアメリカで主張されましたが、「**個人の私的な情報を他人に干渉されない権利**」として認識されるようになったのです。

　そして現代は、高度情報化社会といわれ、インターネットの普及など IT の発展には目を見張るものがあります。それにともない私たちの生活は便利になりましたが、一方では個人の私的な情報が簡単に入手できるようになりました。例えば、位置機能がついた携帯電話から住所が特定され、それをネットに流さ

れるといった被害も報告されるようになっています。一度ネットに情報が流れてしまうと、それを削除するのは容易でないため、その情報は半永久的にさまようようになってしまいます。そこで、プライバシーの権利は**「自己の情報をコントロールする権利」**（自己情報コントロール権）としても主張されています。

アクセス権

　マスメディアにアクセス（接近）して、意見や反論を述べる権利をアクセス権といいます。

　アクセス権は、共産党がサンケイ新聞に自民党による批判記事を掲載されたことに抗議し、サンケイ新聞に対して、無料で反論文の掲載を要求したときに主張された権利です（サンケイ新聞意見広告訴訟）。しかし、最高裁判所は新聞の表現の自由（文面を割愛して反論文を掲載すれば、新聞の表現の自由を奪ってしまう）を理由に、共産党の訴えを退けました。そのため**アクセス権は現在でも認められていません**。

外国人の人権、法人の権利

外国人の人権

　そもそも日本国憲法は外国人を対象としたものでしょうか。答えはNOです。日本国憲法第3章のタイトルは**「国民の権利及び義務」**としています。「国民の」となっているので、これはもちろん日本人を対象にしています。また憲法第22条第2項では「国籍の離脱」を認めていますが、外国人が母国の国籍を離脱して、いきなり日本国籍を取得することはできません。自由な国籍の離脱が認められているのは日本人であって外国人ではありません。これらを根拠に**日本国憲法は日本国民を対象としたものであって、外国人を対象としたものではないと考えられています**。ただし人権はすべての人を対象としていますので、外国人であっても、日本人と同じようにすべてが適用されるわけではありませんが、**性質上可能なものは認められる**とされています。

　でも「性質上可能なもの」とは何か。これは裁判で争点になっています。例として「マクリーン事件」を取り上げます。

　日本でベトナム戦争の反戦デモを行っていたアメリカ人のマクリーン氏が、再入国しようとした際、日本政府は入国を拒否したことから裁判になった。

　結論から言うと、**外国人に入国の自由や滞在の自由は認められていません**。国際慣習上、認めている国はほとんどありません。

またかつて日本では、外国人を対象に指紋押捺（おうなつ）を行っていました。しかし、これは外国人を犯罪者扱いしているとの批判が強く、人権侵害だとして裁判になりました。**最高裁判所は指紋押捺制度を合憲と判断しました**が（1995年）、その後、**指紋押捺制度は全廃されました**（1999年）。ところが、2001年に同時多発テロが発生し、国際情勢が不安定になったことから、2007年から**満16歳以上の外国人を対象に**（大使館職員などは除外）、**顔写真の撮影と指紋の採取が義務づけられるようになっています**。

次に外国人に政治活動の自由を認めるかですが、これは**日本国民の生活を害さない限り認められる**とされています。よって日本人の生活を害するような政治活動は行うことができません。

法人の権利

私たち肉体を持つ人を**自然人**といい、人権は自然人を対象としています。そのため肉体を持たない会社などには人権が認められないということになります。ですが会社にも権利を認めないと不都合なことが生じてしまいます。例えば、会社に財産権を認めないと、会社の財産は誰のものかということになってしまいます。そこで、法律によって人と同じように権利の主体とみなしたものを**法人**といいます。

> 法人の権利は自然人と同様に認められるのですか？

法人の権利も性質上、可能なもののみ認められるとされていますが、社会権や選挙権は認められていません。たとえば、法人に教育を受ける権利などの社会権を認めても、会社が学校に通えるわけがありません。このように自然人ではありませんが社会で活動する実体がある法人に関しても、外国人と同様、**性質上可能なもののみが認められています**。

※他には、過去の犯罪歴や**誹謗**（ひぼう）中傷など、本人に不都合な情報を検索結果から削除するよう求める「**忘れられる権利**」なども主張されている（EUでは法的な権利として認められているが、日本では現段階で法律上、権利として確立していない）。

国　　会

1 国会の地位

- 国権の最高機関であって、国の唯一の立法機関。

　ルソーが理想とした直接民主制。日本の人口は約1億2300万人。いくらネットが普及しているとしても、国民全員が意見を出し合い、またその意見を集約することは不可能です。

　そこでほとんどの国では、ロックが主張した間接民主制（代議制）が採用されています。間接民主制とは、国民の選挙（信託）によって選ばれた代議士（国会議員）が国民を代表して政治を行うしくみです。その国民の代表者で構成されている国会は、憲法第41条で**「国会は、国権の最高機関であつて、国の唯一の立法機関である。」**と規定されています。

 国権の最高機関？　国の唯一の立法機関？　これはどのような意味ですか？

　まずは「国権の最高機関」。主権者は国民なので、国民の代表者で構成される国会は最高機関となっています。ただし、これは内閣や裁判所よりも「えらい」という意味ではありません。日本は三権分立制を採っているから、三権は同等です。

　次の「唯一の立法機関」。これは国会以外の機関は立法できないという意味（「国会中心立法の原則」）と、国会が立法する際、他の機関の同意は不要だという意味（国会単独立法の原則）の2つがあります。

理解を深める **唯一の立法機関**

　「国会中心立法の原則」と**「国会単独立法の原則」**には例外があり、「国会中心立法の原則」の例外としては、衆議院や参議院、最高裁判所の規則制定権がある。一方、「国会単独立法の原則」の例外としては、憲法第95条の**地方特別法の住民投票**がある。地方特別法とは、国会がある特定の地方公共団体を対象にして制定する法律のことであり、この特別法の制定の際には必ず住民投票を行い、過半数の賛成を得ることが必要であるとされている。国会の議決だけでは法律を制定することができないため、国会単独立法の原則の例外とされている。

2 二 院 制

> 審議を慎重にし、国民の意見を幅広く採用するため、先進国の多くでは二院制が採られている。

　日本は一つの議会が衆議院と参議院で構成されている**二院制（両院制）**を採っており、選挙制度や議員の数、任期なども異なっています。

> 二院制を採る利点と欠点について教えてください。

　二院制を採用する利点としては、
①**議案などを2つの院で審議することができるので、審議を慎重に行うことができる**
②**1つの院の行き過ぎを抑えることができる**
③**幅広く国民の意見を国政に反映できる**
などの意見があります。
　一方で、欠点としては、
①**議案などの審議を迅速に行うことができない**
②**二院で与野党の議員が逆転すると（いわゆる「ねじれ」）、国政が停滞する**
③議員数が多くなり、人件費などの経費がかかる
などの意見があります。二院制には良い面、悪い面があり、最も優れた体制かどうかは意見が分かれるところです。
　中国や韓国、スウェーデン、ノルウェー、フィンランドなどのように一院制を採っている国もあります。日本は大日本帝国憲法下の時代から二院制を採っていますが、二院制には上記の利点と欠点があり、また、衆議院の第一党と参議院の第一党が異なる「ねじれ」の状態になると、国政が滞ってしまい、政策でなく政局論争に明け暮れてしまうという問題もあります。一院制がよいのか二院制がよいのかは難しい問題です。

> 衆議院と参議院は対等なのですか？

　二院が完全に対等な権限を持つと、1つの院が賛成で他方の院が反対の場合、審議がまったく進まない。そこで日本では衆議院に、参議院に対して優越的な権限を与えています。これを**衆議院の優越**といいます。

どうして衆議院が優越するの？

　衆議院の優越が認められている理由としては、**国民の意見を反映しやすいこ**とが挙げられます。**衆議院は任期が4年と短く、解散もあります**（ちなみに衆議院が4年の任期を全うしたことは1回しかありません）。一方、参議院は任期が6年と長く、解散もない。衆議院のほうが選挙という国民の審判にさらされることが多いため、衆議院に優越的な地位を与えているのです。

3 衆議院の権限

　衆議院は予算の議決や内閣総理大臣の指名など、いくつかの決定について、参議院に優越する。

衆議院の権限について教えてください。

　衆議院のみの権限は**予算先議権**と**内閣不信任決議権**の2つです。
　国会は憲法改正の発議、法律案の議決、条約の承認などさまざまな権限を有しています。憲法改正の発議や法律案の議決などは参議院が先に審議しても構いませんが、**予算案に関してだけは、衆議院が先に審議することになっています**。

どうして？

　予算の審議は必ず衆議院が先に行う理由は、予算は私たちの税金だからです。国民にとって一番関心が高いものはやはり税金の使い道なので、**予算案だけは国民の意見をより反映することのできる衆議院が必ず先に審議することになっています**。
　また、**衆議院は内閣によって解散させられます**。権力の抑制と均衡を図るためには、衆議院が内閣に対して行う権限がないとバランスを保つことができません。そのため、衆議院には**内閣不信任決議権**が認められています。解散がない参議院にはもちろんこの権限はありません。参議院は内閣の責任を問うことができる**問責決議**はできますが、これは責任を問うだけで**法的な拘束力はありません**。法的な拘束力を持たせてしまうと、今度は参議院の権限が強くなって

しまい、これまた権力のバランスが保てなくなってしまうからです。ただし問責決議が可決されると、参議院はその決議をされた大臣などが辞めるまで審議を拒否したりするので国政が滞ってしまうことがあります。そのため問責決議された大臣などは自ら辞任したり、首相によって更迭されたりすることが慣例になりつつあります。でもこれは事実上、問責決議に法的拘束力を持たせることになるので、権力分立が歪（ゆが）められてしまう危険性があります。

> 衆議院の議決が参議院よりも優越する権限
> ① **予算の議決・条約の承認・内閣総理大臣の指名**
> ② **法律案の再議決**

　衆議院と参議院の議決が異なった場合、衆議院の議決を国会の議決とするのが上記の例です。まずは①のパターンの予算が成立するまでの流れを見ながら、国会の議決の仕方について勉強しましょう。

　まず予算案は内閣が作成し、作成した予算案は議長に提出されます。**予算案は必ず衆議院が先議する**ので、衆議院議長に提出されます。

> 内閣　➡　予算案　➡　衆議院議長　➡　委員会

　続いて予算案を受け取った議長は予算委員会に付託します。予算委員会は**常任委員会**の一つで（常任委員会は衆議院・参議院にそれぞれ「17」あって、議院運営委員会、国家基本政策委員会などがある）国会議員は必ずどこかの常任委員会に所属することになっており、日本ではこの委員会が中心になって審議し、委員会で審議を行った後に本会議にかけられます。

> 学校でいえば、クラス単位で意見をまとめ、それを生徒総会で示すイメージですかね。

　そうです。さすがに衆議院なら465人が一堂に集まって、意見をまとめるのは大変ですから、まずは委員会という少数の単位で十分に話し合ったほうが意見の集約ができます。このしくみは戦後、アメリカにならったもので、戦前の日本では議員全員が参加する本会議が中心でした。

　また、複数の委員会にまたがるような議案や復興支援など特定の議案を審議する場合には**特別委員会**が開かれます。特別委員会は**国会の会期ごとに開かれ、毎日開いても構いません**。常任委員会は開かれる日が決まっているのと異なり、**集中して審議できるというメリットがあります**。

衆議院議長　➡　委員会（この例だと予算委員会）or 特別委員会　➡　本会議

　この委員会を通過すれば、いよいよ本会議で審議されます。本会議は一定の人数が集まらないと開くことはできません。一人で出席して、一人で議案を提出して、一人で「賛成」して決まる、などといったことが起きないようにするためです。そこで憲法では**定足数**（本会議を開催するにあたって必要な出席数）を**総議員の3分の1以上**とし、賛成に必要な**議決数**を**出席議員の過半数**と定めています。

　出席議員の過半数の賛成で可決されれば、今度は参議院に送られます。参議院でも同じプロセスで審議され、参議院でも可決されれば、その予算案は成立します。

衆議院本会議で可決➡参議院議長➡委員会で可決➡参議院本会議で可決➡成立

　このように両院で可決されれば成立しますが、ねじれ国会のように、衆議院と参議院の第一党が違うと、意見が分かれることもあります。そこで憲法では衆議院の優越を認めているのです。

　二院の意見が分かれた場合、①のパターン（予算の議決・条約の承認・内閣総理大臣の指名）の場合には**必ず両院協議会が開かれます**。二院の意見が異った場合には、必ず開かれなければなりません。

　両院協議会は衆議院・参議院からそれぞれ10人ずつ代表を出し、意見を調整します。もし意見の調整がうまくいけば、そこで成案を作成（出席協議員の3分の2以上で可決）し、もう一度、衆議院・参議院のそれぞれの本会議にかけられ、両院の同意を経て成立します。

　ところが、**両院協議会を開いても意見の調整がうまくいかないときには、衆議院の議決が国会の議決となります**。衆議院が「賛成」ならその予算案は成立、「反対」ならその予算案は否決されたことになります。

　最後に、衆議院本会議で可決された後、参議院に送付されますが、参議院が議決をしない場合はどうなるのか。これにもルールがあります。内閣総理大臣が不在だと国政が停滞してしまうので、**内閣総理大臣の指名の場合は10日以内、予算の議決・条約の承認なら30日以内に参議院は議決しないといけません。**

もし参議院がその間に議決しない場合には、衆議院の議決が国会の議決になります（自然成立・自然承認）。

次は法律案について教えてください。

法律案の場合、これは①のパターンと異なります。

まず、**法律案は国会議員だけでなく、内閣が提出することも可能です**。かつては国会議員が提出する法案よりも、内閣が提出する法案のほうが多かったこともありました（**近年では議員提出法案のほうが多くなっているときもあるが、依然として成立数は内閣提出法案のほうが多い**。なお、厳格な権力分立制を採用しているアメリカは、行政権を担う大統領に法案拒否権はあっても法案提出権はない）。というのは、立法機関なのに国会議員が法案を提出するにはハードルが高いのです。予算に関連する法案なら衆議院なら50人以上、参議院だと20人以上の同意がないと提出することができないのです。国会は**会派**（院内で行動を共にするグループ）単位で活動が行われますが、50人以上いる会派は少ないので、国会議員なのに法案が提出できない問題があるのです。

一方、内閣が提出する場合には、財務省や金融庁などの各省庁で立案され、内閣総理大臣が主催する**閣議**で決定された後、内閣総理大臣の名前で提出されます。厚生労働省に関する法案でも、厚生労働大臣の名前で提出されるのではなく、必ず内閣総理大臣の名前で提出されます。

さて、このように提出された法案は、予算案ではないので、衆議院か参議院のどちらが先に審議しても構いません。ここでは衆議院が先議したと仮定して、話を進めます。

提出された法律案は、先ほどの例と同じく、衆議院議長➡委員会➡本会議という順番で審議されます。ここで注意してもらいたいのは、予算をともなう法律案の場合、委員会では必ず**公聴会**が開かれることです。公聴会とは専門家の意見を聞く場であって、大学の教授や政党の推薦をもとに委員会が選んだ人などが呼ばれます。ただし、公聴会の意見に拘束力はないので、まったく無視しても問題がないため、形骸化しているとの意見もあります。

委員会で可決されたら本会議に送られ、本会議でも可決されれば（定足数は総議員の3分の1以上、表決数は出席議員の過半数の賛成）、衆議院の議決として参議院に送られます。参議院でも同様の手続きがとられ、参議院本会議でも可決されれば、その法案は成立し、天皇によって公布されます。

基本的には予算の議決などと同じですね。

　そうです。しかし、参議院で否決された場合、また審議しなかった場合はどうなるのか。これが①のパターンとはかなり違います。

　まず、①の案件に関しては二院の意見が異なったら、必ず両院協議会が開かれていましたが、法律案の場合、これを開くか開かないかは衆議院が**任意**に決めることができます。もちろん、両院協議会を開いて合意できれば、成案を作成して、衆・参両院の同意を経て、その法律案は成立します。でも開かれない場合や両院協議会を開いても意見が決裂した場合は、もう一度、衆議院本会議で再議決します。

　1回目の議決のときには定足数（総議員の3分の1以上）を満たした上で、過半数の賛成があれば可決されますが、法律案の再議決の場合、定足数（総議員の3分の1以上）を満たした上で、議決数が出席議員の3分の2以上の賛成が必要となり、ハードルが上がります。この<u>出席議員の**3分の2以上**の賛成</u>があれば、その法律案は可決されます。

 衆議院が可決した後、参議院が議決しない場合にはどうなるのですか？

　内閣総理大臣の指名の場合には10日、予算の議決・条約の承認の場合には30日以内に参議院が議決しなければ衆議院の議決が国会の議決となります。国会は立法機関なので、他の要件よりも日数が長く、法律案の場合、参議院は**60日以内**に議決しなければなりません。もし60日以内に議決しない場合、参議院はその法律案を**「否決したとみなす」（みなし否決）**ことになります。「否決したとみなす」ので、いきなり衆議院の議決が国会の議決とはなりません。参議院が「否決したとみなす」ので、両院協議会を開いて意見の調整を図るか、もう一度、衆議院本会議で審議し、出席議員の3分の2以上の賛成で再び可決されれば成立します（定足数は総議員の3分の1以上）。

4 国会の権限

二院が対等な権限や各院の自律権がある。

　国会の権限には、二院が対等なもの、各院が独自に行使できるものがありま

す。それを見ていきましょう。

❶ 二院が対等な権限

　衆議院が優越する権限以外にも国会にはさまざまな権限があります。

　まずは**弾劾裁判所の設置**。罷免訴追を受けた裁判官を、両議院の議員で組織される弾劾裁判所で裁くことができます。そして**憲法改正の発議**。衆参両院の総議員の3分の2以上の賛成で国会が発議し、国民投票で過半数の賛成があれば、天皇によって公布されます。なお弾劾裁判所の設置や憲法改正の発議などには衆議院の優越はありません。

　また憲法によるものではありませんが、各法律にもとづく国会同意人事があります。例えば、日本の金融行政の舵取りを行う日銀政策委員会の委員などは、衆議院・参議院が両方とも同意しないと任命できません。日本では「ねじれ国会」の中で、同意人事を政局に利用することが多く、かつては副総裁が任命できないなどの異常事態が起こったことがありました。与党じゃなくて国民を窮地に追い込むような対立は論外です。

❷ 衆参各院の権限

　衆議院・参議院が独自に行使できる権限もあります。それぞれの権限を行使する場合には、別の院の議決や同意などは一切不要です。

　まずは**国政調査権**。衆参両院は国政に関する調査を広範囲に行うことができ、議院証言法にもとづき証人喚問を行うことなども可能です。

　次に**規則制定権**。衆参両院は最高裁判所や行政委員会と同じく、例えば衆議院の場合、同じ議題について同じ質問を3回以上できないなど、自分たちのルールを自分たちで決めることができます（規則制定権は最高裁判所や行政委員会も可能）。

　他には**閣僚への議院出席要求権**。衆参各院は議案に関する答弁や説明を求めるため、首相や他の国務大臣に対して、議院への出席を求めることができます。この権限は閣僚がどちらの議院に所属しているかは関係なく、または国会議員でなくても要求があればその議院に出席することができます（ある閣僚が衆議院議員であっても参議院に、または閣僚が国会議員でなくても衆参両院のどちらでも要求があれば出席が可能）。

国会の権限

※（ ）は憲法の条文

衆議院のみの権限		予算先議権（60）　内閣不信任決議権（69）
国会の権限	衆議院の議決が優先	法律案の議決（59）　予算の議決（60）　条約の承認（61） 内閣総理大臣の指名（67）
	衆議院の優越なし	弾劾裁判所の設置（64） 憲法改正の発議（96）
各院の権限 （両院共通の権限）		**議員の資格争訟の裁判**（55）　**規則制定権**（58） **議員懲罰権**（58）　**国政調査権**（62） **閣僚への議院出席要求権**（63）
参議院のみの権限		緊急集会（54）

5 国会議員

> 国会議員は「全国民の代表」。国会議員には特権が多い。

　国会議員には数々の特権が与えられています。疑問に思うものもあると思いますので、しっかりと見ていきましょう。

　まずは**歳費特権**。一般国家公務員の最高額以上の歳費（給料）をもらうことができます。これだけで年間2300万円ぐらい支払われるのに、それ以外にも政策担当秘書や公設秘書など3人の秘書を公費で雇うことができ、調査研究広報滞在費（月100万円）、JRや航空機などの特殊乗車券の支給など、他にもたくさんの特権があり、世界の中でもトップクラスの好待遇です。

　次に**不逮捕特権**。国会は年中開いているわけではなく、開催される期間（会期）が決まっています。この会期中、逮捕されない国会議員の特権を不逮捕特権といいます。この特権はもともと、不当な逮捕によって国会で議員が発言できないことを防ぐために設けられた特権です。

> どんな場合でも逮捕されないのですか？

　絶対に逮捕されないわけではなく、**現行犯の場合や所属する議院が許可を与えた場合には逮捕することが可能**です。また刑務所に服役していても、国会議員は全国民の代表なので、国会がはじまったときに、その服役している議員が

所属する議院が釈放してくれと要求すれば、国会の会期中は釈放されます。もちろん、国会の会期が終了すれば、刑務所に戻り、服役しなければなりません。

　最後は**免責特権**。国会では自由な発言が求められます。発言が原因で、刑事罰や民事罰を受けると自由な発言ができなくなる可能性があるので、院内での発言に対し、名誉毀損などの刑事罰、損害賠償などの民事罰を科すことはできないのが免責特権です。ただし、不適切な発言をすると、刑事罰、民事罰は問われなくとも、道義的な理由から国会議員を辞職せざるを得ない場合もあります。軽々しい発言にはくれぐれも注意が必要です。

6 国会の種類

> 国会には常会・臨時会・特別会の3種類があり、常会には会期がある。

　国会には、**通常国会（常会）・臨時国会（臨時会）・特別国会（特別会）**の3種類があります。

　まず**通常国会**は毎年1月に必ず開催される国会で、会期は150日間となっています（1回だけ延長可能。臨時国会・特別国会は2回延長できる）。通常国会では**来年度予算の審議が中心**です。

　次に**臨時国会**。これは重要な議案を審議する際に開かれます。開かれるのは主に**内閣が決定した場合、衆議院・参議院いずれか一方の総議員の４分の１以上が要求した場合**に召集される国会です（他には衆議院の任期満了選挙後30日以内、参議院の通常選挙後30日以内に開かれる）。

　最後が**特別国会**。これは**衆議院解散総選挙後、30日以内に開かれる国会**です。

　この特別国会が開かれると内閣は総辞職し、国会は新たな内閣総理大臣を指名します。**特別国会は首相を指名する国会**なのです。

　なお、衆議院が解散された場合、40日以内に総選挙が行われますが、国会は二院制を採っているので、衆議院が解散された場合、**参議院は自動的に閉会となります**。ただ、もし国会の議決が必要な場合には、内閣は**緊急集会**を要求することができます。ただし、緊急集会で決まったことは次の国会で10日以内に衆議院の同意を得ないと廃案となってしまいます（緊急集会は1950年代に2回開催されている）。

国会の種類と緊急集会

通常国会 （常会）	毎年1月に召集される。会期は150日。会期は1度だけ延長ができる。来年度予算の審議が中心
臨時国会 （臨時会）	内閣またはいずれかの議院の総議員の4分の1以上の要求で召集。衆議院の任期満了選挙、参議院の通常選挙後、30日以内に召集
特別国会 （特別会）	衆議院の解散総選挙後、30日以内に召集される国会。内閣総理大臣の指名が行われる
緊急集会	衆議院の解散中に緊急の必要がある場合に召集。1950年代に2回開かれて以来、召集されたことはない。なお、緊急集会で可決された議案については、次の国会で衆議院の同意が必ず必要

7 国会改革

> 官僚主導から閣僚主導へ。

　1999年に国会審議活性化法が制定され、官僚主導から閣僚主導を目的とした取り組みが行われました。

　まずは**政府委員制度の廃止**。政府委員制度は官僚が閣僚に代わって答弁するしくみです。昔、ある防衛庁長官が「重要な問題なので、官僚に答弁させます」などと言って失笑されたことがありますが、これでは大臣としての資質が問われてしまいます。そこで、閣僚に自分の言葉で説明させるために政府委員制度が廃止されました。また従来は大臣を補佐するための政務次官が置かれていました（主に国会議員が就任した）が、この法律によりそれを廃止して、新たに**副大臣**と**大臣政務官**が置かれることになりました。

 　事務次官じゃないのですか？

　廃止されたのは政務次官です。官僚のトップの事務次官ではありません。

　そして最後が**党首討論**の導入です。これは与野党の党首が公開で討論する制度で衆参各院に設置された**国家基本政策委員会**で行なわれています。本家イギリスの**クエスチョン = タイム**をまねして導入されましたが、あまり行われていません。

　閣僚主導に向けた取り組みはこれ以外にも行われていますが、官僚は難関試

験を突破したエリートです。その良い頭を国民のために使わせるには国会議員が官僚以上に勉強しないと話になりません。脱官僚を掲げることは結構なことですが、閣僚と官僚が協力し合って国民のために政治をしなければなりません。そのためにはまず僕らがしっかりと勉強して政治をチェックすることが重要なのです。

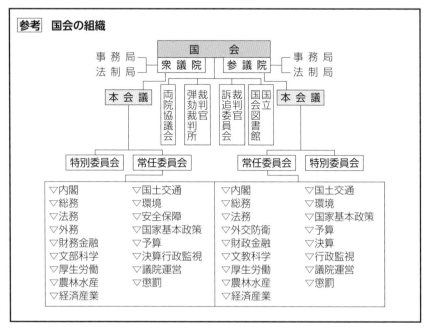

参考 国会の組織

8 内　閣

1 内閣の地位

> 行政権は内閣に属する。憲法第65条により、行政権は内閣が担うことになった。

　大日本帝国憲法には内閣の規定はなく、国務大臣は天皇の輔弼機関であり、また首相も同輩中の首席に過ぎませんでした。それが日本国憲法では、**「行政権は、内閣に属する」（第65条）**と明記され、日本国の政治を担うのは内閣であり、そしてその内閣の首長（リーダー）が**内閣総理大臣（首相）**ということになりました。

　ですが、首相を国民が直接、選ぶことはできません。日本は**議院内閣制**（内閣は国会の信任にもとづいて成立し、連帯して責任を負うしくみ）を採っているので、国民が選んだ**国会議員（衆議院議員・参議院議員どちらでも OK）の中から首相を国会が指名することになっています。**もし、首相を国民が直接選挙で選ぶ**首相公選制**を採用するとなると憲法改正が必要です。

理解を深める▶ **国会と内閣の関係**

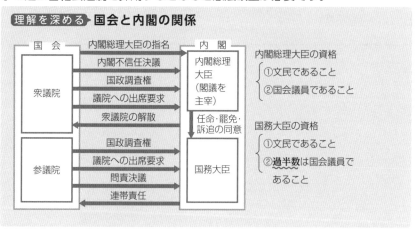

2 内閣総理大臣・国務大臣の資格

> 文民であることは共通。国務大臣はその過半数が国会議員であれば、首相は自由に任命・罷免できる。

> 首相や国務大臣になるための資格を教えてください。

　首相になるための条件は2つ。1つは**文民であること**。もう1つは**国会議員であること**です。

　かつて軍部が実権を握り、われわれの基本的人権が侵された反省から、首相は必ず文民でなければならないと定められました（**文民統制〔シビリアン＝コントロール〕**）。そのため**首相は自衛隊の最高指揮官**とされています。

　そしてもう1つの資格である「国会議員であること」は、日本は議院内閣制を採っているからです。主権者である国民が選ぶことができるのは国会議員だけです。よって間接的ではありますが国民の意見を反映させるため、国会議員の中から首相を選ぶようにしています。

　次に財務大臣や外務大臣などの各国務大臣になるための条件は、1つは**文民であること**、もう一つは、**過半数は国会議員であること**です。

　文民であることは首相と同じ理由です。そしてもう1つも議院内閣制を採っているために国会議員であることとされていますが、**過半数は国会議員でありさえすればよい**ので、国会議員でなくても国務大臣になれます。各国務大臣は**首相が自由に任命・罷免できる**ので、首相が「やってください」と任命してくれれば OK です。この**任命・罷免は首相の一存で決められる**ので、国会や閣議での決議などは一切不要です。

　このように大日本帝国憲法下の首相が**同輩中の首席**に過ぎなかったのとは異なり、日本国憲法下の首相は人事面でも大きな力を持っているのです。

3 行政権の優位と官僚支配

> 福祉国家の進展とともに、政府の役割が増加。その結果、専門的な知識・能力を有する官僚の力が強くなった。

 行政権の力がどうして増していったんですか？

1つには国家観の変化が挙げられます。

19世紀の国家観は、国防や警察など、国民の生命を守る最低限のことだけを行い、国民の自由には干渉しないことが理想とされていました（**消極国家・夜警国家**）。しかし、資本主義経済の発展とともに貧困や失業などさまざまな問題が生じてくると、国は社会保障の整備など国民の生活に積極的に介入する必要性が高まりました（**積極国家・福祉国家**）。その結果、行政の役割が拡大・多様化し、また高い専門性が求められるようになってきました。そのため、専門的な知識を有する人（**官僚**、**テクノクラート：専門技術官僚**）たちの影響力が強まり、**許認可権**や法的拘束力のない**行政指導**などの行政が自由に行える権限（**行政裁量**）を巧みに操ることで自分たちの権限を拡大し、いつの間にか立法権を超えるようになりました（**行政機能の拡大**）。

 行政機能の拡大にはどのような問題があるのですか？

国民が不在になってしまうということです。官僚の人たちは優秀だけど、国会議員と異なり国民から選挙で選ばれたわけではありません。その結果、民主的なコントロールができなくなってしまうという問題です。

他には、行政権が力を持ち過ぎてしまうと、その強大な権力を背景に私腹を肥やす者、それに群がる者などが出てくることです。例えば、「この業務ができるのはあなただけです」と、いったん権益を確保すれば、あとは何もしなくてもその業務を独占できます。そのため、それを得るために政治家や官僚たちに働きかけたり、またそれを奪われないように政治家や官僚たちに働きかけを行い続けたりします。これらが汚職の原因の一つになっています。

特に日本では、**族議員**（道路族や厚労族など特定の省庁に影響力を持つ議員のこと）、**官僚**、**財界**（日本経団連、経済同友会などの圧力団体）は自分たちの利権を確保するために、「**鉄のトライアングル**」と呼ばれる結びつきを強めていきました。この「持ちつ持たれつ」の関係は政治不信や政治腐敗、**天下り**、

汚職などの原因になっています。人間同士の結びつきや官僚制は必要なものかもしれませんが、主権者を無視するような行為は許されません。公務員は憲法で**「全体の奉仕者」（第15条）**と定められているように、一部の人間、そして自分の利益に便宜を図ることは言語道断です。

　そこで、このような状況を打破するために、**許認可権や行政指導の透明化を図る行政手続法**、過剰な接待や天下りなどを規制する国家公務員倫理法、口利きを規制するあっせん利得処罰法、**政治家個人への企業・団体からの献金を禁止する政治資金規正法**や、官僚主導の政治からの転換を図るため、事務次官や局長などの幹部人事を**内閣人事局**（内閣官房に設置）に一元管理を図る**国家公務員制度改革基本法**などが制定されていますが、どれも抜け道が多く、完璧に機能しているとはいえないのが実情です。

　既存の権益を解体するためには、過去からのしがらみを断ち切って、決断力・実行力を持ったカリスマ性を持った人物と、それを支え監視する賢い国民が必要です。「**首相公選論**」という議論がありますが、これは国民の政治に対する関心を高めたいという考えが背景にあるのです。

理解を深める▶ **政治資金**

　政治活動には一定の資金が必要である。そこで政治家に対し、不正をなくすため、資金の流れを正しく記載するよう求めた法律が**政治資金規正法**である。

　政治資金規正法は1948年に制定された後、何度も改正されてきた。1994年、細川護熙内閣のもとでの改正では、**政治家個人への企業・団体献金は禁止されることになった**。また、この時に**政党助成法**が制定され、一定の要件（国会議員が5人以上、直近の国政選挙で得票率が2％以上あること）を満たした政党に対し、政党交付金が交付されることになった（**日本共産党は政党の要件を満たしているが、政党交付金を受け取っていない**）。

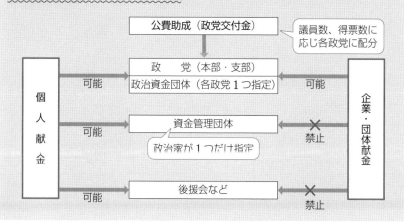

4 行政の民主化

> 行政を民主化するためには、権限を縮小させること、国民による監視体制を強化することが重要だ。

　行政手続法や国家公務員法など法による規制だけでなく、強くなりすぎた行政権を見直すためには、権限そのものを縮小させることとチェック機能を強化することが必要です。

　国や地方には、「本当に国や地方がやるべき仕事なの」と疑いたくなるようなものが多く、各省庁の外郭団体（社団法人、財団、特殊法人、独立行政法人など）は、定年退職後の公務員が役員に就くなど、天下り先や定年後の公務員を受け入れる場となっていることが非常に多いです。

　このようなムダをなくすためには、政府の役割をなるべく縮小して（**小さな政府**）既得権益（権利と利益、その省庁のパワーの源）を排除し、**構造改革**（しくみを変えること）を行っていかないといけません。行政も緊張感が保てるように絶えずチェックするしくみを整えることが必要なのです。

　国民の代表である国会が**国政調査権**（衆議院・参議院がそれぞれ行使できる自立権）を行使して、行政権をチェックする以外にも、国民には**情報公開制度**の活用という方法もあります。それ以外には**国政レベルではまだ導入されていないけどオンブズマン制度を導入すること**も1つの手です。

　公務員が暮らしやすい国をつくるのではなく、国民が暮らしやすい国をつくっていかないといけないのです。

9 裁判所

1 司法権の独立

> 公正かつ公平な裁判を行うためには、司法権の独立が不可欠だ。

　最高裁判所に行くと古代ギリシャ神話に出てくる「テミス」の像があります。「テミス」は法と秩序を守るための女神であり、最高裁判所にある「テミス」の像は右手に剣を掲げて、左手に天秤を持っています。この「剣」は法の裁き・厳しさを示し、「天秤」は正邪を測り、公平さを表す象徴とされています。

　この女神の像に象徴されるように、司法権を司る裁判所は、常に第三者の目でもって法を厳格に適用し、公平かつ慎重な裁判を行わなければなりません。そのためには立法権や行政権の圧力にさらされることがないようにしなければいけないため、司法権には高い独立性が保障されているのです。

❶ 裁判所の独立

　裁判所の種類は5つだけど全部言えますか？

> 最高裁と高裁・地裁・家庭・簡易裁判所の5つです。

　そうです。大日本帝国憲法のもとでの裁判所は、あくまで天皇の代理人に過ぎませんでした。また**軍法会議**や**行政裁判所**、**皇室裁判所**といった特別裁判所が設置されていました。でも日本国憲法では、**特別裁判所の設置を禁止**し、司法権を担うのは**最高裁判所**と4つの**下級裁判所**（**高等裁判所・地方裁判所・家庭裁判所・簡易裁判所**）のみであると明記されています。

❷ 裁判官の身分保障

　続いては裁判官の身分保障です。

　司法権の独立を確保するためには、裁判官の身分も徹底的に保障されていなくてはなりません。そのため、**「報酬の保障」**（第79条・80条）や**「下級裁判所の任期」**（**第80条**）などが憲法で保障されているだけでなく、**「行政機関による懲戒の禁止」**（**第78条**）も憲法で規定されています。

　徹底的に身分保障されている裁判官ですが、守らなければならないものが憲

法に定められています。何でしょう？

憲法と法律、良心です。

　そのとおりです。裁判官は「**憲法**」と「**法律**」、そして「**良心**」のみに拘束されます**（第76条）**。ただし、ここでいう「良心」とは良い心という意味ではなく、憲法や法律を遵守するという客観的な良心です。これらに従うことで裁判官は公正な態度で裁判を行っています。

2 裁判官の任命と罷免

> 最高裁判所裁判官長官のみ内閣が指名して天皇が任命する。

　裁判官の指名・任命については憲法で定められています。
　まず裁判所を束ねる**最高裁判所裁判官の長官は、内閣が指名して天皇が任命します**（第6条）。長官の任命は、内閣の助言と承認にもとづく天皇の国事行為の一つです。また、その他の最高裁判所の裁判官は内閣が任命することになっており（第79条）、任命された裁判官は天皇が認証します。なお、**下級裁判所の裁判官は、最高裁判所の指名した名簿の中から内閣が任命します**（第80条）。これらの規定にもとづいて任命された裁判官は黒い法服を着て裁判を行います。黒を着る理由は、黒はどの色にも染まらないという意味で解されることもあり、公正さが何より重要な裁判官にふさわしい色だと思います。

裁判官が辞めないといけないときってどのような場合ですか？

　一つは定年です。裁判官の定年年齢は法律で定められていて、**最高裁判所と簡易裁判所の裁判官は70歳、その他の裁判所の裁判官は65歳**となっています。
　次は罷免される場合。
　まずは**心身の故障**。これは何をもって心身の故障というか非常に難しいのですが、精神疾患などが該当すると解されています。でも裁判官の身分保障は徹底されていますから、世界的な名医がある裁判官に対して、「あなたは精神的に病んでいるから辞めなさい」と言ってもその裁判官を罷免することはできません。心身の故障に該当するかどうかは裁判によって判断され、裁判で罷免を可とする場合になってはじめて罷免されます（裁判官分限法）。
　続いて**弾劾裁判**。これは**国会が罷免するのに相当なことを行った裁判官を裁**

きます。**行政機関が裁判官の懲戒を行うことは禁止されています**（第78条）。

💧 アメリカの場合、大統領に対し弾劾裁判は行われ、下院が訴追し、上院が裁く。

　弾劾裁判は衆議院・参議院から7人ずつ選出して、3分の2以上が罷免を可とする場合にその裁判官を罷免することができます。ところで、気づきましたか？

何をですか？

　司法権は裁判所しか持ちません。よって、この**国会による弾劾裁判所の設置は裁判所の独立の例外**です。また弾劾裁判は裁判官を罷免するものであって、懲役10年や禁錮5年などの量刑判断は行いません。量刑を決定するのは一般の裁判所です。

　そして最後が**国民審査**。これは**最高裁判所裁判官のみが対象**で下級裁判所裁判官は対象外です。**国民審査は国民が最高裁判所裁判官を罷免できるリコール制度**ですが、この制度は、**地方特別法の住民投票、憲法改正の国民投票**と並んで、代議制を補う**直接民主制**の原理を採用したものです。

国民審査ってどうやるんですか？

　国民審査は衆議院議員総選挙の際に実施され、裁判官に任命されてからはじめての衆議院議員総選挙、その後は10年を経過したあと最初に行われる衆議院議員総選挙の際に実施されます。やり方は、この裁判官を罷免したいと思えば、**名前の上に「×」をつけます。**「続けて頑張って」とその裁判官を信任する場合には**何もつけません。**そして、その「×」が過半数以上集まれば、その裁判官を罷免することができます。しかし、**国民審査で罷免された裁判官は一人もいません。**だいたい過半数も集まるわけがありませんから、この制度は形だけのものになっているとの批判があります。

3 裁判の種類と裁判制度

> 裁判の種類は刑事裁判、民事裁判、行政裁判の3つ。人権を守るため日本の審級制度は三審制。白鳥裁判以後、再審請求も可能に。

裁判所の種類について教えてください。

裁判には盗みや強盗などの刑法を犯した者を裁く**刑事裁判**と、訴えようが訴えまいが自由な**民事裁判**、民事裁判の一種で国や地方公共団体を相手にして訴える**行政裁判**があります。

審級制度って何ですか？

　審級制度とは裁判を受けることができる回数のことです。日本の審級制度は**三審制**です。三審制を採っている理由は、**審議を慎重に行い、より公平な裁判を実現するため**です。審級制度は国や国際機関によって違っています。ちなみに国際司法裁判所は一審制、国際刑事裁判所は二審制など、さまざまな審級制度が採られています。

　さて日本の場合、裁判を原則として3回受けることができますが（内乱罪は第一審が高等裁判所となる二審制。このようにすべての裁判が三審制を採っているのではない）、もし第一審の判決に不服がある場合、上級の裁判所に訴えることを**控訴**といい、さらに不服がある場合、より上級の裁判所に訴えることを**上告**といいます。なお**訴訟の金額が140万円以下の民事裁判の場合は簡易裁判所からはじまります**が、その簡易裁判所の判決に不服がある場合には、地方裁判所に控訴することになります。またさらに地裁の判決に不服がある場合には高等裁判所に上告します。**第一審から第二審に訴えることを控訴、第二審から第三審に訴えることを上告**というので注意してください。

冤罪は絶対に防がないといけませんよね。冤罪を防ぐ取り組みもなされているのですか？

　1つは**終審裁判所**である最高裁で刑が確定した場合、裁判は終了となりますが、1975年の「白鳥裁判」をきっかけに、開かずの門と呼ばれた扉が開きました。**その人を無罪とする重大な証拠が新たに提出された場合に限って**、審議のやり直しを認める**再審**が認められることになったのです。人身の自由のところですでに述べましたが、冤罪を防ぐために再審の導入は画期的な判断ではあるものの、そもそも冤罪をなくさないといけません。「**疑わしきは被告人の利益に**」。有罪が確定するまでは推定無罪とする。この原則を忘れてはいけないのです。

他にはどのような取り組みがありますか？

取り調べの可視化が導入されたことです。

　裁判員裁判の対象事件と検察の独自捜査事件で、逮捕された被疑者の取り調べが録音・録画されることになりました。警察が逮捕、検察が起訴に至る事件は、よほどの証拠と確証がある場合です。もし無罪判決が出ると警察・検察の面目が丸つぶれになるため、警察・検察は自分たちの都合のいいように供述や証拠を書きかえていた事件がありました。そこで、強引な取り調べをできなくするために可視化が導入されました。まだ一部の刑事事件が対象であり、任意の取り調べなどは可視化の対象外なので、この範囲が拡大されることが望まれています。

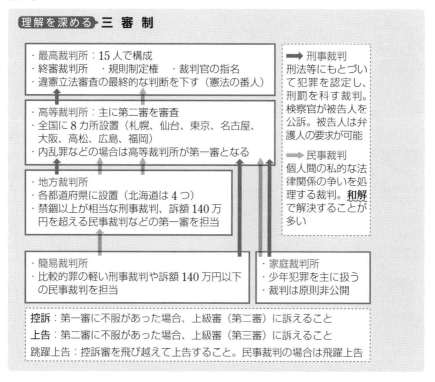

理解を深める **三 審 制**

- ・最高裁判所：15人で構成
- ・終審裁判所　・規則制定権　・裁判官の指名
- ・違憲立法審査の最終的な判断を下す（憲法の番人）

- ・高等裁判所：主に第二審を審査
- ・全国に8カ所設置（札幌、仙台、東京、名古屋、大阪、高松、広島、福岡）
- ・内乱罪などの場合は高等裁判所が第一審となる

- ・地方裁判所
- ・各都道府県に設置（北海道は4つ）
- ・禁錮以上が相当な刑事裁判、訴額140万円を超える民事裁判などの第一審を担当

- ・簡易裁判所
- ・比較的罪の軽い刑事裁判や訴額140万円以下の民事裁判を担当

- ・家庭裁判所
- ・少年犯罪を主に扱う
- ・裁判は原則非公開

➡ **刑事裁判**
刑法等にもとづいて犯罪を認定し、刑罰を科す裁判。検察官が被告人を公訴。被告人は弁護人の要求が可能

➡ **民事裁判**
個人間の私的な法律関係の争いを処理する裁判。**和解**で解決することが多い

控訴：第一審に不服があった場合、上級審（第二審）に訴えること
上告：第二審に不服があった場合、上級審（第三審）に訴えること
跳躍上告：控訴審を飛び越えて上告すること。民事裁判の場合は飛躍上告

4 違憲立法審査権

> アメリカの判例で確立された**違憲立法審査権**は、日本国憲法で明文化されている。

　法の支配の目的は、私たちの権利・自由を守ることにあります。法の支配の

「法」は私たちの権利・自由を守ることを目的とした正しい法でなければなりませんから、その正しいかどうかを判断し、正しい法を守る機関が必要です。その役割を担っているのが裁判所であり、法律や政令などが憲法に違反していないかどうかを最終的にチェックする最高裁判所は、**憲法の番人**と呼ばれています。

その違憲立法審査権は憲法第81条に明記されています。

> **最高裁判所は、一切の法律、命令、規則又は処分が憲法に適合するかしないかを決定する権限を有する終審裁判所である。**

 最高裁判所しか違憲立法審査権は行使できないのですか？また地方公共団体の「条例」や「条約」は判断できないのですか？

確かに条文だけを見ると、国会が定める法律、内閣が定める命令（政令、省令）、衆議院や参議院、行政委員会などが定める規則が憲法に違反するかどうかを判断できるのは最高裁判所のみのような感じがしますが、**違憲立法審査権はすべての裁判所が有する権限**です。

また、憲法の条文にはありませんが、地方公共団体が定める**条例も対象であり、条約に関しても一見して明白な違憲の場合には、審査の対象となります**（日米安全保障条約には統治行為論的な判断を行った）。ただし先にも述べたように、三審制を採用している以上、終局的な判断は最高裁判所が行います。終審裁判所である最高裁判所が憲法の番人と呼ばれるのはこのためです。

 裁判所の違憲立法審査権はすべての国で日本と同じしくみですか？

国によって異なっていて、フランスやドイツなどでは**抽象的審査制**を、日本やアメリカは**付随的審査制**をそれぞれ採用しています。

例えば、裁判所に「死刑制度は憲法に反するかどうか判断してほしい」と申し立てを行った場合、フランスやドイツなどでは、憲法違反を審査する憲法裁判所などの特別な裁判所が申し立てを受理して判断を行いますが、このような抽象的な案件では、日本やアメリカの裁判所は申し立てを受理しません。**日本やアメリカなどの付随的審査制の場合は、具体的な事件がまずあって、その事件に関係がなければ、違憲か合憲かの判断を行いません。**

違憲判決の効力について教えてください。

　違憲だと判断された法律などは、ただちに改正されたり廃止されたりするわけではありません。例えば、「尊属殺人事件」のときに最高裁は刑法200条を違憲だと判断しましたが（1973）、刑法200条が削除されたのは、1995年の刑法改正のときでした。司法機関である裁判所が法律の改正・廃止はできないので、法律の場合は、唯一の立法機関である国会が改正・廃止を行います。このように違憲立法審査権とは、「立法」が憲法に違反していないかどうか「審査」する権限なのです。

他に注意すべきことはありますか？

　違憲判決の効果は、その判決を行った**当該事件のみ**が対象です。

　例えば、最高裁判所が違憲判決を行った判決として、「**国籍法（婚外子国籍要件規定）訴訟**」がありますが、これは、日本人の男性と婚姻関係のない外国人の女性との間に子ども（婚外子・非嫡出子）が生まれた場合、その日本人の男性が、出生する前に認知すれば、その子どもは日本国籍が与えられますが、出生した後で認知しても日本国籍が与えられない国籍法の規定は憲法（第14条法の下の平等）に反するとして訴えた裁判です。

　この裁判によって、出生した後に認知されたフィリピン人の男女10人は日本人として最高裁判所によって認められましたが、この判決を受けて、同じような境遇の子どもたちも自動的に日本国籍が認められるわけではありません。判決はあくまで**当該事件が対象であり、一般的な効力を持たない**ので、同じような境遇の子どもたちも、自ら裁判所に訴えないと日本国籍は認められません。もし一般的な効力を持たせたいのであれば、国会による法律の制定が必要です。

5 裁判員制度

　国民が参加する司法制度の確立。司法権に積極的にかかわることで、主権者意識の高まりに期待。

国民参加型の司法制度について教えてください!!

「司法も国民の目線で判断を」と、2009年からはじまったのが**裁判員制度**です。国民が司法に参加する制度としては、アメリカやイギリス、戦前の日本でも行われていた**陪審制**、ドイツやフランス、イタリアなどで行われている**参審制**があります。

まず**陪審制は、陪審員が有罪か無罪かの事実認定だけを判断する制度であり、陪審員の判断にもとづき、裁判官が懲役や禁錮などの量刑を判断します。**

一方、**参審制は参審員が裁判官とともに合議し、事実認定だけでなく量刑も判断する制度**です。

そして日本ではじまった裁判員制度は参審制を模範としたものです。

裁判員制度は重大な刑事裁判の第一審のみを対象とし、原則として裁判官3人と裁判員6人の合議で、事実認定だけでなく量刑も判断します。また、参審員は任期制を採っているところもありますが（ドイツは5年）、裁判員は**事件ごとに衆議院議員選挙名簿から選ばれる**ことになっています（2022年4月から18歳以上も裁判員の対象となり、実際には2023年から18歳や19歳からも裁判員に選ばれることになった）。

> 裁判員裁判は重大な刑事裁判の第一審のみですよね。上訴審で裁判員裁判の結論が変更されることもあるのですか？

裁判官は過去の判例をもとに量刑を決定するので、一審の判決が覆ることもあります。ただ、これは裁判に民意を反映させるという趣旨を無視しているようにも思われます。裁判員裁判において、虐待や強姦（刑法では強制性交等罪）など非人道的な行いは罪が重くなる傾向がありますが、それが民意です。それを過去の判例がこうだからと刑を軽くすることに対しては疑問に感じますが、難しい問題です。

この国民参加型の司法制度によって、三権分立の一つである司法権に積極的にかかわることで、国民が主権者である意識を高めることが期待されています。

10 地方自治

　地方の政治はその地方に住む人たちで行う。この当たり前のように思えることですが、日本で整ったのは戦後になってからです。明治時代、日本が目指した国家は天皇を中心とした中央集権国家でした。そのため、「地方」から「国」へという考えはなく、大日本帝国憲法にも「地方自治」に関する記述はありませんでした。地方自治について、フランスのトックビルは「小学校の学問」（『アメリカの民主政治』〔1840〕）、イギリスのブライスは「民主主義の学校」（『近代民主政治』〔1921〕）と表現していますが、これは、**地方自治は民主主義の精神を培う重要な基盤である**ことを端的に表した言葉です。

1 地方自治の本旨

> 憲法第92条「地方自治の本旨」とは、団体自治と住民自治だ!!

　地方自治は日本国憲法（第8章）で保障されることになりました。憲法第92条には「**地方公共団体の組織及び運営に関する事項は、地方自治の本旨に基いて、法律でこれを定める**」とあります。本旨というのは本来の目的や意義という意味です。おもしろいのは地方自治の本旨は憲法に明文化されず、地方憲法と呼ばれる**地方自治法**（1947・日本国憲法と同日施行）に示されていることです。その地方自治法によると地方自治の本旨とは、**団体自治**と**住民自治**の2つを指します。

> 団体自治と住民自治について詳しく教えてください。

　団体自治とは、地方が国から独立した政治を行うことで、そのために地方公共団体には執行機関として首長（都道府県知事、市区町村長）が置かれ、教育委員会などの地方行政委員会が設置されています。また、議事機関（議決機関）として地方議会※が設置されており、議会ではその地方の法である条例を制定することができます。

> ※地方議会は憲法第93条では議事機関となっている。議事は話し合うという意味で議決は決定を行うという意味だ。地方自治の趣旨から考えれば、議決よりも議事のほうがふさわしい。

首長と地方議会

◆**首長**（都道府県知事・市区町村長）：任期4年　多選可

被選挙権	都道府県知事：30歳以上　市区町村長：25歳以上
権　　限	行政事務全般の指揮、監督、条例の執行、公共施設の設置・管理・廃止、不信任決議を受けての議会の解散権、副知事や副市区町村長、地方行政委員会の委員の任命など。また緊急時で議会に諮る時間がない場合などには専決処分を行うことができる。

◆**地方議員**：任期4年、多選可　地方議会は一院制

被選挙権	25歳以上
権　　限	条例の制定・改廃、予算の議決、首長の不信任決議権、地方行政事務の調査（百条調査権）、副知事・副市区町村長、地方行政委員会の委員の任命に対する同意など

　住民自治とは、その地域に住む住民が自ら政治を行っていくことで、そのために住民には直接請求権や住民投票権があります。

　まずは**直接請求権**。この権利は憲法に明文規定がなく、地方自治法に規定されています。**直接請求権には条例の制定・改廃請求（イニシアチブ）、事務監査請求、首長・議員の解職請求（リコール）、議会の解散請求、副知事などの主な公務員の解職請求があります。**

　住民自治が大原則ですから、条例も住民自らが制定にかかわりたい。でも、やっぱり1人の意見で新たな条例が提出されるのは無理があるので、改正案などを提出するには必要な署名数が決まっています。条例の制定・改廃請求、事務監査請求は当該地域の有権者の原則**50分の1以上**の署名、その他は有権者の原則**3分の1以上**の署名が必要です。解職・解散など「ヒト」に関するものは、ハードルが高くなっていることが特徴です。

　また、注意しなければならないのはその取り扱いです。**首長・議員の解職請求（リコール）、議会の解散請求は、当該地域の有権者の原則3分の1以上の署名をもって選挙管理委員会に請求します**が、これだけで解職・解散が成立するのではなく、**当該地域で住民投票を行い、過半数の有権者の同意があってはじめて解職・解散が成立します。**

請求の種類	必要署名数	請求先	取り扱い
条例の制定・改廃 **（イニシアチブ）**	有権者の**50分の1**以上	首長	長が20日以内に議会を招集し、その結果を公表する
事務監査請求※①		監査委員	監査結果を公表し、議会・長などに報告
首長・議員の解職請求 **（リコール）**	有権者の**3分の1以上**※②	選挙管理委員会	**有権者の投票に付し**、過半数の同意があれば失職
議会の解散請求			**有権者の投票に付し**、過半数の同意があれば解散
副知事などの主な役員※③の解職請求		首長	地方公共団体の議会にかけ、3分の2以上の出席、その4分の3以上の同意で失職

※①監査請求には事務監査請求と住民監査請求がある。なお、住民監査請求を受けて監査請求者が行う訴訟を住民訴訟という。

※②有権者が40万人を超える場合には、40万×3分の1＋40万を超えた分×6分の1に緩和される。また有権者が80万人を超える場合には、80万を超える数の8分の1と40万の6分の1と40万の3分の1を合計した数以上に緩和される。

※③副知事・副市町村長・公安委員会や教育委員会、選挙管理委員会の委員、監査委員。

第**3**章 日本の政治機構

次に住民投票について見ていきましょう。

住民投票には、**首長・地方議会議員の選出（憲法第93条第2項）、地方特別法の住民投票（憲法第95条）**や住民投票条例にもとづく住民投票などがあります。

地方特別法って何ですか？

地方特別法とは、特定の地方公共団体のみを対象に国会が定める法律のことです。例えば、国会があなたの住んでいる市を「ねんど県ふんど市」に改称する法律を制定したらどう思いますか？

嫌です。ネーミングセンスと国会議員の頭を疑いますね。

このように、特定の地方公共団体を狙いうちにした法律を一方的に押しつけられるのは嫌ですよね。よって特別法を制定する場合には、**必ず住民投票を行**

って該当地域の住民の意思を問わなければなりません。もし、この**住民投票で過半数の賛成**がなければこの**特別法は廃案**になります。このように**地方特別法の制定にともなう住民投票は法的拘束力を持つ権限**であり、**代議制を補う直接民主制**の一つとされています。

法的拘束力をともなう住民投票は特別法の制定以外にもあるのですか？

　他には、大都市地域特別区設置法（2012）にもとづいた住民投票があります。実際に住民投票を行った大阪府は、都構想の是非を住民に問いました。2015・2020年は僅差で否決されましたが、今後、どのような選択になるのか注目です。

各地方公共団体が定めた条例にもとづく住民投票もありますよね。

　新潟県巻町（現、新潟市）で原子力発電所の是非をめぐって行われたことをきっかけに各地でも行われるようになった住民投票は、**議会が住民投票条例を制定することにより実施されます（常設型もある）**。しかしこの住民投票は地方特別法の住民投票とは異なり、**法的な拘束力がなく、ただ住民の意思を問うためのもの**で、永住外国人や未成年者などにも住民投票を認めている団体もあります。公共事業の是非や米軍基地の是非など、さまざまな事案に対して実施されています。

2 地方分権

中央集権から地方分権へ。国と地方の関係は上下・主従から対等・協力関係に。

　憲法で地方自治が明記されているにもかかわらず、中央集権体制は変わっていません。例えば国家公務員は約30万人いますが、そのうちの約20万人は国の出先機関（地方整備局、地方農政局など）に出向しています。道路の整備や河川の管理、食糧や農地の管理などは地方でも行っていますが、国の出先機関も行っているので二重行政だという批判もあります。その分、余計にお金が必要となるわけですし、地方が自らできる仕事を何も国がやる必要はないので、

それを地方に委ねれば、財政の効率化や地方分権の推進につながっていくはずです。

　地方分権を目的とした法律には、1995年の地方分権推進法、そして1999年に制定された**地方分権一括法**があります。地方分権一括法は、**国と地方との「上下・主従」の関係を「対等・協力」関係にすることを目的に制定された法律**で、地方自治法の改正、地方公務員法の改正、地方税法の改正など、475もの法律がまとめて改正・制定された法律の集合体です。

　地方自治は3割自治と揶揄されていましたが、これは自主財源が3割しかないという意味と、地方が独自にできる仕事が3割しかないという掛けことばでした。かつて、都道府県の仕事のうちのなんと7〜8割は、国（機関）からやらされている**機関委任事務**でした。国は地方を下請け企業みたいに扱っており、地方議会は機関委任事務の手続きでさえ条例を制定することができませんでした。そこで、地方分権を進めるために、機関委任事務が廃止され、**地方自治体が主体的に行える自治事務**と、本当なら国などの機関がやるべき仕事を、**法令にもとづいて地方自治体に委ねる法定受託事務**とに再編成されたのです。

 国は地方に関与できなくなったのですか？

　それは違います。機関委任事務は廃止されましたが、国からの委任は法定受託事務という形で残っており、また自治事務も国が一定の関与を行うことは可能です。ですので**国から地方への関与がまったくなくなったわけではありません**（ただし自治事務も法定受託事務もその運用に対し、条例を制定することが可能になっている）。

 地方分権一括法について注意すべきことは他にありますか？

　地方の課税自主権が拡大されたことです。法定外目的税が新設され、地方税法に規定されていなくても（＝法定外）、町をきれいにするなどの目的があれば、東京都の宿泊税（ホテル税）のように、各自治体が独自に課税できるようになりました。さらに地方が国に対し、不服がある場合に申し立てを行う機関として、総務省に**国地方係争処理委員会**が設置されました。横浜市は勝馬投票券税（馬券税）を導入しようとしましたが、国に反対されました。従来なら国に反対されればそれまででしたが、このように国に不服がある場合には、ここに提訴できるようになったのです（馬券税は再協議の結果、断念した）。他に国地方係争処理委員会が勧告した例としては「**ふるさと納税**」をめぐる泉佐野

市の例があります。

他にはどのようなものがありますか？

　構造改革特区ですね。これは**小泉内閣のときから実施されている**制度で、全国一律の規制を地域の特性などを考慮して緩和し、地域の活性化につなげることを目的に設置したものです。例えば、太田外国語教育特区（群馬県太田市）があります。

国家戦略特区とは違うのですか？

　国家戦略特区は、2013年から**安倍内閣がはじめた**制度で、こちらは**国が主導**して、特定地域のみ規制緩和などを行っているものです。一方、構造改革特区は**地方が主導**して行っています。そこが大きな違いです。

3 地方財政

> 自主財源の拡充が課題。

　地方の歳入は、**一般財源**と**特定財源**に分けられます。**一般財源は条例で使い道が自由に決められる財源**で、**地方税**（住民税や事業税、固定資産税など）や地方税の格差を是正する**地方交付税交付金**（所得税・法人税・消費税・酒税の国税の一定割合と地方法人税の全額を地方に配分）などがあります。
　一方、**特定財源は使い道が決められている財源**で義務教育費や生活保護費などに充てられる**国庫支出金**や**地方債**（自治体が発行する公債。なお、地方債の起債はかつては許可制であったが、都道府県の場合は総務大臣との事前協議制に変更されている）などがあります。
　地方財政の大きな問題は、ほとんどの自治体は自主財源である地方税の収入が少なく、国から交付される地方交付税交付金に大きく依存していることです。都道府県の中で地方交付税交付金をもらっていない不交付団体は東京都のみであって、他のすべての道府県は地方交付税が交付されています（2022年時点）。このように、財布のひもを国に握られているので、地方分権がなかなか進まないのが実情です。

　また、市町村の中では自主財源の少なさや地方債の大量発行により財政赤字

に陥ったため破綻する自治体も生じ、1992年には福岡県赤池町が、2007年には北海道夕張市が財政再建団体に移行しました。財政再建団体に移行すると水道料金が値上げされ、道路や学校の整備が進まないなど、市民生活に大きな影響が出ます。2009年4月には地方財政健全化法が施行され、サッカーでいうならイエローカードの「財政健全化団体」とレッドカードの**「財政再生団体」**が新たに設けられ、**夕張市は2010年に国内ではじめて「財政再生団体」へと移行することになりました。**

　第二の夕張市にならないためにも、企業を誘致したり、公共施設の名前を売り出したりしている地方公共団体もありますが、抜本的な解決策がないのが現状です。近年では、財政基盤を強化するために市町村の合併が進められており、1999年には3229あった市町村の数が、2022年には1724まで減少しています。また都道府県を再編する**道州制**の導入も検討されており、合併に向けた取り組みは今後も進められる予定です。しかし、いくら市町村の統合を進め、議員や地方公務員の数を減らしたりしても、もっとたくさんの財源が国から地方へと移譲されないと、結局は何も変わりません。財政を切り詰めてもその切り詰めた分、地方交付税交付金を削減されればまったく意味がありません。小泉純一郎首相の時代に**三位一体の改革（税源移譲・地方交付税交付金の見直し・補助金の削減）**が行われましたが、目立った成果は出ていません。地方分権を促すためには、国がいかにたくさんの財源を地方に移すかが大きな課題なのです。

11 選　　挙

1 選挙制度のはじまり

> 普通選挙・平等選挙・直接選挙・秘密選挙が近代選挙の四原則！！
> 普通選挙はフランスにおいてはじまった。

> 選挙制度の歴史について教えてください。

　　全員が政治に参加する直接民主制が理想ですが、それは現実的ではないため**選挙で選んだ代表者が政治を行う**間接民主制（代議制）が多くの国で採られています。私たちの代表者を選ぶ選挙は古代ギリシアのポリスが起源だといわれていますが、本格的にはじまったのは、市民革命を経て議会政治が確立されてからです。しかし、19世紀までは教養と財産を持つエリート、いわゆる**名望家**のみが政治に参加することができ、一般の人々は政治に参加できませんでした。その後、イギリスで起こった**チャーチスト運動**で普通選挙の実施が求められ、結局、イギリスでは実現されなかったものの、海を越えた**フランスにおいて**男子のみではありましたが1848年に普通選挙が実現しました。また1893年には、イギリスの属領であったニュージーランドで女子にも実現し、さらに1919年、ドイツ・ワイマール憲法において男女の普通・平等選挙が定められました。

> 理解を深める ▶ **選挙制度の原則**
>
> **普通選挙**：一定の年齢に達したすべての国民に選挙権・被選挙権を与える
> ⟺ 　制限選挙：身分・経済力などによって選挙権を制限する
> **平等選挙**：有権者の投票の価値をすべて平等に扱う
> ⟺ 　等級選挙：特定の有権者に複数の投票を認める複数投票制
> 　　　　　　　経済力の差により有権者を何級かに分けて別々に同数の議員を
> 　　　　　　　選出する等級別投票制
> **直接選挙**：有権者が直接に公職者を選出する
> ⟺ 　間接選挙：有権者が選挙人を選び、その選挙人が公職者を選出する
> **秘密選挙**：有権者が誰に投票したのかを秘密にする
> ⟺ 　公開選挙：有権者が誰に投票したのかがわかる

日本の選挙制度の変遷も教えてください。

　日本で選挙制度が導入されたのは1889年。でも当時は、**直接国税を15円以上納めている満25歳以上の男子**という納税額による制限がありました。1円で米が20kgぐらい買えていた時代に、直接国税を15円以上も納められる人なんてほとんどいないので、有権者は総人口のわずか1.1％ほどにすぎませんでした。しかし、明治時代から大正時代にかけて、直接国税の税額が徐々に引き下げられ、ついに**1925年には直接国税による制限がなくなり、満25歳以上の男子のみに普通選挙が実現しました**。また、その20年後（1945年＝昭和20年）には、満20歳以上の男子だけでなく、女子にも選挙権が与えられ、2015年には満18歳以上に引き下げられ今日に至っています。

2 選挙区制

　　基本的な種類として大選挙区制・小選挙区制・比例代表制がある。

　まず**大選挙区制**は、**1つの選挙区から2名以上が当選する制度**。この制度では、複数当選することから、有力な政党だけでなく、小政党からも当選することが可能になり、**国民の多様な考えが政治に反映されやすい、死票（落選者への投票）が少なくなる**という利点があります。しかし一方では、**選挙区が広くなることからお金がかかる**といった問題や、**複数の政党が当選することで小党分立となり、意見の統一が難しく、政治が停滞する**といった問題、**同じ政党の候補者が同じ選挙区で争うことになってしまう**などの問題が指摘されています。

　なお、日本独自の形式として**中選挙区制**がありました。これは大選挙区制の一つで、1つの選挙区から3〜5名（2名、6名もあり）当選する制度で、**55年体制**（自由民主党〔自民党〕の**一党優位体制・1955〜93**）の頃に採られていました。基本的には大選挙区制と同じですが、同じ選挙区から同じ政党の候補者が立候補することになるので、同じ政党でのグループ（派閥）間の闘争が激しくなりました。

　選挙にはお金がかかるので、資金力がない議員や新人は有力な議員に援助してもらう。そして当選すると、援助してくれた議員（領袖＝ボス）を首相にするために奔走する。このように同じ考え方を持った人たちの集まりである政党内において派閥が誕生し、当時の自民党の議員は、多数派をつくるために、他の派閥からの引き抜きを行ったりして、派閥抗争に明け暮れ、そのうち国民不

在になってしまいました。なお、中選挙区制は55年体制崩壊後に廃止されています。

　続いて**小選挙区制**。これは**1つの選挙区から得票数が1位の候補者のみが当選する制度**でイギリスやアメリカの下院など多くの国で採られています。

　この制度では、支持する人が多い政党からでないと当選することが難しくなるため、政治が安定するといった利点があります（**二大政党制になりやすい**）。一方、1人しか当選できないので、**小政党には不利に働くこと、死票が多くなる**という問題があります。そのため、**国民の多様な意見が十分に政治に反映されにくくなっています**。選挙区が狭いのでお金がかかりにくいなどともいわれていますが、国民の多様な意見を反映しにくいのは大問題ですよね。

まとめ

	大選挙区制	小選挙区制	比例代表制
内容	1選挙区から複数選出する制度	1選挙区から1名を選出する制度	政党に投票し、各政党の得票率に応じて議席を配分する制度
長所	・**死票が少ない** ・小政党からも代表者を出せる ・買収などの不正行為が起こりにくい	・政局が安定する ・選挙民が候補者の人物・識見をよく知ることができる ・選挙費用が少なくてすむ	・**得票率と議席配分率がほぼ一致し、死票が少なくなる** ・中小政党の候補者が当選しやすくなる
短所	・小党分立になり、政局が安定しない ・選挙費が巨額になりやすい ・同一政党の候補者同士の争いが起き、政党本位の選挙になりにくい ・候補者を知る機会が少ない	・**死票が多い** ・小政党が不利 ・**ゲリマンダー（自党に有利な選挙区割りをすること）の危険性が高い**	・小党分立になり、政局が安定しない ・候補者と有権者の結びつきが弱い ・拘束名簿式の場合、候補者個人を選べない

③ 衆議院と参議院の選挙制度

衆議院と参議院では選挙制度が異なっている。

衆議院と参議院の選挙について教えてください。

まずは衆議院（定数**465人**）です。

衆議院の選挙制度は小選挙区制からはじまり（1890年）、大選挙区制や中選挙区制などさまざまな制度を採用されてきましたが、現在では**小選挙区から289人（全国を289のブロックに分ける）、比例代表から176人（全国を11ブロックに分ける）を選出する小選挙区比例代表並立制**が採られています（1994年導入、96年から実施）。この比例代表制では、各政党が提出した名簿順位が上位の者から当選する**拘束名簿式比例代表制**が採用されているため、個人には投票することができません。なお、衆議院の選挙では2022年から**アダムズ方式**（人口比に応じて都道府県に議席を配分する方式）が導入されています。また小選挙区と比例代表の両方で立候補できる**重複立候補を認めている**ため、仮に小選挙区で落選しても比例代表で当選することも可能です（復活当選）。

次に参議院（定数**248人**）です。

参議院の前身の貴族院は国民が直接選ぶことはできませんでした。しかし、現在の参議院は国民が直接選ぶことができます。

参議院が設立された当時は全国区制という全国を1つの単位とする選挙制度でした。選挙区が全国であるため、お金がかかりすぎるという問題や、知名度が高い人じゃないと当選しにくいといった問題がありました。その後、1983年の選挙からは拘束名簿式比例代表制が導入されましたが、拘束名簿式だと有権者は政党名にしか投票することができないので、2001年の選挙から導入されたのが**非拘束名簿式比例代表制**です。**有権者は「個人名」か「政党名」かのどちらかを書いて投票することができる**ようになり、政党があらかじめ作成した名簿から当選者が決まるのではなく、個人の得票が多い人が名簿の上位になるしくみに変更されました。こうして、参議院の選挙制度は、全国を単位とする非拘束名簿式比例代表制と、都道府県を単位とする選挙区選挙が並立する制度になりました。

なお、2016年の参院選からは、一票の格差を是正するために**鳥取県と島根県、徳島県と高知県でそれぞれ1人選出される合区**が実施されることになり、また、**2019年の参院選からは「特定枠」が導入され、参院の比例は個人の得**

票が多い順に名簿が作成されるはずが、各政党は優先的に名簿の上位に特定の候補者の名前を載せることができるようになっています。

　現在の衆議院選挙では、都道府県を単位とする選挙区から148人、比例代表から100人を選ぶしくみになっています。（参議院の定数は248人。そのうちの半数を3年ごとに改選する。そのため選挙区から74人、比例代表から50人、計124人が3年ごとに交互に改選される）。選挙区制では、都道府県の人口を考慮し、各都道府県に原則2〜12人（2合区含む）が割り当てられています。このように参議院では選挙区と比例代表を組み合わせた制度となっていますが、**衆議院と異なり選挙区と比例代表の重複立候補はできません。**

まとめ　衆議院と参議院

	衆　議　院	参　議　院
定　数	465人 小選挙区（289人） 比例代表（176人）	248人 選挙区（148人） ※合区の実施 比例代表（100人）
選挙権	満18歳以上の日本国民。在外投票 OK !!	
被選挙権	満25歳以上	満30歳以上
任期・解散	4年・解散あり	6年・解散なし
選挙の名称	総選挙	通常選挙。3年ごとに半数を改選
比例代表制	拘束名簿式（ドント式）	非拘束名簿式（ドント式） ※特定枠の設置
重複立候補	小選挙区と比例代表の両方で 立候補 OK!!	不可

4 選挙制度の問題

> 日本の選挙制度は課題と問題だらけ。公職選挙法の改正と主権者である国民の意識改革も求められている。

投票率の低下

　長い歴史の中でようやく勝ち取った選挙権なのに、投票所に足を運ばない有権者は非常に多いのは残念です。

　投票率が低下している背景には支持政党がない、政治に関心がない、政局に翻弄され、政策論争がなされていないなどの意見があります。ただ自分で何もしないで文句を言うのは筋違いなので、政治に自分の意見を反映させたいと思うのであれば立候補するか、投票所に行くかするべきでしょう。特に、組織票に頼っている政治家にとっては投票率が上昇することは、実はあまり好ましくない状況なので、積極的に選挙に参加していかないと特定の意見が強く政治に反映されてしまう可能性があります。

　投票率を向上させる取り組みとしては、次のようなものがあります。公職選挙法の改正により、1998年には投票時間が2時間延長されました。また2003年には、レジャーなどを理由としても投票日前日までに投票できる**期日前投票**が導入され、さらには2007年の国政選挙から選挙区・比例区の両方で在外投票も認められるようになりました。

　電子投票が導入されましたよね。

　そうですね。ネット投票の解禁には個人情報の管理などの問題があり、時期尚早との意見もありますが、2002年に電磁記録投票法が制定され、地方自治体が条例で制定すれば、地方選挙で電子投票が認められるようになりました**（国政選挙では実現していない）**。電子投票のメリットは集計が早いのが何よりですが、機器を準備するためのコストがかかるといった問題が指摘されており、2002年に岡山県新見市の市長・市議会議員選挙ではじめて導入されたものの、あまり広がっていません。また機器のトラブルもあり、2003年に電子投票で行われた、岐阜県可児市の市議会議員選挙結果を最高裁判所は無効と判断しています。

　国民・住民の意見を反映する手段は選挙が一番ですが、一票の格差の問題をはじめ、選挙にはまだまだ問題・課題が多いのが現状です。選挙区割りを大胆に見直し、今いる政治家を守るための選挙のしくみを改めて、国民の意見を反

映させるために、国民が改革を訴えないと何も変わりません。まずは私たちが行動を起こさないといけません。人任せにせず、自らが行動すること。それが改革の第一歩になるはずだと思います。

> **参考　在外投票**
> 　在外投票は2000年に認められたが、比例区のみであり、選挙区は認められなかった。これは憲法第14条、44条に反するとして裁判となり、2005年に最高裁判所は、在外投票を比例区のみにしか認めない公職選挙法の規定を違憲と判断した。

一票の格差の問題

　東京を中心とした都市部に人口がどんどん流入し、地方では人口減少が起こっています。そのため問題となっているのが**一票の格差（投票価値の不平等）**の問題です。

　法の下の平等（憲法第14条）の大原則のもと、有権者の一票の価値は同じでなければなりません。しかし実際には格差があり、**最高裁は中選挙区制の時に2度の違憲判決を下しています**（1976年、85年。ただし最高裁は事情判決の法理を採用し、**選挙結果は有効とした**）。

　小選挙区比例代表並立制に移行してから違憲判決は下されていませんが、**衆議院では法の下の平等に照らすと2倍未満が原則とされています**（最高裁は2倍を超えた2009、12、14年に行われた衆議院議員総選挙を違憲状態としている）。2022年からアダムズ方式が導入されていますが、完全な格差の解消は難しいようです。

 参議院では違憲判決はないのですか？

　参議院においては現状では違憲判決はありませんが、違憲状態判決は下されています。2018年には埼玉県の定数を2議席増加させるなどの格差是正に向けた改革を行うなどしましたが、こちらも完全な格差の解消は難しいのが現状です。

公職選挙法の問題

　「お金をたくさん集めたほうが勝ち‼」というアメリカの大統領選挙もどうかと思いますが、日本の選挙は、何かと規制が多すぎます。公正な選挙を実現するためには必要かもしれませんが、やり過ぎるのは問題です。

まず**日本では選挙運動期間が決まっています**。立候補するときには選挙管理委員会に届出を行い、公示されてから投票日の前日までしか選挙運動をしてはいけません（衆議院は12日間、参議院は17日間）。選挙期間でないときでも政治家が駅前とかで演説を行っていることがありますが、あれは選挙運動ではなく、政治活動なので問題ありません。ただし、「一票よろしくお願いします」などと言うと選挙運動になるので、公職選挙法違反になってしまいます。

　次に**戸別訪問の禁止**。各家庭に訪問して投票を頼むことや相手候補者に投票しないことを頼むことはできません。アメリカやイギリスなど世界各国では行われている戸別訪問ですが、日本では買収を防ぐために禁止されています。それ以外には、候補者の資金力によって公正な選挙が妨げられるのはおかしいですから、文書図画の頒布制限、飲食物の提供なども禁止されています。

　なお、インターネットを利用した選挙運動も禁止されていましたが、2013年に公職選挙法が改正されたことにより認められました。制定当時は規制が厳しかったですが、法改正によって、各党のマニフェストを比較することが容易になる（マニフェストとは、政策の目標数値や達成期限、財源などを具体的に明示し、事後検証が可能な政権公約のこと）、候補者の生の声で目指すべき政治・政策が聞きやすくなる、選挙ポスターなどのコストが削減できる、候補者が自己アピールしやすくなるなどの利点がありますが、匿名性を利用した候補者の「なりすまし」、誹謗・中傷の拡大などの問題点も指摘されています。

　公職選挙法は時代に合わせて規制が緩和されたところもありますが、禁止や規制のオンパレードとなっており、憲法第21条の表現の自由の制限との批判が強く、公正な選挙を確保することが何より重要なのは理解できますが、余りにも厳しすぎるのが日本の現実です。

理解を深める ▶ **世論形成とマス＝メディア**

　私たちが世間で一般的に持っている意見のことを**世論**といい、その世論を形成するのに大きな役割を果たすのが新聞社やテレビ局などの**マス＝メディア**である。マス＝メディアを媒介して世の中に大量伝達することを**マス＝コミュニケーション（マスコミ）**といい、マスコミは世論形成に大きな影響を与えるので立法・行政・司法と並んで**「第四の権力」**といわれる。

　従って、マスコミの伝達する情報は中立・公平でなければならない。しかし日本の場合は、特定の団体やジャーナリストしか取材を許されない会員制の記者クラブの存在や、権力との癒着の問題もたびたび指摘されている。

5 日本の政党

> 日本では、自民党の一党優位が続いている。

❶ 55年体制（1955～1993）

2009年に政権交代が起こり、民主党が政権を獲得しました（2012年まで）が、それ以前は自由民主党（自民党）が一時期を除いて（1993～94）ずっと与党でした。**与党というのは政権を獲得している政党**のことで、その他の政党は**野党**といいます。でも、もし与党の人数が少ない場合などには、他の政党と手を組むことがあります。その場合は**連立与党**といい、例えば公明党と自民党は1999年から連立していますから、民主党が政権を取ったとき以外は公明党も与党です。

さて、自民党は1955年11月に日本民主党と自由党が合併して誕生しました（保守合同）。自民党の党是（党の最重要方針）は自主憲法の制定です。大日本帝国憲法のように日本人が独自に作成した憲法をつくる。これが目的です。

また、1955年10月にはもう1つ政党が再統一されました。それが日本社会党（現在の社会民主党）です。日本社会党はサンフランシスコ平和条約や日米安全保障条約をめぐり、右派と左派に分裂しましたが、憲法改正に必要な総議員の3分の2以上の議席を奪う勢いのある保守政党の台頭は無視できませんでした。

社会主義政党は大日本帝国憲法のもとでは非合法とされていましたが、日本国憲法制定という「革新」が起こったことにより認められ、誕生した政党が日本社会党です。そのため日本社会党は憲法の堅持（護憲）を目的としています（日本社会党が改名した現在の社会民主党も護憲政党）。憲法改正を阻止するためには右派と左派とで争っている場合ではないため、右派と左派は再び統一され、日本社会党が誕生しました。

このように1955年に自民党と日本社会党の二大政党が誕生し、両政党は議席を争うようになりました。これを**55年体制**といいます。でも二大政党といっても、日本社会党は自民党の半数の議席しか獲得できなかったので、**1と2分の1政党制**とも呼ばれました。結局、55年体制の時代は<u>1993年まで自民党がずっと与党</u>だったので、<u>**55年体制とは自民党一党優位体制でした**</u>（自民党内での派閥抗争に勝利した者が首相に就任する擬似的政権交代が起こった）。

❷ 55年体制の崩壊～現代

<u>1960年代には</u>、日本社会党から民主社会党（のちの民社党）が分裂、創価学会を基盤とした公明党が誕生するなど**多党化の時代**を迎えました。<u>1970年</u>

代には、**ロッキード事件**が起こって、自民党から新自由クラブが分裂し、ますます多党化しましたが、自民党の優位は揺るぎませんでした。しかし、80年代後半から90年代前半にかけて、冷戦の終結、湾岸戦争の勃発などの国際情勢の変化、バブル経済の崩壊による経済の低迷、さらには**リクルート事件**や**佐川急便事件**など、政官財の癒着を裏づける汚職事件が明らかになってくると、人々の間に政治改革を求める声が強くなり、ついに自民党は政権を追われることになりました。

55 年体制の終わりですね。

1993年には元自民党幹事長だった小沢一郎らが宮澤喜一内閣の不信任決議に同調し、解散総選挙の結果、日本新党の細川護熙を首班に日本社会党や民社党、公明党など非自民・非共産の8党派連立内閣が誕生することになり、**自民党は結党以来はじめて与党の座を奪われました（自民党は与党の座を追われたが、衆議院第一党ではあった）**。ですが非自民の細川内閣、次の羽田孜内閣は短命に終わりました。政権獲得に執念を燃やす自民党は、なんと55年体制のときに対立した日本社会党と手を組み、再び与党の座に復帰しました。日本社会党の村山富市首相が退陣した後は、再び自民党の総裁が首相となり、橋本龍太郎から麻生太郎まで、自民党が政権を担いました。

その後、どうなったのですか？

再び権勢をふるった自民党でしたが、2009年の総選挙で民主党が歴史的大勝を収め、常に衆議院第一党であった自民党が、結党以来はじめて衆議院第二党へと転落することになりました。政権交代をなしえた民主党は、鳩山由紀夫、菅直人、野田佳彦と首相が次々交代し、政治家主導を目指したはずが官僚主導体質は変わらず、官僚が企画書をつくり、政治家がそれにもとづき財界のために政治を行い、財界は政治家を援助するといった政・官・財の「鉄のトライアングル」がかえって強化されたようでした。また在日米軍基地移転をめぐる迷走、東日本大震災・福島原発事故の対応のまずさ、経済の低迷、外交の拙さ、その他実行力のなさなどが目立ち、国民の期待は失望へと変わり、再び自民党政権である安倍晋三内閣が成立し、菅義偉内閣・岸田文雄内閣と続いています。

安倍首相はデフレからの脱却を目指した**アベノミクス**、外交では**積極的平和主義**の表明し、平成の終わりから令和のはじめにかけて政権を担っており、歴代首相の中で在任期間が最長となりました。

12 国際政治

1 主権国家の誕生

> 国際社会を構成する基本的単位が相互に平等で独立した主権国家であり、国際社会で展開される政治が国際政治だ!!

　今日の国際社会が成立したのは、ヨーロッパにおける最後の宗教戦争と呼ばれた**三十年戦争**（1618~48）がきっかけです。その講和条約である**ウェストファリア条約**（1648）によって、ヨーロッパ各国の主権の独立と平等が確認され、教皇や皇帝が支配する時代から、**主権国家を構成単位とする国際社会が形成されることになりました。**

　国家とは、**主権**と**領域**と**国民**の三要素から構成されており、**領域**は**領土・領海・領空**からなります。p15を見てください。

　領海は基線から12海里（1海里＝1852m。約22km）の海のことをいい、その上空（大気圏内）を領空といいます。さらに領海から先の12海里（基線から24海里）の海のことを接続水域といい、伝染病の予防や積荷の検査などを行うことができます。また基線から200海里を**排他的経済水域（EEZ）**といい、その水域や大陸棚での漁業・鉱物資源などの開発・保有などが沿岸国に認められています。そしてEEZの先、深海底の上が**公海**であり、**公海自由の原則**が認められています。

　さて、主権国家は一つ一つ独立した国として歩みはじめることになったわけですが、困ったことがありました。当然、一つ一つの国には、それぞれ独立した法があります。でも、国を超えた法はありませんでした。このような状況を懸念したのが、オランダの**グロチウス**です。彼は「人間の理性の命令であり、いつ・どこでも・いかなる場合でも成立する普遍的な法、すなわち自然法が世界にはあり、そしてそれはたとえ国を超えたとしても成立する」と考えました。この自然法をもとにつくられる「国を超えても成立する法」、これこそが国際法であり、その国際法の整備をグロチウスは強く訴えたことから、**グロチウスは国際法の父や自然法の父といわれています。**

2 国際法と国際裁判所

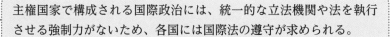

主権国家で構成される国際政治には、統一的な立法機関や法を執行
させる強制力がないため、各国には国際法の遵守が求められる。

国際法について教えてください。

　国際法は大きく、**国際慣習法**と**条約**の2種類に分けられます（戦時国際法と
平時国際法という適用時による分類もある）。例えば、海については、「海は誰
のモノでもない」というのは当然のことだという昔からの**慣習**もあれば、領土
から200海里を**排他的経済水域（EEZ）**として、沿岸国の資源保有を認めてい
る**国連海洋法条約**（1994年発効、日本は96年に批准）という**条約**もあります。
このように、「海は誰のモノでもない」などの**暗黙の了解（不文法）**を「**国際
慣習法**」といい、国連海洋法条約や京都議定書、日ソ共同宣言、国連憲章など、
議定書や共同宣言、憲章のように名前は違っても、国と国とが**明示の文章で合
意（成文法）**した法のことを「**条約**」といいます（1899年・1907年のハー
グ平和会議以降、国際慣習法を成文化する動きが強まっており、現在では公海
自由の原則も国連海洋法条約に規定されている）。

たとえ「法」が存在しても、「法」そのものが正しいかどうか、その
「法」を守っているかどうかを判断する機関がないと困りますね。

　そうですね。そこで、それを解決するための機関が**国際裁判所**です。
　国際社会には国会や内閣のような統一的な立法や行政組織はありませんが、
裁判所はあります。
　かつて国際連盟の時代にはその**外部機関として常設国際司法裁判所**がありま
したが、現在では、**国際連合の主要機関の一つとして国際司法裁判所（ICJ）**
が設置（本部はオランダのハーグ）されています。
　この国際司法裁判所は、日本やアメリカなど「国」単位で加盟している国際
連合の主要機関の一つなので、**個人やNGOなどは付託（付託とは問題や議
題として提案すること）できません**。また、「いかなる場合にも判決には従い
なさい」という強制管轄権を持たないので、**一方の国が付託しても裁判を行う
ことはできません（紛争当事国双方の付託が必要）**。
　そのため、日本と韓国の間には**竹島**の領有問題がありますが、日本だけが

「やるぞ」と言ってもだめで、韓国も「やりましょう」と言わない限り裁判をはじめることができません（日本は1954・1962・2012年に付託したが、いずれも韓国が拒否）。また、たとえ**判決に納得できなくても上訴はできず、その判決を受け入れる義務が発生します**。もし、判決を受け入れない場合には、安全保障理事会に訴えることができます。

国際司法裁判所以外の国際裁判所ってあるのですか？

　他には、2016年に中国とフィリピンが南シナ海の領有をめぐって争った**常設仲裁裁判所**があります。また、ジェノサイド（集団殺害）の罪、拷問や虐待など人道に対する罪、戦争の罪などの**個人の罪を裁く裁判所**として、2003年に同じくハーグに設置された**国際刑事裁判所（ICC）**などもあります。ICC は ICJ と名称が似ているので、国連の機関っぽいですが、国連は国が主体の組織です。よって**個人の罪を裁く裁判所である ICC は国連の機関ではありません**。
　ICC は、国際刑事裁判所ローマ規程という**条約にもとづいて設置された裁判所**（なお ICC は二審制である）ですので、規程を批准していない国の人々を裁くことはできません。日本は2007年に加入していますが、アメリカや中国、イスラエルなどは未加入のままです。ICC は、21世紀最大の人権侵害として問題となっている**スーダン**の**ダルフール紛争**に関与したとされるバシル大統領に対し、逮捕状を発行していますし、プーチン大統領に対しても発行しています。このように国家元首に対しても逮捕状を発行することで、人権侵害などの個人の罪に対し、誰に対しても毅然とした態度をとることが求められています。

【理解を深める】▶**常設仲裁裁判所**

　常設仲裁裁判所は第１回ハーグ平和会議（1899）の合意にもとづいて1901年に設立された裁判所であり、その特徴は国家だけでなく、私人なども訴えることができることだ。また国際司法裁判所と異なり、一方の国からの付託だけで裁判を行うことができるので、中国の南シナ海における主権の主張（九段線）に対し、歴史的な権利を主張する法的な根拠はないとの判断を示し、フィリピンの主張をほぼ認めたことがある（2016）。ただし、判決には拘束力はない。

まとめ	国際裁判所

国際司法裁判所（ICJ）	国際連合の主要機関の一つでオランダのハーグに設置。 ・付託できるのは国家のみ ・一方の国の付託だけでは裁判を行うことができない ・判決には法的拘束力があり、上訴はできない（一審制） ・国際機関などの求めに応じ、法的意見を勧告する
国際刑事裁判所（ICC）	2003年にハーグに設置された裁判所で、**個人のジェノサイド、人道に対する犯罪、戦争犯罪、侵略の罪を裁く**裁判所。日本は2007年に加盟した。アメリカや中国は未加入。 ※**国連の機関ではない!!**
世界貿易機関（WTO）	GATT を発展的に解消し、財の貿易だけでなく、サービス貿易や知的財産権などの紛争を解決するために1995年に設立された。

3 勢力均衡方式から集団安全保障方式へ

> 集団安全保障方式は国際連盟ではじめて採られ、現在の国際連合でも採用されている。

　第一次世界大戦は、ドイツを中心とする三国同盟（1882）とイギリスを中心とする三国協商（1907）との戦いでした。1対1で戦争するのではなく、当時は、**敵対する国同士が相互に軍事同盟を結ぶことにより、勢力の抑制と均衡を図っていました。**このような安全保障政策を**勢力均衡方式（バランス＝オブ＝パワー）**といいます。この微妙なバランスで平和を保つしくみは非常にもろく、結局、オーストリア皇太子夫妻がセルビア人の青年によって暗殺されたサラエボ事件をきっかけに、第一次世界大戦へと発展しました。

　第一次世界大戦は、まるで兵器の見本市みたいな戦争で、戦車や潜水艦、航空機、毒ガスなどの新たな兵器が次々と登場し、多くの人が犠牲になりました。戦乱が続くと、人々は平和を望むようになります。かつて、ドイツの哲学者**カント**は『永遠（久）平和のために（永久平和論）』（1795）の中で、**世界国家ではなく国際的な連合を提唱**しました。世界国家（超国家的なもの）であれば、強者の論理が働き、弱者は支配される関係になります。また、そこから離脱しようとする国があれば、内戦が発生し、平和は実現しません。そこでカントは、それぞれの国が相互にそれぞれの国の自由を保障する連盟をつくり、そこに多

くの国が参加することで真の平和が実現すると考えました。この考えに影響を受け、国際連盟の設立を提唱したのがアメリカの大統領**ウィルソン**（民主党）です（ウィルソンは軍備縮小、民族自決など「**平和原則14カ条**」を提唱した）。

ウィルソンの「平和原則14カ条」はこの後、どのように活かされたのですか？

　第一次世界大戦の講和会議がパリで開かれ、**ヴェルサイユ条約**（1919）が採択されました。このヴェルサイユ条約にもとづき、スイスのジュネーブに設立されたのが**国際連盟**です。初の世界的な平和機関として設立された国際連盟では、勢力均衡方式に代わる新たな安全保障方式として**集団安全保障方式**が採られました。

　これは**敵味方関係なく、お互いがお互いの国に対して、侵略しないという約束を交わし、その約束をすべての国で堅持させる。もし、約束を破って他国に攻め込むようなことがあれば、約束を破った国に対してすべての国で制裁を加えるというしくみ**です。

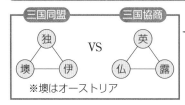

対敵する国家群が相互に軍事同盟を結ぶことで勢力均衡を図る。

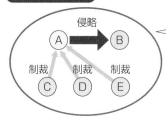

対立関係にある国も含め、すべての国が相互不可侵の約束を交わし、それに違反する国があれば、残りのすべての国は制裁を行う。
※国際連盟・国際連合は集団安全保障の考え方にもとづく。

④ 国際連盟

> 国際連盟は国際協調の中心となったが、第二次世界大戦を防ぐこと
> はできなかった。

　国際連盟（1920〜1946.4。本部ジュネーブ：スイス）は**集団安全保障に
もとづいて組織された初の国際平和機構**ですが、のちに第二次世界大戦が発生
していることからもわかるとおり（国際連盟がしっかりと機能していれば第二
次大戦は起こっていない）、問題だらけの組織でした。

どのような問題点があったのですか？

　まず、**アメリカなど大国の不参加と脱退・除名**があります。アメリカのウィ
ルソンが国際連盟の設立を提唱しましたが、国際連盟の加盟には上院の同意が
必要です（**条約の同意権は上院のみにある**）。ところが、共和党が多数派をし
める上院は（ウィルソンは民主党）、モンロー主義（孤立主義）に固執し、連
盟への加盟を見送りました。また初の社会主義国として誕生したソ連も当初、
加盟していません（ソ連は日本・ドイツが脱退した後の1934年に加盟。しか
し、フィンランド侵攻を理由に1939 年に除名されている）。さらに理事会の
常任理事国であった日本・イタリア・ドイツ（ドイツは国際連盟設立当初は加
盟を認められていなかった）も相次いで脱退し（1933年に日本・ドイツ、
1937年にイタリアが脱退）、組織が機能しなくなりました。

　他には制裁手段が弱かったことも問題で、国交断絶、輸出入の禁止などの経
済制裁が中心でした（経済制裁の決定に加盟国は従う義務はなかった）。軍事
制裁は国際連盟規約に規定はありますが、国際連盟には国際連盟軍のような軍
隊はなく、加盟国に軍事負担を提案するだけでした。集団安全保障体制なのに
軍事制裁が事実上できないとなると、連盟が機能しなくなるのは当然です。さ
らに、総会や理事会で全会一致制を採っていたため、迅速な対応を行うことが
困難でした。

問題だらけですね。

　最後に国際連盟規約に戦争を禁止する条項がなかったことも問題です。1928
年の不戦条約（ブリアン－ケロッグ条約）により**国際紛争を解決する手段とし
ての戦争は違法化されました**が、戦争そのものが禁止されたわけではありませ

ん（自衛のためは可能）。

　これらの問題点により、世界平和の維持と発展という目的は守ることができず、第二次世界大戦の発生を制止することはできませんでした。この2度にわたる世界大戦の反省の結果、登場したのが**国際連合**です。

理解を深める▶ **国際連盟**

◆主要機関
　総会…全加盟国で構成。全会一致を原則とする
　理事会…全会一致制を採用
◆補佐機関　事務局
◆自治機関　常設国際司法裁判所、国際労働機関（ILO）

国際連盟の問題点
①大国の不参加と脱退・除名
②全会一致制の採用…総会や理事会の表決が全会一致制を採っていたため、意思
　　　　　　　　　　決定が困難であった
③制裁手段の不備…経済制裁が主であり、軍事制裁は事実上できなかった
④規約の不徹底…国際連盟規約に、戦争を一般的に禁止する条項がなかった
　※不戦条約（1928）…侵略戦争を禁止

---

5 国際連合

集団安全保障方式を引き続き採用し、国際平和と安全の維持を目的に設立。国際連合加盟国になることの承認は、安全保障理事会（安保理）の勧告にもとづいて、総会の決定によって行われる。

国際連合について教えてください。

　現在、国際連合（1945.10.24発足。本部ニューヨーク：アメリカ。以下、国連）は世界193カ国が加盟している巨大な組織です（日本と国交がない北朝鮮なども加盟している）。ただし、国連は統一的な立法機関でもなければ、行政機関でもありません。国連の一機関である国際司法裁判所（ICJ）には強制管轄権はないですし、個人を裁くこともできません。国連は主権国家が参加する話し合いの場という感じです。全加盟国が参加する国連総会において行うことができるのは軍事的措置を含めた勧告のみで、各国や個人を縛り付けることはできません。

ただし、国際連盟の反省から軍事制裁ができるようになったので、**国連軍を**結成することは可能です。しかしこれは常設の軍隊ではなく、紛争解決のために武力が必要な場合に、国連加盟国が安全保障理事会と協定を結んで（特別協定）、各国の軍隊を派遣することになっています。しかし、この**協定が交わされたことは一度もないため、国連憲章にもとづいた正規の国連軍が結成されたことはありません**（朝鮮戦争や湾岸戦争のときには、国連決議にもとづき各国の軍隊が派兵されたが、協定は交わされていない）。

（1）国連の組織

　国連は**総会・安全保障理事会・経済社会理事会・事務局・信託統治理事会・国際司法裁判所**の6つの主要機関から成り立っており、**総会の下部組織に人権理事会**、専門機関として IMF（国際通貨基金）や IBRD（国際復興開発銀行）、総会によって設立された UNDP（国連開発計画）や UNHCR（国連難民高等弁務官事務所）、UNCTAD（国連貿易開発会議）などがあります。

　まずは国連総会から見ていきましょう。

　国連総会は**通常総会・特別総会・緊急特別総会**の3種類あり、**主権平等の原則にもとづき一国一票制**を採っています。よって、どれだけ人口が多かろうが、GDP が大きかろうが、どんな国でも一国一票です。

　通常総会は毎年9月から開催され、国連憲章に関係することであれば何でも話し合うことができます。

　ただ、総会で行うことができるのは強制力がない勧告のみで（重要事項であれば出席国の3分の2以上の賛成、一般事項であれば出席国の過半数の賛成が必要）、また勧告に従うかどうかは各国の判断に委ねられます（軍事的措置を含めた勧告を行うこともできる）。

　次は安全保障理事会です。**安全保障理事会（以下、安保理）は世界平和の維持と安全に主要な責任を負う機関で、その決定は加盟国を拘束します。国連の中で最も主要な機関**といっていいでしょう。

　安保理は**常任理事国**（米・英・仏・露・中）と**任期2年の非常任理事国**（設立当初は6カ国、現在は10カ国）の15カ国で構成され、常任理事国には**拒否権**（大国一致の原則）※という強大な権限が与えられています。ただ、**この拒否権はあらゆる議案において行使できるのではなく、その行使は実質（重要）事項に限られています。安保理の決定には15カ国中9カ国の賛成が必要**ですが、実質事項の場合には常任理事国すべてが賛成しなければなりません。しかし、**手続事項の場合には拒否権が行使できない**ため、仮に常任理事国がすべて反対したとしても、残りの国が賛成すれば可決されます。実際には安保理の議案の

ほとんどが実質事項なので、常任理事国の拒否権行使により、安保理が機能不全に陥ることがしばしばありました。

※常任理事国が拒否権を行使する際には、会議に出席して行使を宣言しなければならない。よって欠席や棄権は拒否権の行使とはならない。
※常任理事国が拒否権を行使した場合、その理由を国連総会で説明することを求める決議案が採択された。ただし、実際に説明するかどうかは常任理事国に委ねられる。

安保理が機能不全に陥ってしまうと、世界平和の維持が難しくなってしまいますね。

　そこで国連では、**1950年の朝鮮戦争の際に**「平和のための結集」決議を採択しました。これは安保理が拒否権の行使により機能しなかった場合には、加盟国の要請などにもとづき**緊急特別総会**を開き、**軍事的措置を含めた勧告**を加盟国に行うことができるようにしたものです。

朝鮮戦争の際に緊急特別総会が開かれたのですか？

　緊急特別総会がはじめて開かれたのは朝鮮戦争のときではなく、**第2次中東戦争**（スエズ戦争・1956）のときです。緊急特別総会の決議にもとづき、最初のPKF活動といわれている第1次国連緊急軍（UNEF－1）が派遣されました。2022年には、ロシアにウクライナからの即時撤退を求める決議案が採択されています。

　でも、全加盟国で構成されている総会は拘束力がない勧告しかできないため、安保理に比べ、権限が弱いのが問題です。すべての国は平等だという主権平等の原則から見ても、安保理に権限が集中しすぎで、特に常任理事国の拒否権は強すぎる権限です。

　かつて、国際連盟は全会一致制を採用し、迅速な対応できませんでした。その反省から特定の国に拒否権が与えられたわけですが、常任理事国の拡大も含め、見直しが必要な時期にきているのは事実です。

　他には、経済・文化・社会など非軍事部門を扱い、**多くのNGO（非政府組織）と連携している経済社会理事会**、行政を相当する**事務局**、パラオ独立により活動を停止している**信託統治理事会**、そして国家間の紛争を解決する**国際司法裁判所**。この6つが国連の主要機関です。

（2）PKO（国連平和維持活動）

> PKOは国連憲章に明文化されていない。そのため「6章半活動」と
> いわれている。

　国際連盟の反省から、国際連合では国連軍に関する規定が国連憲章に設けられましたが、一度も正規の国連軍が組織されたことはありません。手続きが大変な国連軍に代わり、国際平和を守るために登場したのが「6章半活動」と呼ばれるPKOです。もちろん6章半なんて条文はありませんから、PKOの規定は**国連憲章にはありません**。国連憲章第6章の「平和的解決」と第7章「強制措置」の中間に位置する活動ということで「6章半活動」と呼ばれています。

 PKOはどのような活動をするのですか？

　PKOの活動には**監視団**と**PKF（平和維持軍）**があり、監視団は停戦監視団と選挙監視団に分かれています。監視団は国際社会が決めた停戦ルールをしっかりと守っているか、民主的な選挙が行われているかをチェックする役割を担っているため非武装ですが、PKFは警察的な役割を担っているため、最低限の武装（軽武装）は可能ですが、武器使用は自衛の場合に限られています。

（3）国際連合の課題と問題点

　まずは**財政難**です。**国連の予算は主に「通常予算」と「PKO予算」**であり、国連加盟国はGNIなどにもとづき分担金の支払いが義務づけられています。通常予算・PKO予算の分担率が多い順に並べると、ともにアメリカ＞中国＞日本＞ドイツとなっていますが、分担率1位のアメリカは滞納の常習犯となっており、ただでさえ少ない国連の予算不足に拍車をかけています。分担金を2年滞納すると、国連総会での投票権が停止されますが、アメリカはどこ吹く風です。

　次に**安保理の改革問題**です。安保理には、常任理事国の拒否権の付与は主権平等の原則に反するという批判や常任理事国の構成国が欧米偏重であるとの批判があります。国連加盟国は193カ国ですが、そのうちの54カ国はアフリカの国なのにアフリカには常任理事国は1つもありません。また、世界の人口の半分以上はアジアに住んでいますが、常任理事国は中国だけです。

第**4**章　現代の国際政治

常任理事国が偏ってますね。

　国連はもともと第二次世界大戦の戦勝国（連合国）のための組織なので欧米中心になっています。2005年には互いに常任理事国入りを支持するG4（日本・ドイツ・ブラジル・インド）、AU（アフリカ連合）が安保理改革を提唱しましたが、日本の常任理事国入りに徹底的に反対する韓国、インドにはカシミール問題を抱えるパキスタンの反対や、既得権益を失いたくない常任理事国などの思惑があって、議論が全然進まず、安保理改革はできませんでした。

　外務省の悲願ともいうべき常任理事国に日本が入ったら、「紛争に関する情報を早期に入手できる（北朝鮮のミサイル発射情報なども可能）」、「日本の国際的地位が高まる」などの賛成意見がある一方で、「アメリカの一票が増えるだけ」という冷ややかな意見や「常任理事国に入れば軍事的貢献を果たさなくてはならなくなるため、平和主義を基本原則とした憲法を改正しなければならなくなる」といった慎重論、「ますます日本の経済的負担が増加する」といった反対意見もあります。ただ、今でも分担金を年間約260億円（2019年）も払っているのだから、それにともなう権限があってもよいのではないでしょうか。

他にはどのような問題がありますか？

　敵国条項の問題があります。先ほども述べたとおり、国連はもともとが第二次世界大戦の戦勝国のための組織でした。だから日本やドイツ、イタリアなどの枢軸国は国際連合にとって敵のままです。1995年に国連総会は、敵国条項（第53条・107条）の早期削除を求める決議を採択しましたが、国際連合憲章を改正するためには、加盟国の3分の2以上が改正決議に賛成し、3分の2以上の批准が必要です（常任理事国のうち1カ国でも批准を拒否すれば改正されない）。この高いハードルのため、**敵国条項は削除されないまま**になっています。戦後70年以上経っているのに、今でも敵国扱いされているのは、見過ごすことができない問題です。

13 第二次世界大戦後の世界

1 冷　戦

「資本主義・自由主義陣営」対「社会主義・共産主義陣営」の戦火を交えない対立。

次は国際情勢です。

いきなりですが、冷戦の終結は何年でしょうか？　ちなみに平成元年です。

　令和の時代に平成と言われても…

答えは**1989年**。1989年は日本で消費税が導入された年でもあります。1989年の12月にアメリカの**ブッシュ**大統領（父）とソ連の**ゴルバチョフ**書記長が冷戦の終結を宣言しました。

　ところで冷戦って何ですか？

　冷戦というのは、**「自由」を求めるアメリカを中心とした資本主義陣営と「平等」を求めるソ連を中心とした社会主義陣営の戦火を交えない対立**です。どちらの考え方が素晴らしいのか。この相容れない考え方の違いをめぐり、アメリカを中心とした資本主義陣営とソ連を中心とした社会主義陣営が、約半世紀にわたって対立しました。

　冷戦について教えてください。

　1946年、イギリスの**チャーチル**は、いわゆる「鉄のカーテン」演説で、ヨーロッパを東西に分断しようとしている社会主義諸国を痛烈に批判しました。

　この演説の翌年、アメリカの大統領であったトルーマンは、**トルーマン＝ドクトリン**を発表しました。いわゆる**「封じ込め政策」**です。

　当時、ギリシャ・トルコは社会主義陣営になるか、資本主義陣営になるかの瀬戸際でした。そこで、トルーマンは多額の援助を行うことで、ギリシャ・トルコを資本主義陣営に組み込み、鉄のカーテンの東側、ギリシャ・トルコの北

側に社会主義の考え方を封じ込め、「自由主義を守ること」を徹底しようとしました。

　これらに対し、社会主義陣営も**コミンフォルム**（国際共産党情報局・1956解散）を結成し、各国の共産党（フランスやイタリアの共産党も参加していた）と連絡を密にしたほか、1949年の中華人民共和国の建国にともない、ソ連と中国は中ソ同盟を結び、資本主義陣営との対立が決定的になります。

　また経済面では、ヨーロッパは大戦により、生産手段が破壊されていました。そこでアメリカが行ったのが**マーシャル＝プラン**です。これはヨーロッパ諸国の復興と経済的自立を目的とするものでした。

　マーシャル＝プランはヨーロッパ全体への援助でしたが、ソ連ら東側諸国はこの申し出を断り、ソ連は東側諸国との経済的結束を強めるために1947年**COMECON**（経済相互援助会議・1991解体）をつくりました。

　最後は軍事面です。

　第二次世界大戦後、ドイツは西側諸国とソ連によって占領されていました。また首都ベルリンは、東ベルリンをソ連が、西ベルリンを米英仏が統治することになり分断されていました。しかし、言論の自由がある西ベルリンに東ベルリンの住民たちが移動することが多かったようです。そして米英仏が占領している地域で通貨改革を行うとしたことに対し、ソ連は西ベルリンや西側の占領地域の陸路を封鎖しました（**ベルリン封鎖**　1948.6～49.5。なお**ベルリンの壁**ではない。壁ができたのは1961年）。この封鎖事件は、アメリカや西欧諸国にソ連の脅威を高め、その結果、**NATO**（北大西洋条約機構）が結成されることになり、それに対抗した東側諸国は、ソ連を中心に後に**ワルシャワ条約機構**をつくりました（1955～91）。

 NATO ってまだありますか？

　集団安全保障の構築に加え、集団的自衛権を行使する義務を負う NATO ですが、**1999年から東方拡大が続いています**。かつてワルシャワ条約機構に加盟していたポーランド・チェコ・ハンガリーが1999年に加盟したことを皮切りに、多くの東欧諸国が参加しています。ロシアとの対立が懸念されますが、NATO 加盟への申請が増加していることも事実です（2023年4月にフィンランドが NATO に加盟し、NATO 加盟国は31ヵ国になりました）。

理解を深める **冷戦の構図**

資本主義・自由主義陣営		社会主義・共産主義陣営
・**チャーチル**（英）「**鉄のカーテン演説**（フルトン演説）」（1946） ・**トルーマン＝ドクトリン**（1947.3） ・**「封じ込め政策」**：ギリシャ・トルコへの支援	政治	・**コミンフォルム**（共産党情報局）結成（1947.9〜56.4） ・**中華人民共和国の成立**（1949）
・**マーシャル＝プラン**発表（1947.6〜51.12）	経済	・**COMECON**（経済相互援助会議　1949.1〜91.6）
・**NATO**（北大西洋条約機構　1949） ※ベルリン封鎖を契機に12カ国で発足	軍事	・**WTO**（**ワルシャワ条約機構**1955.5〜91.7）

　その後、ソ連の**フルシチョフ**がスターリンの時代を批判し（**スターリン批判**）、平和共存路線への転換が表明されたことにより、緊張が和らいだかに見えましたが、アメリカの南にあるキューバが社会主義国となり、そのキューバにソ連がミサイル基地をつくろうとしたことから、米ソの緊張がいっきに高まりました（**キューバ危機**・1962年）。

　危機を何とか話し合いで解決したアメリカの**ケネディ**とフルシチョフは歩み寄りを見せはじめました。1963年には、アメリカの大統領府（ホワイトハウス）とソ連の書記長府（クレムリン）に**ホットライン**（直通電話）が設置されたり、地下を除いた大気圏・宇宙空間・水中などで核実験を禁止した**部分的核実験禁止条約（PTBT）**が締結されたりと、冷戦の緊張は緩和へと向かいました。この緩和をフランスのド＝ゴール大統領は**デタント（緊張緩和）**と呼びました。

 本当に東西の緊張は緩和されたのですか？

　ベトナム戦争の激化（1965）や**「新冷戦」**と呼ばれるようになったソ連の**アフガニスタン侵攻**（1979〜89）により、米ソ関係は完全に修復するまでには至りませんでした。

　しかし、この長く続いた冷戦も終結するときがついに来ます。その原因は、ソ連経済の行き詰まりです。国家が生産量を決め、富を国民に平等に分配する計画経済のもとでは、いくら自分が頑張っても自分の利益にはならないので、人々は勤労意欲を失ってしまい、生産性が大幅に減少し、国が成り立たなくなったのです。

　そのソ連を立て直すために立ち上がったのが、54歳という若さで書記長に

抜擢されたゴルバチョフでした。彼は**計画経済を改め、市場の原理を取り入れ、共産党以外の政党の容認（ペレストロイカ）、選挙の自由、情報の公開**などの**改革（グラスノスチ）**を行いました。

　情報を人々に開示し、言論・報道の自由を認めるということは、国民が国の現状を知り、国について話し合う機会を与えるということです。さらにゴルバチョフは、予算の大部分が軍事予算に費やされる現状を打開するために、**INF（中距離核戦力）全廃条約の締結**（1987調印、2019失効）や**アフガニスタンからの撤退を表明**し、欧米との新たな外交を展開しはじめました（**新思考外交**）。

　この一連の改革は、他の東欧諸国にも大きな影響を与え、ポーランドでは、ワレサが率いる自主管理労組「連帯」（共産党が支配する国での労働組合は共産党の言いなりになる御用組合ばかりですが、「連帯」は御用組合ではありません）が選挙で共産党から政権を奪い、ドイツでは、冷戦の象徴といわれ、東西ドイツを隔てていた**ベルリンの壁が崩壊しました**（1989.11）。そしてついに**1989年12月、ゴルバチョフとブッシュ大統領（父）との間で冷戦の終結が宣言され（マルタ会談）**、約半世紀も続いた冷戦は終わりをつげます。その後、**東西ドイツの統一、ソ連の崩壊、CIS（独立国家共同体）**の誕生と、冷戦は過去のものになりました。

冷戦下ではすべての国がアメリカかソ連の陣営に入っていたのですか？

　それは違います。冷戦下では米ソの対立ばかりがクローズアップされますが、欧米によって支配されていた**アジア・アフリカ諸国が反植民地主義を掲げて立ち上がった時期でもありました**。反植民地主義を掲げた**アジア＝アフリカ会議**の開催（1955）、旧ユーゴスラビアのチトーらが中心となった第1回**非同盟諸国首脳会議**の開催（1961）など、**第三世界**と呼ばれる新たな勢力も生まれ、世界が多極化した時代でもあります。

2 核なき世界の実現

　核なき世界は実現可能か⁈　世界が試されている。

❶ 核兵器の廃絶を目指して

　1945年8月6日に広島に、8月9日には長崎に原子爆弾が投下され、多くの

生命が一瞬にして奪われました。また、現在でもその後遺症に苦しんでいる人がたくさんいます。

　この人類史上、最も非道といえる核兵器の廃絶、科学技術の平和利用を訴えたのが、**ラッセル＝アインシュタイン宣言**（1955）です。この宣言には、日本で最初にノーベル賞を受賞した湯川秀樹氏も名を連ねています。このラッセル＝アインシュタイン宣言を受けて、1957年に設立されたのが、**パグウォッシュ会議**です。1995年には、パグウォッシュ会議の核廃絶に向けた取り組みが評価され、ノーベル平和賞を受賞しました。

　また、1954年には第五福竜丸が、ビキニ環礁で操業中、アメリカの水爆実験によって乗組員が被曝し、死傷する事件が起こりました（**第五福竜丸事件**）。この事件をきっかけに広島で1955年に第1回**原水爆禁止世界大会**が開催され、この会議はほぼ毎年開催されています。

❷　核抑止論と核兵器の制限

　原子爆弾、水素爆弾の開発、ミサイル発射基地の整備など、なぜ各国は核兵器の開発を行うのか。その答えは、もちろん「自国を守るため」です。核兵器を持っていれば、仮に敵国が核で攻撃したら、核で反撃すればよい。その結果、双方の国が確実に破壊されることになり（**相互確証破壊**、**MAD** = Mutual Assured Destruction）、核保有国が核兵器で攻撃されることはなくなる。このように核の保有が結果的に平和を保つことになってしまうことを、**恐怖の均衡**とか**核抑止論**といいます。

　しかし、この世に核兵器ほど危険なものはありません。そこで核の廃絶とはいかないまでも、核兵器の使用を制限する多国間での取り組みも行われています。

どのような取り組みが行われているのですか？

　まずは、キューバ危機後に結ばれた**部分的核実験禁止条約（PTBT・1963）**です。この条約は**地下を除く、大気圏内・宇宙空間・水中での核実験を禁止しました**。また、核の広がりを防ぐ条約として、**核拡散防止条約（NPT・1968）**があります。NPTは1970年に発効し、この条約の効力は25年間だったが、1995年のNPT再検討会議において、**無期限延長することが決定しました。**

　NPTは、非常に偏った条約で、**五大国（米・英・仏・露・中）には核保有を認める**（条約に五大国の名前は明記されていない）が、**それ以外の国は核保有を認めないという内容**でした。もしこの条約を批准した場合、**IAEA（国際**

原子力機関）と保障措置協定を結んで、核兵器を開発や保有していないかどうか、定期的に査察を受けないといけません。なお、五大国には査察を受け入れる義務はありません。五大国は核を持って構わないので、査察を受ける必要はないのです。

 ものすごく不平等に感じる条約ですね。

　このように五大国のみが核を保有・管理し、世界に核が広がらないようにすることを大義名分とするNPTには反発が強いですし、欠陥も多いです。たとえば、**核保有国であるインド、パキスタン、核を持っていると噂されるイスラエルなどは条約に加盟していない**（北朝鮮は2003年に脱退を表明したが、正式には認められていない）ことがあります。世界の核のうち9割を持っているアメリカとロシアは、INF（中距離核戦力）全廃条約からの離脱、小型核弾頭の開発を表明するなど、核廃絶にはほど遠いのが現状です。

 核兵器に関連する条約は他にありますか？

　包括的核実験禁止条約（CTBT・1996）があります。CTBTは1996年の国連総会で採択されました。PTBTでは地下核実験を条約の対象外としていましたが、**CTBTは地下を含めたあらゆる場所での、爆発をともなう核実験を禁止**した画期的な条約です。
　しかし残念なことに、CTBTはまだ発効していません。CTBTを発効させるためには、核兵器を保有・開発能力のある44カ国すべての批准が必要です。よって核を持っているインド、パキスタン（双方は1998年に核実験を決行した）、そして持っていると噂されるイスラエルなどは未批准のままなので、発効する自処は立っていません。また仮に発効しても、爆発させなければよいので、**爆発を寸前で止める臨界前実験は可能であり、核兵器そのものをなくす条約ではありません**。
　爆発させなければよいということで、核なき世界の実現を主張し2009年にノーベル平和賞を受賞したオバマ大統領も臨界前核実験を行っていました。やはりそれではおかしいので、中南米諸国が中心となり、核兵器の保有から開発から何から何まで禁止したのが**核兵器禁止条約**です。2017年の国連総会で採択され、この条約を主導したNGOのICAN（核兵器廃絶国際キャンペーン）はノーベル平和賞を受賞しました。だけど五大国をはじめ、アメリカの「核の傘」に守られている日本も未批准のままです。

3 非核地帯条約

核兵器の使用を禁止する条約が各地域で結ばれているが、条約の存在を無視するフランスは南太平洋で核実験を行った。

 地域によっては核兵器そのものを禁止する条約があるそうですね。

　核兵器の開発が止められない中、条約で非核地帯化を進める取り組みが行われています。

　その大きなきっかけとなったのが、**キューバ危機**です。米ソの核戦争に近隣の国々が巻き込まれてはたまらないので、中南米諸国で**トラテロルコ条約**が結ばれたのをはじめ、各地で非核地帯条約が結ばれています。しかし、残念なことに条約なので、批准国しか拘束しません。南太平洋には**ラロトンガ条約**という非核地帯条約がありますが、これはフランスが南太平洋のムルロア環礁で核実験を行っていたことに抗議して結ばれたものです。しかし、この条約が採択された後にもフランスが核実験を行っていたのは大きな問題です。他に非核地帯条約として、1997年には**バンコク条約**、2009年には**ペリンダバ条約**、**セメイ条約**が発効しています。

　しかし、**北大西洋地域や東アジアには非核地帯条約がありません**。非核三原則を唱える日本近辺では、北朝鮮や中国、ロシアが核を保有しています。核の保有が自国の安全保障となるという考え方を捨て、核なき世界の実現に向けた取り組みを各国が行っていかないと核の脅威は永久になくならないと思います。

第 **2** 部

経済編

経済分野は一つ一つの用語を理解することが重要です。暗記するだけでなく、「なぜそうなるのか」を問いかけて、出来事や用語の真の理解に努めてください。理解できるとおもしろいですよ！

14 経済循環と企業

1 経済循環

> 経済の三主体とは「家計」・「企業」・「政府」のことである。

　いよいよ経済分野です。まずは**生産**と**消費**です。**生産**は**資本・労働力・土地**といった**生産要素**を用いて**財**や**サービス**をつくりだす行為のことで、**消費**は財・サービスをわれわれが購入して使うことで、自分の欲求や生活の必要性を満たす行為のことをいいます。

財やサービスって何ですか。

　両方とも、私たちの欲求や必要性を満たすために生産される点では同じですが、**財**は形のあるモノで、**サービス**は教育や医療、旅行、運賃などお金を払って得られる形のない経済活動そのものを指します。また財には、お金を払って購入する経済財や、空気や海水のように誰でもタダで手に入れられる自由財があります。

　財やサービスには値段がついており、手頃なものもあれば、非常に高額なものもあります。私たちの欲求は無限ですが、生産するために必要な資源には限りがあります。高価である理由は、**希少性のあるもの**だから。その希少性の度合いによって安くなったり、高くなったりします。

　生産者は限られた資源を利用し、「何を」、また「どれだけつくるか」とか、消費者は限られた所得の中で、「何を」、また「どれだけ買えば最も自分が満足できるのか」、「コストパフォーマンス〔費用対効果：費用と比較してどれくらいの効果（便益）が得られるか（効果÷費用）〕はどれくらいか」などを考え、選択しながら行動しています。

　私たちは最大の**効用**（満足）が得られるように行動していますが、一つを取れば、他をあきらめないといけない状況になります。この状況を**トレードオフ**といいます。この状況下で選択を行う基準となるのが、**機会費用**という考え方です。トレードオフの状況において、**ある選択を行う際にあきらめた選択肢から得られたであろう利益のうち最大のもの**（別の○○をしていたら得られたであろう利益）のことを**機会費用**といいます。機会費用はトレードオフの状況下

において、どの選択をするのかの判断基準になります。

経済循環って何ですか？

　つくって（生産）、運んで（流通）、消費するという一連の経済活動を行う主体のことを経済主体といい、主として「**家計**」・「**企業**」・「**政府**」から成り立っています。

　家計は企業に対して労働力や資本、土地といった生産要素を提供することで、賃金、地代、利子、配当などを得ています。また、政府に対しては租税を納めることで、公共サービスを提供されています。これら経済主体の間をお金が媒介し、財やサービスが循環している。これを**経済循環**といいます。

　ここで注意しなければいけないのは、年収と手取り（実際に使えるお金）はイコールではないことです。国民には納税の義務がありますから、税を納めないといけませんし、年金などの社会保険料を支払わないといけません。このように年収から所得税などの直接税や社会保険料を引いたものが、実際に使えるお金（手取り）であり、これを**可処分所得**といいます。

　この可処分所得から、自分たちが生活するためや欲求を満たすために、食料や衣料費などの消費財の支出だけでなく、旅行や教育費などにもお金を使っています。この支出を**消費支出**といいます。ちなみに、消費支出に占める食料費の割合が**エンゲル係数**です。

可処分所得はすべて消費されるのですか？

　豪快にお金を使いたいですが、将来の備えなども必要です。可処分所得から消費支出を引いた残りを**貯蓄**といい、金融機関にお金を預けることだけでなく、株式や社債、国債の購入、がん保険などの生命保険料の支払いも貯蓄になります。この貯蓄が、企業の投資資金や政府の借入れの原資となるのです。

年収－（直接税＋社会保険料）＝可処分所得＝消費＋貯蓄

---

② 企業の種類

企業は公企業と私企業・公私合同（混合）企業に分けられる。

企業について教えてください。

　企業の主たる目的は利潤（もうけ）の追求です。しかし世の中には利潤を追求する企業と、利潤を追求しない企業に分かれます。例えば警察や消防、行政に利潤を追求されると困りますよね。

　家が火事のとき、水1ℓ＝1万円などの料金制だったら笑えません。このように**利潤を追求せず**、国や地方自治体が出資し、経営する企業を**公企業**、民間が**利潤を追求する**ために出資し、経営する企業を**私企業**といいます（企業の種類には、他に国や地方と民間が共同出資した**公私合同企業**がある）。また私企業の中にもいろいろと種類があって、その代表的なものに**会社企業**があります。

　さて、そもそも商売をやる上でもっとも大切なことは何でしょうか。

お金を稼ぐことですね‼

　もちろん最終的にはお金を稼ぐことが重要ですが、商売をやる上で大切なのは信用です。企業を設立し、みんなから出資を受ける場合、何で信用を得るかで会社の形態が変わります。執行康弘という名前を信用してもらうか、それとも財産（資本金）を信用してもらうか、です。

　もし会社がつぶれた場合、「私、執行康弘が最後まで責任を負ってお金を返します。だから私に出資してください」と執行康弘という名前を信用してもらう会社を**合名会社**といいます。合名会社はその名前のとおり、「名」です。「いざというときには、この執行康弘が最後の最後まで責任を負います」と、このように**最後まで責任を負う社員（無限責任社員）のみで構成されているのが特徴**です。

会社員になったら、みんな責任を負わされちゃうんですか？

　心配ありません。この「社員」は、普段私たちが使っている○○会社の「社員」という意味ではなく、**「出資者」という意味**です。社員とは、会社という社団の構成員のことで、この後登場する株式会社であれば、株主が社員です。

一般的な意味で使われる「社員」は「労働者」や「従業員」といい、「社員」は本来の意味と違う使われ方が一般的になってしまっているから注意してください。

次に**合資会社**。信用は得たいけど、「会社が倒産した際に負債を全部負担するのはムリ、出資したお金が返ってこないのはしょうがないけど、その範囲で勘弁してくれ」という人だっているはずです。そこで**責任が無限な社員と、責任が限られた社員（有限責任社員）の両方で構成される会社**を**合資会社**といいます。「資」はお金。無限責任社員と有限責任社員のお金を合わせて設立した会社、だから合資会社です。

合名・合資会社のように「人」を「信用して」という会社もあれば、「お金」を「信用して」という会社もあります。その形態を採っているのが、有限会社と**株式会社**です。

有限会社と株式会社は、「もし会社が倒産しても、資本金があるから、いざとなっても責任を負えるよ。だから信用してお金を出資してね」と「お金」を「信用」してもらって資金を調達し、事業を行っているところが合名会社や合資会社との違いの一つです。

たしか、資本金がなくても会社設立が可能になったのですよね？

2005年に会社法（06年施行）が制定され、**現在は有限会社を設立することができなくなった**が、有限会社を設立するためには資本金300万円が必要でした。一方、株式会社は最低資本金が1000万円必要でしたが、会社法の制定により**最低資本金制度の廃止が恒常化されました**。

最後に、会社法の制定により新しく設立することができるようになったのが**合同会社**です。合名・合資会社と株式会社の良いところを合わせたような会社の形態で、**社員は経営に参加できるけど、責任は有限で済むという会社**です。また株式会社は、お金を出した額（出資額）に応じて利益（配当）を受けますが、**定款**（その会社経営の基本ルールを定めたもの。その会社が存在する意義・目的を定めたもの。定款がなければ会社として認められない）で定めれば、出資額にかかわらず利益を受けることが可能です。このような特徴はまさしく、「お金はないけど知恵はある」といった学生たちにとってみれば理想的な会社の形態といえるかもしれません。

③ 株式会社

株式会社の普及が資本主義経済を発展させた。企業の半数以上は株式会社だ！

株式会社の特徴を教えてください。

資本が集めやすいこと、有限責任制であること、株式譲渡が原則自由であることなどです。

事業を行っていくにはどうしてもお金が必要になります。そこでお金を集めるために考えられたのが株式会社です。株式会社の起源は、1602年のオランダの東インド会社だといわれています。東インド会社が活躍した時代は「こしょう一粒、黄金一粒」といわれた時代でした。人々は香辛料を求め、新航路へと旅立つわけですが、船代やら乗組員への給料やらで、ベラボーな費用がかかりました。王や貴族などの超大金持ちでさえも、ためらうような金が必要だったのです。

そこで登場したのが、株式会社という形態です。1人で1億円出資するのは厳しいですが、1億円を1万人で払うのであれば、1人1万円で済みます。しかも事業が成功して、出資した1万円が10万円や20万円になって返ってくる可能性があれば、出資してみようかなという気持ちになります。また、たとえ事業に失敗しても、出資した1万円がなくなるだけなら、損は嫌ですが何とか我慢できる範囲内です。

このような宝くじ的要素を活かして、事業を行う人は多数の人々からお金を集め、お金を出資してくれた人たちに「お金を預かりました」という証書を手渡しました。これが**株式**です。株式を持った人は**株主**と呼ばれ、株式は自由に売買することができ、しかも経営にも参加できました。このように**お金を集めやすい、出資した範囲内で責任を負う（有限責任である）、自由に売買できる（株式譲渡の自由）**という特徴を持った株式会社の形態は、世界へと広がっていくことになったのです。

次は所有（資本）と経営の分離について教えてください。

「こしょう一粒、黄金一粒」の時代じゃないですが、出資した株主たちは、航海に成功して香辛料さえ持ち帰ってくれればそれで OK です。自ら航海し

てもいいですが、わざわざ危険な航海に出なくても、航海は航海術にたけたプロに任せたほうが安全だし安心です。

　これは現代でも同じで、このグローバル化する経済の荒波の中で、素人が手を出すよりも、株主にしてみれば所有する株式からのリターン（＝配当）さえもらえればそれでいいわけですから、会社は所有するが経営はプロに任せ、配当を期待する。これが**所有（資本）と経営の分離**です。

　もちろん株主自らが経営に参加しても構いませんし、株主たちがみんなで集まって船長を選んで、船長に会社の舵取りを任せても OK です。株主が集まる**最高意思決定機関を株主総会**といいますが、株主総会では 1 人 1 票ではなく、<u>1 株 1 票</u>です。よって株式をたくさん保有する人ほど権限が強くなります。

　株主総会では、会社という船を動かす**取締役**を選びます。そして、経営の舵取りを担うのが代表取締役で、代表取締役の選び方はいろいろありますが、取締役会が設置されている会社であれば、取締役会で代表取締役を選びます。でも、船長（代表取締役）が暴走して船を氷山にでもぶつけて沈没させたらシャレにならないので、取締役（代表取締役も取締役である）を監視する**監査役**も株主総会で選ぶことができます。それらの下に社員（従業員・労働者）となる船員がいて、会社は順調な航海を目指していくのです。

4　日本的株式会社の変遷とコーポレート＝ガバナンスの高まり

> 財閥解体➡資本の自由化➡日本的株式会社の誕生➡バブル崩壊➡株式の外国人保有比率の上昇➡グローバル化➡コーポレート＝ガバナンスの高まり。

　1964年に日本は OECD（経済協力開発機構）に加盟しました。これにより、資本が自由化され、外国企業による日本企業の買収が行いやすくなりました。そこで外国企業による乗っ取りを防ぐために日本企業の多くは、<u>相互に株式を持ち合うことで、経営の安定を図ろうとしました</u>（**株主安定工作・株式の持ち合い**）。

　また、銀行を中核にグループ化(メインバンク制)した六大企業集団(三菱・住友・三井・三和・芙蓉(富士)・第一勧銀)が登場しました。これらは、例えば三菱であれば、ビルを建設する土地を三菱地所が購入し、購入資金は三菱銀行から融資を受け、ビル建設のための資材の運搬は三菱自動車が請け負うなどし、グループ内ですべての事業が完結できるようにすることで、系列化を進めていきました。さらにグループ内の社長が集まり、グループ内の経営について話し

合う社長会を開催するなどし、グループ内の結束を強めていきました。

その後、日本的株式会社はどうなったのですか？

　1990年代に入ると、バブル経済崩壊による株価の下落、株式を取得したときの金額（簿価<ruby>ぼか</ruby>）ではなく、実際の金額（時価）で評価するようになった会計上の変更、銀行の自己資本規制の強化、金融ビッグバンなどの影響などもあり、銀行や保険会社などの金融機関は価値が変動しやすい株式の売却を進め、**株式の持ち合いを解消する動きが活発化しました**。そのために現在では金融機関の株式保有比率が下がり、代わって外国人の保有比率が上昇しています。

　さらに独占禁止法の改正（1997）により**純粋持株会社**、翌年には**金融持株会社の形態が解禁された**ことによって、三井住友銀行のようにメインバンク同士の合併などによるグループ内の再編が行われるなど、日本的株式会社はどんどん変容しています。

2000年代にはさらに大きな変化が起こりましたね。

　国内市場が先細る中、企業が世界に進出するためには、企業のあり方も世界基準に合わせなければなりません。また外国人投資家からお金を集めるためには、ディスクロージャー（情報公開）を徹底する必要があります。そこで重要なのが**コーポレート＝ガバナンス（企業統治）**という考え方です。

コーポレート＝ガバナンスって？

企業の経営をチェックすることです。

　そもそも株式会社はいったい誰のモノかは難しい問題ですが、日本の場合は株式の持ち合いなどにより、経営者に権限が集中している傾向が強く、その結果、さまざまなステークホルダー※の利益が軽視されてきました。

　※ステークホルダー（利害関係者）とは、経営者だけでなく従業員、株主、取引先の銀行、地域社会など、その会社にかかわるすべての人たちのこと。

　このステークホルダーの利害にそった経営を行うためには、今までのように内向きの経営であってはいけません。そこで注目されたのがコーポレート＝ガバナンスです。経営者の暴走や企業ぐるみの不正を許さず、いかに企業の健全性を確保し、企業の信頼を高めるかが大きな課題となっています。法律を守る

（**コンプライアンス**）のはもちろん、情報公開を徹底すること（**ディスクロージャー**）、説明責任を果たすこと（**アカウンタビリティ**）、**CSR**（企業の社会的責任 Corporate Social Responsibility）という自主的な取り組みを行うことなどは、現在の企業にとって必要不可欠になっています。

　また、企業統治を徹底させる方法の一つに**社外取締役**を設置することがあります。2019年12月の会社法の改正により、上場企業には、社外取締役を1人以上設置することが義務づけられました。

社外取締役って何？

　事業戦略などを行う取締役のうち、その企業の出身者ではなく（だから社外）、第三者の立場で経営を監督する取締役のことです。

　日本の場合、その企業の出身者が取締役や監査役となることが多いため、十分なチェックが働かなかったようです。やはり重要なのは外部の視点です。

　社外取締役は、社内の利害関係に左右されないため、役員報酬の策定なども含めチェックできます。社外取締役の人材不足も問題となっていますが、コーポレート＝ガバナンスを徹底させるためには必要な制度なのです。

15 市　　場

1 完全競争市場

> 財やサービスが売買される場を市場といい、完全競争市場では価格
> の自動調節機能により、需要と供給は一致する。

　私たちが生活している資本主義は社会主義と異なり、「自由」を基本としている経済体制です。よって、僕らがどんな商品をどれだけ購入するかは、もちろん自由です。

　私たち（消費者）は、買って満足できる商品しか買わないので、売る側も品質やデザインにこだわらないと商品は買ってもらえません。そこで売る側（生産者）は絶えず消費者を意識し、他との競争にさらされ、競争に勝ち残った者だけが生き残っていきます。これが資本主義経済です。

　消費者はその商品を「購入してよかった」と思える「満足」を追求するのに対し、生産者はその商品を売ることで、「いくらもうかったのか（利潤）」という「満足」を追求します。

　このように消費者・生産者とも、お互いの「満足」を最大限にするために、日々、激しい攻防が繰り広げられ、価格が決まっていきます。すべての価格は、この激しい攻防によって、両者が満足できる価格に落ち着いたものなのです。

　経済学の父アダム＝スミスは、この両者の激しい攻防の末、価格が決まる**価格メカニズム（市場メカニズム・価格の自動調節機能）**を「見えざる手」と表現しました。アダム＝スミスの主著『国富論』（1776）の中に「見えざる手」という表現はたった1回しか出てきませんが、非常に的を射ている言葉です。

　それはさておき、同じ商品でも、「オレは150円で買っても満足するぜ」という人もいれば、「50円じゃないと満足しないよ」という人もいるし、「100円だ」、「75円だ」などと満足する価格は人によって違います。でも、ダイヤやサファイアなどの超高級品は除いて、「ほしいな」と思った商品が、自分が思っていたよりも安く買えたほうが「うれしい（満足する）」と思う人が多いはずですから、価格が高いほど「うれしい」と思う人が減り、価格が安いほど「うれしい」と思う人が増えるはずです。

　これを図に表してみると、ある商品に対して、150円で買ってもよい人が50人、100円ならよい人が100人、50円なら買ってもよい人が150人いたと

して（ここでは1人1個買おうとしているとする）、縦軸に価格（P）、横軸に数量（Q）をとり、それぞれの点を結んでいくと、右下がりの線ができあがる。この**右下がりの線を需要曲線**（「＝**この価格なら買ってもよい**」）といいます。

〈図1〉

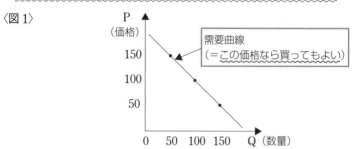

なるほど‼　価格が上がるほど、買ってもよいと思う人は減り、価格が下がるほど、買ってもよいと思う人は増えるから右下がりの線になるのですね。

　そのとおりです。一方、売る側（生産者）は商品を売って、できるだけ「もうけたい」と考えるので、価格が高いときには売りたい人が多くなり、価格が低いときには売りたい人が少なくなるはずです。それを先ほどと同じく図で表してみると、50円でも売ってもよい人が50人、100円で売ってもよい人が100人、150円なら売ってもよい人が150人いたとして（ここでは1人1個売ろうとしているとする）、縦軸に価格（P）横軸に数量（Q）をとり、それぞれの点を結んでいくと、先ほどとは逆の右上がりの線ができあがります。この**右上がりの線を供給曲線**（「＝**この価格なら売ってもよい**」）といいます。この供給曲線よりも上の価格で売れば利潤が得られるが、これより下であれば利潤が得られないという採算ライン（コストライン）でもあります。

〈図2〉

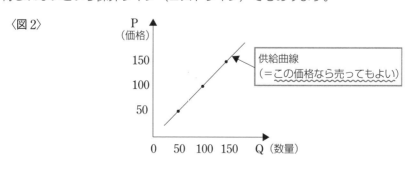

最後に図1と図2をくっつけると図3のようになります。

〈図3〉

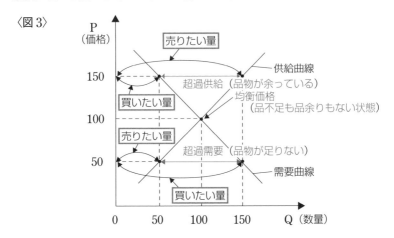

　2つの図をくっつけてみると、例えば価格が150円のときには買い手が買おうとしている量が50個しかないのに対し、売り手が売ろうとしている量は150個もあるので、**品物が余っている状態**（＝**超過供給**）だとわかります。また、価格が50円のときには、買い手が買おうとしている量が150個もあるのに対し、売り手が売ろうとしている量は50個しかないので、**品物が足りない状態**（＝**超過需要**）だとわかるのです。

価格が150円のときには100個余っていて（超過供給）、価格が50円のときには100個足りない（超過需要）ということですね!!

　ばっちりです。だから、品物が余っているのであれば、価格を下げないといけませんし、品物をほしがっている人が多いのであれば、価格は上がるはずです。このような価格メカニズムが働いて、需要と供給はやがて交わっていきます。この交わった点を**均衡価格**といいます。
　ところで経済学では、モノなどの**資源は無限にあるものではなく、限られたものとして考えます**。だから、モノが余っている状態や足りない状態は良くない状態であり、その良くない状態をいかに良い状態にするかが経済学の使命であり、課題でもあります。よって**均衡価格では、品不足も品余りも発生していない状態、限られた資源がもっとも適切に配分されている状態**を意味しますので、これを**資源の最適配分**といいます。

均衡価格は品不足も品余りも発生していない、ハッピーな状態だということですね‼

　そういうことです。しかし、これらはすべて**完全競争市場**を前提としている理論上の市場なので、実際の市場とはかなり異なります。
　例えば私は普段、予備校で授業をしていますが、私が授業で利潤を追求するとしたらどうしたらよいでしょうか。

授業料を上げる‼　参考書を売りつける‼　もっと良い授業をする‼

ボロカスに言われたけど、「授業料を上げる」と授業に出たいですか？

考えます…。

　まあ、政経のようなニッチな教科は価格にすぐに反映されるでしょうね。
　ではどうすればいいでしょうか？
　一番いいのは、「私しか政経を教えることができない状況」をつくることです。受験に政経が必要で、しかも私しか政経を教えることができないのであれば、授業料が少々高くても、受講するしかありません。要するに「教えることのできるのは執行しかいない」という独占の状況をつくればいいのです。
　独占すれば、少々高い価格であっても、ほしがる人がいる限りは売れます。利潤を追求する企業間の競争は、結果的に市場を支配する企業を生み出してしまうことになり、政府が規制しない限りは独占や少数の企業などが市場を支配する寡占の問題が発生してしまいます。このように実際の市場は完全ではなく不完全なものであり、独占や寡占の発生などの不完全競争市場のように、完全競争市場になりません。このことを**市場の失敗**といいます。
　では、さっきから登場している完全競争市場とは、どのようなことを前提とした市場のことなのか。一般的な前提は次の4つです。

①**買い手と売り手が多数存在する**
　独占や寡占の状態ではなく、買い手も売り手もたくさん存在し、買い手は市場の価格を与えられたものとして受け入れるプライス＝テイカー（価格受容者）でなければならない。

②取引される財・サービスは完全に同質である

例えばスーパーで売っているトマトはどれも違うが、どこのスーパーに行っても、売っているトマトは色・つや・重さ・値段などがすべて同じだということ。

③買い手と売り手がともに取引される財・サービスの情報を熟知している

売り手であるトマト農家であれば、今年、出荷したトマトが何トンで、どこにどれぐらいを出荷したかはだいたいわかると思うが、買い手である私たちはトマトが何トンぐらい採れて、どこに出荷しているかなんてわからない。しかし完全競争市場は**情報の非対称性がない**ということなので、買い手である私たちも、売り手と同様にその情報を完全に知っていることを前提にしている。

④市場への参入、市場からの退出が自由であること

そのトマト市場に新規に参入することも自由だし、また売るのをやめることも自由だということです。

このように完全競争市場の要件を満たす市場は現実にはまずありません。だから実際の市場は不完全なのです。

2 市場の失敗

└ 市場メカニズムがうまく働かない市場のこと。

市場メカニズムは最適な資源配分を実現しますが、市場は万能ではなく、うまくいかないこともあります。それを市場の失敗といいますが、どのような要素があるのか、それらを一つ一つ見ていきましょう。

独占・寡占の発生（不完全競争市場）

独占は1つの企業による市場支配、寡占は少数の企業による市場支配（寡占の「寡」は少ないという意味）、なお複占とは2社による市場支配のことです。

企業は利潤を追求することを最大の目的としているため、市場を支配しようとして営利活動を行っています。もし独占が達成されれば、企業は利潤を最大化できますが、消費者は高い価格で商品を購入せざるを得なくなり不利益を被ってしまいます。そこで自由競争を阻害する独占や寡占はある程度、規制しないといけないので、日本では公正な取引を確保するために**独占禁止法**が制定されています。そして独占禁止法にもとづき市場を監視しているのが、行政委員会の1つである**公正取引委員会**です。

寡占市場の特徴について教えてください。

　日本ではさまざまな寡占市場がありますが、その寡占市場において価格決定に大きな影響を与える企業のことを**プライス = リーダー（価格先導者）**といいます。

　みなさんはコンビニでビールやジュースを買うときに、どうして価格が同じだろうと思いませんか。ペットボトルの飲み物だったら147円、ビールなら銘柄に関係なく208円とかで、ほぼどれも同じです。これは、プライス = リーダーが価格を208円で販売すると、他の企業もそれに追随して208円に設定するからです。**カルテル**は**各企業が話し合って価格を決める違法行為**ですが、そうではなく、プライス = リーダーに他の企業は追随して価格を決めている。このような価格のことを**管理価格**といいます。たまたまそうなったと言うことができるので、カルテルではないのです。

何かずるいですね。

　明らかにそうですよね。もちろん、こうなると価格は下がりません。このように寡占市場では管理価格が形成され、**価格が下がりにくくなる、価格の下方硬直性が発生する**ことが多いのです。

　また寡占市場では、市場が飽和状態なので（例えば、ビール市場ならビールを飲む人が爆発的に増えることはない）、各企業がシェアを拡大することは難しいです。でもシェアを拡大しないと利潤は増えませんので、消費者の奪い合いになります。そこで寡占市場では価格以外の競争、すなわち**非価格競争が発生**します。

　非価格競争とは**価格以外での競争**ということで、各企業はCMや広告、ブランドイメージなどで競合企業との製品差別化を図って、顧客を奪い合っています。ビールや携帯電話、カップめんなど、テレビCMがやたらと多い業界のほとんどが寡占市場です。このように少数の企業が市場を支配する寡占の状態になってしまうと、自由な競争が行われなくなってしまい、価格の自動調節機能が働かなくなってしまうので、公正取引委員会の出番となるわけです。

公共財の不足

　公共財とは道路や港湾、上下水道などの社会資本や警察や消防、国防などの公共サービスのことです。公共財はどれも私たちが生活するためには必要なも

のなので、お金を払わない人は警察や消防などのサービスを受けられないとなると、世の中はぐちゃぐちゃになってしまいます。このように、社会にとって必要なものである公共財を市場のメカニズムに委ねることはできないですし、企業では社会的必要を満たすことはとてもじゃないけどできませんので不足してしまいます。

　公共財とは非排除性と非競合性という性質を持つ財です。非排除性とは対価を払わない人を排除できないという意味です。

　例えば、予備校の授業だと受講料を払わないと出席できません。もし、払っていない生徒がいるのなら、私は「出て行きなさい」と言えます。食料品や文房具なんかもそうで、普通は商品と引き替えにお金という対価を支払います。でも、道路はどうでしょうか。この本を買いに行く本屋までの道を歩くためにお金を払いましたか？　公共財である道路や公園は一部、有料なものもありますが、基本的にはお金を払わないで、みんなタダで利用できます。タダで利用できる以上、利潤を追求する企業の活動にそぐわないからどうしても不足してしまいます。

　そしてもう1つの性質である非競合性とは、ある人の消費活動を他の人の消費活動が妨げないという性質のことで、例えば、私が腕時計をしている状態で他の人も一緒にはめることはできないですよね。

 同じ腕時計を2人でつけることはできませんよね。

　このように、一般の商品であれば、同時にみんなが利用することは難しいですが。道路は私が歩いていたとしてもみんなも歩けますし、公園だと私が遊んでいても、みんなも遊ぶことができます。このようにみんなで仲良く利用できる（消費活動を行える）ものは、これまた企業の利潤にはなりにくいので、市場で供給されなくなってしまいます。でも道路や港湾、公園などは必要なので、この公共財の不足を補うのが、財政の役割の一つなのです（資源配分機能）。

外部性（外部効果）

　外部とは市場外部者。その市場の需要者でも供給者でもない第三者のことです。

　例えば、高速道路で考えてみるとドライバーは需要者で、高速道路を運営している会社は供給者です。高速道路は便利だけど、自動車の往来が多くなると、高速道路周辺の住民たちに騒音や大気汚染などの公害の問題が起こってしまいます。このように、市場内部者（ドライバーと運営会社）でない第三者（周辺

の住民たち）に影響を与えることを外部性といい、**公害の発生のように、第三者（ここでは周辺住民）にマイナスの影響を与えること**を**外部不経済**といいます（逆に**第三者にプラスの影響を与えること**を**外部経済**といいます）。

　騒音などの公害が発生すれば、やはり政府による規制などが必要です。高速道路であれば、騒音を防止するなどの設備が必要ですが、それを税金でやるのはちょっと違う感じがします。周辺住民だって税金を払っているわけですから、自分たちがそれを負担するのはおかしい。やはりこれは**道路の需要者（ドライバー）と供給者（企業）、すなわち市場内部者でその費用を負担すべき**です。これを**外部不経済の内部化**といいます。その典型的な例が**PPP（汚染者負担の原則）**です。PPP は、1972年に OECD（経済協力開発機構）の環境委員会で提唱され、**無過失責任の原則**や**総量規制**とともに環境法規に取り入れられています。

情報の非対称性

　商品を売買するときに、売り手はその商品についてよく知っているのに、買い手はほとんど知らないことをいいます。

　例えば中古車市場などは、素人は見た目でしかわかりませんが、売り手はエンジンの状態やブレーキパッドの減り具合など、見た目にはわからないところもよく知っています。売り手から見て非常に状態が良い中古車であっても、買い手はそれを適正に判断することができないので、状態が悪いけど見た目が同じ中古車よりも高い価格では売れにくいはずです。よって、高く売りたい状態の良い中古車は市場から撤退することになり、見た目はいいけど、中身がボロボロの中古車が市場を支配するようになります。これはまるで市場が低品質のものを選択したように見えるので、これを**逆選択**といいます。

　このように、買い手と売り手の情報が対称的でないことを**情報の非対称性**といい、買い手が売り手よりも正確な情報を持っていないことは、他には食品偽装や薬害などの消費者問題の一因となってしまうことがあるのです。

自然独占

　規模の経済（スケール゠メリット）という言葉をご存じですか？

> 製品の生産量が増えるほど、製品 1 単位あたりの費用が低下して、利潤が増えることです。

　そのとおりです。電気やガス、水道などのように大型設備を必要とする産業

では、規模を拡大すればするほど生産費用（単価）が低下するので、規模の拡大により競争力をつけた企業に対し、新たに他の企業が市場に参入しづらくなり、自然に独占が形成されることになる。これも市場の失敗の一つです。

　上記のように、どうしても市場メカニズム（需要と供給の関係）だけに任せておくと不具合が生じてしまうので、政府の介入（独占禁止法の制定など）が必要になることがあります。でも、政府があまり市場に介入してしまうと、経済の発展が止まったり、汚職が生まれたりと、かえって消費者の利益を損なうこともあるので、政府がどの程度干渉するかは非常に難しい問題なのです。
　日本は「官」が主導して戦後経済を再興した影響が今でも強く、規制が多い国です。そこで現在では、なるべく市場メカニズムに委ねるために、規制緩和の実施や「官」から「民」へのサービスの移行が実施されています。例えば、1980年代の三公社の民営化（NTT、JT、JRの誕生）、2005年の道路公団の民営化、2007年の郵政民営化などがそうです。

16 国富と国民所得

1 フローとストック

> 経済の状態は、フローとストックの 2 つの側面から捉えられる。

　私たちはお金で、その人が裕福なのか貧しいのかを判断する目安としています。

　ある一国全体で、「どれだけお金を稼いだり、蓄えたりしているのか」を見る経済指標が**フロー**や**ストック**です。

　まずフローとは、**ある一定期間内（1年間や四半期）に、その国全体でどれだけお金を稼いだのかを見る指標**で、**GDP（国内総生産）**や **GNP（国民総生産）、DI（国内所得）**などがあります。一方、ストックとは、**ある時点において、どれだけの資産を各経済主体（家計・企業・政府）が持っているのかを見る指標**で、**国富**や**国民資産、外貨準備高**などがあります。これらの指標を分析したり、比較したりすることで、その国が経済的に豊かなのか、どのような手段でお金を稼いでいるのかなどがわかる、とても便利な指標です。

> **注意**
> それぞれの国がどれだけの消費や生産をし、どれだけの富の蓄積があるかなどを金額化したさまざまな統計の体系が SNA（国民経済計算体系）であり、これは国連の定める統一の基準で計算される。1968SNA の代表的なフローの指標が GNP であったが、1993年に国連が1993SNA への移行を勧告したことにより、2000年からは GNP は GNI（国民総所得）へと変更され、GNP は政府の国民経済計算年報からも完全になくなっている（本書では GNP を用いる）。

2 GNP（GNI）と GDP

> 「国民」or「国内」が一定期間内にもうけた付加価値の総額。

　ではフローの統計について見ていきましょう。代表的な指標として、GDP（国内総生産）や今は使われていないが GNP（国民総生産）があります。

> 何か名前が似ているのでわかりにくいですね。

英語と図で考えればわかりやすいですよ。GDPは、「Gross（全体の、総計の）Domestic（国内の）Product（生産したもの）」の略称であり、ある一国の国内で一定期間内に生産した付加価値の総額のこと（＝国内でどれだけお金をもうけたか）で、GNPとは「Gross（全体の、総計の）National（国民の）Product（生産したもの）」の略称で、ある一国の国民が一定期間内に生産した付加価値の総額のこと（＝国民がどれだけお金をもうけたか）です。

要するにGDPとGNPの違いは、「国内」なのか、「国民」なのかの違いということで、もうけた「場所」を基準とした総計がGDP、「人」を基準とした総計がGNPということです。

図で示すとこうなります。

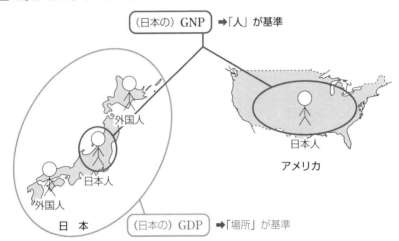

まとめ GNP・GDP の違い

	日本の GNP に	日本の GDP に
日本に住んでいる日本人の所得	含まれる	含まれる
海外に住んでいる日本人の所得	含まれる	含まれない
日本に住んでいる外国人の所得	含まれない	含まれる
海外に住んでいる外国人の所得	含まれない	含まれない

これを式にしてみると、

GNP＝GDP＋海外からの所得の受け取り

－海外への所得の支払い

この「受け取り－支払い」を一言でまとめると、

GNP ＝ GDP ＋海外からの純（要素）所得

となる。もちろん、GDP を求める場合には、式を移項するだけなので、

GDP ＝ GNP －海外からの純（要素）所得

となる。わからなくなったら図で考えてみてください。「人」なのか「場所」なのかの違いだけなので難しくありません。

3 国民所得の算出

> 一国の経済状況を正しく把握するためには、目的に応じた適切な尺度を選ぶ必要がある。

　次は国民所得の算出です。資格試験などでは、GDP の三面等価から総需要と総供給は等しいことを証明するほうが重要ですが、ここでは国民所得について学習します。

　GNP や GDP は付加価値の合計のことです。付加価値とは新しく付け加えられた価値のこと、要は「もうけ」（「もうけ」は売上げから経費を引いたもののこと）です。よって GNP はある一定期間内における国民のもうけ、GDP はある一定期間内における国内のもうけのことです。

　さて、そのもうけ（＝付加価値）ですが、農家と製粉所とパン屋さんしかない国があったとして、農家は小麦を生産し（肥料代、種苗代などは考えないとする）、収穫された小麦を50万円で製粉所に売り、製粉所はその小麦をもとに小麦粉をつくり、それを100万円でパン屋さんに売り、パン屋さんはそれをもとにパンをつくって150万円で販売したとします。

　ではこの国の GNP・GDP はいったい何万円になるでしょうか（この場合、GNP と GDP は同じ額になる）。

300 万円かな？

それは総生産額ですね。GNP や GDP は付加価値の合計ですから違います。

そのため総生産額から付加価値を生み出すために使った中間生産物は引かなければなりません。

よって、総生産額（300万円）から中間生産物（150万円）を引いた150万円が解答となります。

付加価値の合計

農家と製粉所とパン屋さんしかない国をモデルにした場合。

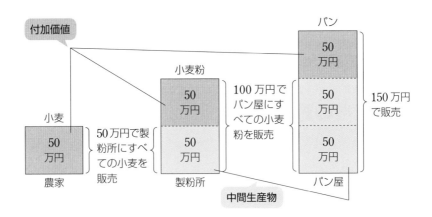

おまけ 最終販売額＝GNP

パン屋さんの販売額＝150万円＝ GNP

※このやり方で注意してほしいのは、例えば製粉所が海外から小麦粉を20万円分仕入れた場合には、必ずその20万円を最終販売額から引かなくてはいけない（GNP ＝国民が生産したもの）ので、少し面倒になります。

ただ、これが本当に付加価値かといわれれば違います。GNP の「G」は「Gross ＝総計の」という意味以外に、「適当な」とか「肥満体の」っていう意味もあり、言うならば GNP は「どんぶり勘定でみた国民のもうけ」という感じです。例えば製粉所が小麦粉をつくる場合、機械を使うと思いますが、その機械は使えば使うほどすり減っていきます。そのすり減った分は「もうけ」にはならないので、これを「もうけ」に含めるわけにはいきません。そこで、GNP からすり減った分（**固定資本減耗・減価償却費**）を引くことで求められるのが **NNP**（**国民純生産**。Net ＝「純、本当の」という意味）です（**NNP ＝ GNP －固定資本減耗**）。

しかし、NNP は本当の意味で付加価値（もうけ）の合計かというとまだ少し違います。NNP は市場価格表示の NI といい、図で言えば、製粉所がパン屋さんに小麦を売るときには、実際には消費税などの間接税がかかります。もちろん消費税などの間接税は製粉所やパン屋さんの「もうけ」とはならないので、その分は「もうけ」から除かなくてはなりません。また、企業によっては政府から補助金をもらっているところもありますが、補助金は「もうけ」の一部としてプラスします。このように、NNP から間接税を引いて、補助金を加えたもの（**NNP －間接税＋補助金**）が（要素費用表示の）**NI**（**国民所得**）です。

4 GNP・GDP の計算

> GNP・GDP に算入されるか、されないかについては、市場を経由しているかどうか（売買が行われているかどうか）がポイント‼

GNP や GDP に含めるか含めないか、わかりにくいものがあります。市場で売買し、もうけが発生していれば含まれますが、中には判断が難しいものもあります。

 なんか大変ですね。

例えば、農家が自分でつくって自分で食べた分（農家の自家消費）。これは売買をしているわけではないので、入らなそうですが、つくった作物は市場で売買したとみなし、自分が食べた分も含まれます。また、持ち家の帰属家賃ですが、例えばもし、自分の家を誰かに貸し出せば家賃収入が得られるので、それをあえて自分が家賃を払って住んでいるとみなし、この帰属家賃も計算に含めます。さらに、公共サービスや医療サービスもタダのように感じますが、政府や医者のもうけとなるので、これらも含まれます。

含まれそうで含まれないものにはどのようなものがあるのですか？

　含まれそうで含まれないものは、**そもそも市場で売買をすることを想定していないもの**です。例えば家庭菜園でつくった野菜は売ることを想定していないし、お父さんやお母さんが家族のためにつくった食事だって売ることを想定しているものではありません（家事労働）ので含まれません。またボランティア活動や余暇時間なども含まれません。

　ところで、1968年に流行った「くたばれGNP」という言葉を知っていますか？　1968年に日本は西ドイツを抜いて、資本主義国第2位のGNP大国になり、高度経済成長を続けていました。しかし、一方では水俣病や四日市ぜんそくなどの公害が社会問題になった時期でもあります。

　GNPやGDPは、**ある一定期間内にどれだけ国民や国内でお金がもうかったのか**を表す指標であり、**豊かさを表す指標ではありません**。例えば、ある企業が公害を発生させてまでも、お金をもうければ、GNPやGDPは増えます。また公害の発生により、健康を害し、病院に通う人が多くなって医療費が増大しても、GNPやGDPは増加してしまうのです。

　かつてブータン国王夫妻が来日した際、**国民総幸福量（GNH）**という指標が話題になりましたが、日本でもGNPに代わる指標として注目された指標があります。それが**NNW（国民純福祉）**です。

　NNWは、GNPから非福祉項目（公害対策費など）を引き算し、福祉項目（ボランティア活動や家事労働など）を足し算することで求められます。しかし、NNWは、家事労働やボランティア活動などを貨幣換算しなければならず、そもそも換算が難しいので、NNWが提唱された当初から、何が（N）、何だか（N）、わからない（W）の略だとして批判されていました。NNWはよくわからない指標ですが、GNP一辺倒の反省から考えられた指標ですので、それなりの意義はあると思います。

5 三面等価の原則

> 生産・分配・支出面から統計を見れば、必ずイコールの関係にある。

　GNPやGDPは一定期間に国内や国民が生産した付加価値の合計です。生産するのは、農林水産業などの第一次産業、製造業や建設業などの第二次産業、

サービス業などの第三次産業なので、GNP や GDP は各産業が一定期間内に稼いだお金の合計となります。

　私は第三次産業に従事して生産活動を行っていますが、労働を提供している以上、見返りがほしいです。当然、教養を身につけていただくという見返りもほしいですが、やっぱりお金がほしいです。私なら雇用者報酬（給料、賃金）が得られますが、企業だと企業所得を得られます。また、アパートや土地を貸している人なら、家賃や地代などの財産所得を得ることができます。このように、生産したお金は必ず分配されることになるはずです。

　私たちはお金が入ったら、何かを買うと思います。企業なら次の一手のために投資を行うし、海外との輸出や輸入の取引などにも使われることにもなり、分配されたお金は必ず支出されることになるはずです。このように、生産されたお金は分配され、それは支出されます。そして、いかなる場合でも生産・分配・支出は同じ金額になる。この同じ金額になることを**三面等価の原則**といいます。

　よって、生産面から見た NI が400兆円であれば、分配面から見た NI、支出面から見た NI も必ず400兆円になります。また、生産面から見た GDP が565兆円であれば、GDP を分配面から見た GDI（国内総所得）、GDP を支出面から見た GDE（国内総支出）も必ず565兆円となり、GDP・GDI・GDEは常に等しい。この生産・分配・支出は常に等しいという三面等価の原則は、経済学の大原則なのです。

6 経済成長率

> 経済規模が拡大することを経済成長といい、一定期間における経済成長を測る指標を経済成長率という。

経済成長率には名目経済成長率と実質経済成長率の2つがあります。

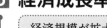
何が違うのですか？

　名目経済成長率は物価変動を考えないで求めた名目 GDP の伸び率のことで、**実質経済成長率は物価変動を考えて（取り除いて）求めた実質 GDP の伸び率のこと**です。

　例えば去年のおこづかいが10000円で、今年は15000円に上がったとします。見た目（名目）的には50％上がっていますが（15000－10000／

10000×100＝50%)、もし物価が50%上昇していたらどうでしょう。おこづかいがせっかく上がっても、物価も同じように上がると、結局は 15000円で買えるものは昨年と変わらないはずです。

実質経済成長率	＝	名目経済成長率	－	物価変動率
0%	＝	50%	－	50%

　このようにお金の価値は物価変動の影響を受けるので、**物価変動分を考慮して求めたものを実質**、**物価変動分を考えないで求めたものを名目**といい、一般的には物価変動を考慮した実質値が用いられます。この物価変動分を考慮するかどうかの違い、「名目」と「実質」の概念は経済学でものすごく重要な概念ですので、違いを正しく認識してください。

知っとく

インフレーション・デフレーション

インフレーション…需要量（お金の量）＞供給量（商品の量）
　　　　　　　　物価が継続的に上昇し、貨幣価値が下がる現象

デフレーション　…需要量（お金の量）＜供給量（商品の量）
　　　　　　　　物価が継続的に下落し、貨幣価値が上がる現象

	インフレーション	デフレーション
所　得	年金受給者などの定額所得者の生活が苦しくなる 名目賃金が上昇する	年金受給者などの定額所得者の生活水準が上がる 実質賃金は上昇する
資　産	貨幣価値が下がるため、預貯金などは実質的に減少する 貨幣価値が下がるため、借金の負担が実質的に軽くなる	貨幣価値が上がるため、預貯金などは実質的に増加する 貨幣価値が上がるため、借金の負担が実質的に重くなる
消費・投資	実質金利が下落するため、企業の設備投資や住宅などの購入が増加することもある	実質金利が上昇するため、企業の設備投資や住宅などの購入が減少することもある

17 金　　融

1 貨幣の役割

> 物々交換は偶然の一致が必要だから大変。貨幣には交換手段・価値
> 尺度・貯蓄手段・支払手段の役割がある。

もし、お金（貨幣）が世の中になかったらどうなると思いますか？

> まさかの物々交換ですかね。

　現在でも物々交換が続いていたら大変です。どんな店に行っても、「大根3本、たわしなら2個と交換」なんて書かれていたら大変です。でも、お金だと「商品」と「お金」を交換すればいいので、非常に便利ですし、何よりも重くないです。このようにお金には、まずは商品と商品の交換の仲立ちをする、**交換手段としての役割**があります。また、誰かがしている時計を「高そう」とか「安そう」とか思う基準は価格ですよね。このように、お金には価値を測るモノサシ、**価値尺度としての役割**があります。さらに、野菜だったら腐ってしまって保存することは難しいですが、お金は腐らないので蓄えることができます。これが**貯蓄手段の役割**です。他には、預金からお金を払うことで、商品の清算（債務の決済）を行う**支払手段の役割**もあります。これら4つの役割がお金の役割です。

2 通　　貨

> 現金通貨だけが通貨ではない。

　社会に流通しているお金を通貨といい、通貨には**現金通貨**と**預金通貨**があります。現金通貨は、日本銀行（日銀）が発行する1万円札や5000円札などの日本銀行券と政府が発行する500円玉などの補助貨幣（硬貨）のことで、預金通貨はいつでも引き出すことができる普通預金や、小切手や手形などの当座預金があります。この2つを比べると、現金通貨よりも企業間での取引などに使う**預金通貨のほうが圧倒的に多い**です。

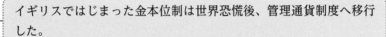

預金通貨はなぜ通貨なのですか？

　それは、私たちは銀行にお金を預けるのではなくて、貸しているんだと考えればいいです。貸す（預金する）ことで、自分のお金を引き出す権利を手にするからです。例えば電話料金1万円を支払う場合、現金を持っていなくても、自分の預金口座から1万円を引き落とし、電話会社の預金口座に1万円増やせば、銀行から1万円引き出す権利が移行することで支払いが完了します。このような権利の移行を、現金通貨の代わりに預金通貨が果たしているのです。

3 通貨制度

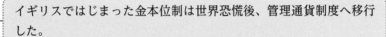
イギリスではじまった金本位制は世界恐慌後、管理通貨制度へ移行した。

　次は通貨制度です。通貨制度には**金本位制**と**管理通貨制度**があります。
　まず**金本位制**とは、金の保有量に応じて紙幣を発行し、金と紙幣がいつでも交換できる（兌換できる）しくみのこと（兌換紙幣の発行）です。金はその希少性、加工のしやすさなどから人々を魅了し、古来より貨幣としての役割がありました。そのため貿易などの国際取引だけでなく、一般的な取引でも「金」が用いられていました。しかし金は重く、輸送する際のリスクもありました。そこで考えられたのが金と紙幣を交換するしくみです。軽くて持ち運びに便利な「紙」と「商品」が交換できるのであれば、今まで以上に取引はスムーズにいくはず。でも「紙」には価値がないので、誰も「紙」と「商品」を交換してくれません。しかし「金」という信用のあるモノといつでもその「紙」が交換できるという保証があれば、その「紙」自体に信用が生まれ、商品と交換されるようになりました。その結果、「紙」はお金（紙幣）となり、金と「紙幣」が交換できるしくみ（＝金本位制）が1816年にイギリスで登場し、それが世界に広がりました。

金本位制の問題点にはどのようなものがありますか？

金保有量を大幅に超えて紙幣を発行できないことです。
金本位制は金と交換できるという保証のもと、兌換紙幣を発行するしくみなので、交換できるという保証がなくなってしまうと誰も信用しなくなります。

そのため、金の保有量と紙幣の発行量はある程度、同じでないといけません。

　この金本位制を崩壊させることになったのが、1929年に起こった**世界恐慌**です。不況対策として市場にお金をばらまこうとしても、金本位制のもとでは金保有量を超えた紙幣の発行はできないので、各国は柔軟な景気対策を行うことができませんでした。そのため各国は金本位制から離脱し、中央銀行（日本であれば日銀、アメリカだと連邦準備制度理事会［FRB］）の信用にもとづいて、紙幣を発行する**管理通貨制度**に移りました。

　管理通貨制度で発行する紙幣は、中央銀行の信用にもとづいて発行する紙幣であって、金との交換はできない（＝**不換紙幣**）。この紙幣を景気の状況に応じて増減させることで、各国の政府と中央銀行は景気をコントロールします。しかし、紙幣を無制限に発行すれば、その国の紙幣の信用が下がってしまうので、インフレーションが起こるおそれがあります。よって過度なインフレが起こらないように、適切に紙幣を発行して通貨量を調整することが管理通貨制度の課題です。

まとめ 金本位制と管理通貨制度

	金本位制	管理通貨制度
	紙幣（兌換紙幣）を「金」の信用をもとに発行。	紙幣（不換紙幣）を「政府」の信用をもとに中央銀行が発行。
利点	金の準備高に紙幣発行量が制限されるので、極端に紙幣が発行されることはない。そのため、物価が安定する。	中央銀行が裁量によって紙幣発行量を調節できるので、景気対策（金融政策）を行いやすい。
欠点	金の準備高に紙幣発行量が制限されるので、柔軟な景気対策を行うことが難しい。	通貨発行量が増えすぎるとインフレーションが発生してしまう。

4 企業の資金調達

　金融とは、お金が必要な人にお金を持っている人がお金を融通するしくみです。資金が必要となるのは主に企業であり、企業の資金調達の方法は大きく**自己金融**と**外部金融**に分かれます。自己金融は**内部留保**や機械などの設備を新しくするために積み立てておく減価償却積立金を用い、自前の資金を取り崩して行う方法で、外部金融は他から資金を融通する方法であり、**直接金融**と**間接金融**があります。

直接金融と間接金融について教えてください。

　直接金融は企業が株式や社債などを発行して資金を市場から調達する手段、間接金融は銀行が預金者から集めたお金をもとにして、企業にお金を貸し出す手段のことです。日本は今でも間接金融による資金調達が中心ですが、バブル経済崩壊後は直接金融の割合が増加しています。

　銀行から資金を借りる間接金融だと、企業は銀行に対してお金を返すときに利子を付けないといけないですし、銀行だって貸し出した先の企業が倒産して、資金が回収できなくなっては大変なので（不良債権の発生。企業が銀行からお金を借りた場合、企業は銀行にお金を返す義務があるから債務者。銀行はお金が返ってくる権利を持つから債権者となる）、企業の経営に口を挟むこともあります。

　それに対して直接金融では、企業は銀行を介するのではなく、投資家たちと直接、取引を行うわけですから、投資家と企業は信頼関係で結ばれますし、社債ならば基本的に経営に口を挟まれない分、企業の独立性が確保されるから企業にとっては利点の多い手段です。ただし、知名度のある企業でないと直接金融での資金調達は難しいので、大企業に比べ、知名度が低く、信用の弱い中小企業やベンチャー企業などでは、直接金融による資金調達は難しいとされています。

　日本企業の90％以上が中小企業であることを考えれば、間接金融が主流です。しかし、直接金融のほうが利点はが多く、東京証券取引所のマザーズ（2022年にグロースに名称が変更）などベンチャー企業向けの市場の整備が進んではいますが、まだまだ一部の企業に限られているのが現状です。

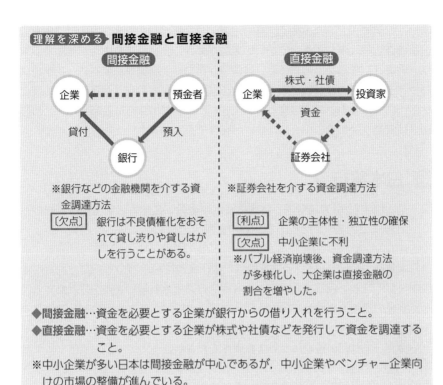

理解を深める **間接金融**と**直接金融**

間接金融

企業 ◄┅┅┅┅ 預金者

貸付　　　　預入

銀行

※銀行などの金融機関を介する資
　金調達方法

〔欠点〕 銀行は不良債権化をおそ
　　　　れて貸し渋りや貸しはが
　　　　しを行うことがある。

直接金融

企業 ◄──── 投資家
　　　株式・社債
　　　資金

証券会社

※証券会社を介する資金調達方法

〔利点〕 企業の主体性・独立性の確保

〔欠点〕 中小企業に不利

※バブル経済崩壊後、資金調達方法
　が多様化し、大企業は直接金融の
　割合を増やした。

◆**間接金融**…資金を必要とする企業が銀行からの借り入れを行うこと。
◆**直接金融**…資金を必要とする企業が株式や社債などを発行して資金を調達する
　　　　　こと。
※中小企業が多い日本は間接金融が中心であるが，中小企業やベンチャー企業向
　けの市場の整備が進んでいる。

5 銀　行

お金という血液を世の中に回す心臓の役割。

　次は銀行の役割です。もし銀行が世の中になかったら、お金が必要になった
場合、道を歩いている人に「お金を貸して」とひたすら声をかけなければなり
ません。でも銀行があれば、お金が必要な人とお金が余っている人との仲立ち
をしてくれます。この役割を**金融仲介機能**といいます。他には客から預けられ
た資金を他の企業や人たちに貸し出して、世の中を流れる資金の量を増やす**信
用創造機能**と、取引の資金支払いを仲介する**決済機能**という3つの機能があり
ます。
　ただ近年は、**フィンテック**（ファイナンス〔＝金融〕とICT〔＝情報通信技
術〕の融合）やAI（人工知能）の進歩により、銀行を取り巻く環境は激変し
ています。フィンテックにより、ネットバンキングが普及し、スマートフォン
で決済ができるようになった結果、銀行の店舗（窓口）が減少傾向にあります。

また、AI の普及による業務の効率化もあり、余剰行員の削減、さらには政府・日銀の低金利政策も相まって銀行の収益が減少し、銀行の統廃合が進んでいます。他には、事業をはじめる際には銀行からの資金調達が一般的でしたが、クラウドファンディングなど新たな資金調達も行われており、資金調達の多様化は銀行の経営体力を確実に奪っています。ひと昔前は銀行に就職した人たちの将来は安泰といわれていましたが、今後はそうはいかないかもしれません。

6 日本銀行

> 日本の金融の司令塔。物価の安定や金融システムの信用秩序を維持することも目的とした日本の中央銀行。

　日本銀行（日銀）は、1882年の日本銀行条例にもとづいて設立された日本の中央銀行です。日銀は、**マネーストック**（通貨供給量）を適切に調節することで物価の安定、金融システムの信用秩序を維持することを目的としています。

> 日銀の役割について教えてください。

　日銀には**発券銀行・銀行の銀行・政府の銀行**の3つの役割があります。
　まずは、発券銀行としての役割。**日銀は日本銀行券を独占的に発行する日本の中央銀行**の役割があります。ちなみに、100円玉などの**補助貨幣（硬貨）は政府が発行します**。硬貨は日銀が発行するのではないから注意してください。
　次に、銀行の銀行としての役割。日銀は個人や企業との取引は行わず、市中銀行との間で、資金の貸出し、預金などを行う。日銀は最後の貸し手（資金繰りに窮した金融機関に資金を供給する）として、銀行の親分のような役割を担っています。
　最後に、**政府の銀行**としての役割。政府に代わって税金など国庫金の保管・出納、政府への貸付け、公債の発行・償還、利払いなどの事務を行っています。いわば政府の金庫番の役割です。そのため日銀は**個人や一般の企業とは取引することはありません**。

7 金融政策

> 日銀は政府から独立し、物価安定と経済を発展させるために金融政
> 策を行っている。

では、いよいよ金融政策です。金融政策とは、通貨供給量（マネーストック）
を調節することで、景気を調整する政策のことです。

 どうやって調節するんですか？

まずマネーストックとは、わかりやすく言えば「世の中に出回っているお金」
のことです。世の中に出回っているお金のもとになるのが**マネタリーベース**
（ハイパワードマネー：日本銀行券と貨幣準備高と日銀当座預金の残高の合計）
で、これは日銀が発行しているお金そのもののイメージで捉えるとわかりやす
いと思います。このマネタリーベースを調整することで、世の中に出回ってい
るお金をコントロールするのが日銀です。

日銀は物価ファイターと呼ばれ、物価の安定が目的です。まずは伝統的な金
融政策から見ていきましょう。

日銀は通貨供給量（マネーストック）を調節することで、景気を調整してい
ます。景気が過熱しすぎてインフレーションが起こりそうなときやすでに起こ
っているときには、世の中に出回っているお金の量を減らします。お金がなけ
ればモノを買えませんから、そうすることで景気の過熱を抑え、逆に景気が悪
いときには世の中にお金を循環させることによって、景気を刺激します。その
通貨量を調節する手段が金融政策であり、それには金利政策（公定歩合操作）、
公開市場操作（オープン＝マーケット＝オペレーション）、預金準備率（支払
い準備率）操作があります。

> ・通貨量を増やす➡企業の資金調達が容易に➡景気が回復
> ・通貨量を減らす➡企業の資金調達が難しい➡景気の抑制

ひと昔前までは、金融政策といえば**公定歩合操作**でした。**日本銀行が市中銀
行（中央銀行以外の銀行のこと）に資金を貸し出す際の金利である公定歩合を
調節して、景気を調整していました**。しかし、公定歩合操作は、1994年に**預
金金利が自由化**されることで完成した金利の自由化によって効果が薄れ、公定
歩合という言葉も2006年に「基準割引率および基準貸付利率」に変更され、
代わって中心となったのが、公開市場操作です。この公開市場操作によって、

金融機関同士がごく短い期間、資金を融通・運用するときの金利であるコールレートが政策金利とされ、これを調節する公開市場操作が、金融政策の中心になりました。

　公開市場操作とは、**日銀と市中銀行との間で国債や手形などの有価証券を売買することで通貨量を調整するしくみ**です。例えば、景気が後退しているときには、市中銀行が持つ有価証券を日銀は買い取ることで（＝買いオペ）、お金を市中銀行に供給する。そうすることで世の中に回るお金の量が増えて、景気が刺激されるというしくみです。

　最後が**預金準備率（支払い準備率）**操作です。先ほども扱いましたが、**預金準備率とは銀行が預金の一定割合を日銀に預ける際の割合**のことです。例えば、預金準備率が10％の場合、ある銀行に1億円の預金が入金されたとすると、その銀行は1億円の10％である1000万円を日銀に預けなければなりません。そうすることで、その銀行が貸し出せるのは9000万円になります。もしこの割合が上がれば銀行の貸出量は減り（20％だと日銀に2000万円預けないといけないから8000万円になる）、逆に、割合が下がれば貸出量は増える（5％だと日銀に500万円預けないといけないから9500万円になる）。このようにして、世の中の通貨量を調整しています。

まとめ　伝統的金融政策

		景気が過熱時	景気が後退時
	通貨量	減らす	増やす
金融政策	公定歩合	上げる	下げる
	公開市場操作	売りオペ	買いオペ
	預金準備率	上げる	下げる

8 金融の自由化

> 護送船団方式の解体。さまざまな規制を緩和して、お金の流れをスムーズに経済をより活性化させる。

❶ 金利の自由化

　日本の金融行政は**護送船団方式**と呼ばれたように、当時の大蔵省によって手厚く保護され、規制されていました（なんと行員の制服から粗品までにも及んでいたといわれています）。ところが、その手厚い保護は政府の赤字国債の発行やアメリカなどの圧力によって（日米円ドル委員会）、大きく転換されるようになりました。

　日本は石油危機（オイルショック）の影響もあり、1975年度から赤字国債を恒常的に発行するようになりました。赤字国債を発行されて困ったのは銀行でした。例えば、政府が発行する国債を100万円分買ったとします。政府がそれに対し、10％の金利（利息）を付けて110万円で返してくれたとします。一方、銀行に100万円預金し、5％の金利（利息）しか付かなかったらどうでしょうか。

> 利子と利息は同じ意味で使われることが多いが、お金を借りた場合に支払うのが「利子」で、貸した側が受け取るのが「利息」である。また金利とは、利子を決める割合（利率）のことをいうが、お金を貸借したときのレンタル料と考えればよい。

　銀行にお金を預ける人が減りますね。

　銀行にお金を預けるよりも国債を買うほうがもうかるので、みんな国債を購入するはずです。でも、このようになると銀行は困ってしまいます。銀行は私たちからお金を預かり、預かったお金を他に貸し出し、私たちに返すときの金利よりも高い金利で、お金を必要とする個人や企業などに貸し出して利ざやを得ています。でも、私たちが銀行にお金を預けなくなったら、銀行はお金を貸し出すことができなくなるので、銀行はもうからなくなってしまいます。だったら、銀行だって金利を上げればいいじゃないかと思われるかもしれませんが、当時は大蔵省による規制があり、どこの銀行でお金を預けても同じ金利でした。でも、このままだと銀行がつぶれてしまうので、政府は1979年にCD（譲渡性預金）の金利自由化を皮切りに、1993年には定期性預金の金利自由化、そ

して1994年には普通預金の金利を自由化することで、金利の自由化を完全に認めました。これによって、現在のような自由な競争がはじまりました。

❷ 金融業務の自由化

護送船団方式は金利だけじゃなく、業務にも及んでいました。例えば銀行の窓口で株式を購入するとか、保険商品を扱うことはできませんでした。このように銀行だったら銀行業、証券会社だったら証券業、保険会社だったら保険業というように完全に業務が区切られており、金融業の相互参入は認められていませんでした。しかしこの規制も、1990年代には銀行・証券・信託業の垣根規制がなくなり、子会社を設立すれば、銀行が証券業へ、証券会社が信託業へなど、異業種に参入できるようになり、また外資系企業も日本市場に参入できるようになりました。さらに2000年代には、異業種から銀行業への参入が認められ、2001年のセブン銀行、2007年のイオン銀行など、流通・小売業などからも銀行業への参入が認められるようになりました。

❸ 日本版金融ビッグバン

1996年から橋本龍太郎内閣は、「フリー」（自由）・「フェア」（公平）・「グローバル」（国際化）をスローガンに金融制度の大改革を行いました。これを日本版金融ビッグバンといいます。

1990年代の日本経済は「失われた10年」と呼ばれるように、バブル経済崩壊後、企業の倒産が相次ぎ、銀行は多額の不良債権を抱え、銀行の信用、金融機関全体の信用がなくなっていました。また、日本の金融市場はあまりに閉鎖的だったので、外国企業が日本にやってきて商売しようとしても、規制ばかりで自由に商売ができませんでした。そこで、日本市場の閉鎖性を打破し、ロンドンやニューヨーク市場に負けない開かれた市場を整えて、外国企業も日本市場に参入しやすい環境をつくるためにさまざまな改革が行われました。

この日本版金融ビッグバンにより、自由な競争が認められ、**金融派生商品（デリバティブ）** などの新たな金融商品も取引されるようになったのです。

デリバティブって何ですか？

例えば、突然だけど1万円貸してくれませんか？

嫌です。

何で嫌なのですか？

返ってこない可能性があるからです。

　そうですね。返ってこない可能性があると不安ですよね。そこで、対策として、返ってこない可能性に備えて保険をかける、または金利を高くする、担保を多く取るなどが考えられます。このようにお金の貸し借りで、さまざまな金融商品が生まれている（派生している）。これらを金融派生商品といい、先物取引やオプション、スワップなどさまざまな商品があります。

　これらによって日本の市場はより開かれ、また1300兆円ともいわれた日本人の個人資産を運用する選択肢が広がりました。でもこの国際化、自由化競争の波に押されて、金融機関の淘汰が進み、金融業界の再編が行われています。

　またフェアな市場を実現し、金融システムの健全性・透明性を高めるために、金融監督庁（金融機関の経営状態をチェック）が設けられ、2000年にはこれらが統合され**金融庁**が設置されています。

18 財　政

1 財政の健全化

> 経済成長させること。プライマリー＝バランスを黒字化させること
> が重要。

今月はおこづかいが足りません。でもほしいモノがあります。どうします
か？

> 親からもらいます!!

「前借りする」、「がまんする」などといろんな意見が出そうですが、でも「足
りないからちょうだい」って言ったら、普通は断られるでしょう。やはりここ
はがまんして、お金が入ったときに買うか、アルバイトでもしてお金を貯める
か、支出をしっかり見直して、無駄遣いがなかったかをチェックして、次回か
らは気をつけようと思うのが普通の感覚だと思います。

でも、現在の日本政府はそうじゃありません。歳入が少なければ増税、国債
を発行して資金調達。多すぎる国会議員や費用対効果が期待できない公共事業
を見直す前に、とりあえず徴収、とりあえず借りる。特に国債を発行してお金
を借りるやり方をずっと続けてきた結果、現在の日本の国債残高は増え続けて
います。**財政とは、税を徴収し、それをもとにして行う政府や地方自治体の経
済活動のこと**で、身の丈に応じた支出を心がけないと、いつかはダメになると
きがくるかもしれません。まだ当分大丈夫だと甘い認識をするのではなく、現
状をしっかりと見直して、まずは歳入と歳出を等しくなるように歳入を増やす
か、歳出を減らすかをしないといけません。そのために政府は、**プライマリー
＝バランス**（国や地方公共団体の基礎的財政収支。公債金収入以外の歳入で国
債費以外の歳出をどの程度まかなえているかを示すもの〔歳入－公債金〕－
〔歳出－国債費〕）の健全化（税収などと一般歳出が均衡している状態）を目標
としています（図①）。現在、日本のプライマリー＝バランスは大幅な赤字と
なっており、税収などよりも一般歳出が多い状態です（図②）。プライマリー
＝バランスを健全化するためには、所得税や消費税を増税して税収を増やす
か、社会保障関係費や公共事業費などの一般歳出を減らすかです。民間ができるも

のは民間に任せるなどして歳出を削減することはできますが、社会保障関係費を抑えるのは容易ではありません。よって健全化させるためには税収を増やすことになります。しかも消費税率の引き上げなどの家計に大きな負担を強いる税収増ではなく、経済成長させることで税収を増やすことが重要です。

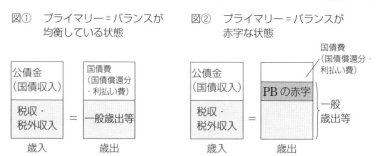

図① プライマリー゠バランスが均衡している状態　　図② プライマリー゠バランスが赤字な状態

2 財政の機能

財政には資源配分機能・所得再分配機能・景気調整機能がある。

　財政とはわれわれの税金をもとにして行う、政府や地方公共団体の経済活動のことです。自由をモットーとする資本主義経済では、市場の原理が働かず、供給されないモノやサービスが生じてしまうという弊害があります。その弊害を何とかするのが財政の役割の一つで、その役割は全部で3つあります。

　まずは**資源配分の調整機能**。市場では供給されない公共財（**警察や国防、道路や公園などの社会資本の整備**）を補うことです。

　ところで市場の失敗は覚えていますか？

非完全競争市場（独占・寡占の発生）、外部性、公共財の不足などです。

　そうです。市場では供給されない公共財の不足を補うことが財政の役割の一つですね。

　次に**所得再分配の機能**。**累進課税制度や社会保障制度を通じて、所得格差を是正する機能**です。**累進課税制度は所得に応じた税率で税を負担する制度**のことで、所得の多い人からがっぽりとって、低所得者に再分配するという制度です。所得格差の是正とはいえ、稼げば稼ぐほど税金をとられるので勤労意欲が失われてしまう問題があります。

最後に**景気調整の機能**（景気の安定化、経済の安定化機能）。景気が過熱しているときには抑制、景気が悪いときには回復を図る機能のことで、**ビルト゠イン゠スタビライザー**（景気の自動安定化装置）と**フィスカル゠ポリシー**（裁量的財政政策）があります。ビルト゠イン゠スタビライザーの「ビルト゠イン」は「組み込まれている」、「スタビライザー」は「安定させる」という意味です。つまり政府が特別な政策を行わなくても、政府が行っている政策それ自体に、景気を安定させる機能が組み込まれているという意味です。例えば、不況のときには、会社の業績が悪化するわけだから給料が下がります。累進課税制度は、所得に応じて税率が変化する制度だから、所得が減れば税金も安くなります。また、会社が倒産し失業すると、雇用保険から給付を受けることができます。不況のときには、人々にお金を回し、消費や投資を促す必要がありますから、税金の支払い減少と、雇用保険からの給付により、人々にお金が回り、景気を回復させることができます。また景気が過熱しているときには、所得が増えることから支払う税金も増え、社会保険料も所得が増えれば保険料は上がることから、人々からお金を回収することになり、景気の過熱を抑えることができます。このようなしくみを**ビルト゠イン゠スタビライザー**といいます。

　（例）景気後退時

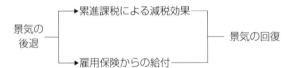

　次は**フィスカル゠ポリシー**。これは政府が税率操作や公共事業などを通じて、景気を調整する政策のことです。景気が過熱しているときには、増税を行うことで景気の過熱を抑制し、景気が後退しているときには、減税を行うことで景気を刺激します。実際の経済では、財政政策だけでなく、金融政策とセットで行われることから、これを**ポリシー゠ミックス**といいます。

③ 予　算

> 一会計年度の歳入と歳出の見積もり。一般会計予算・特別会計予算・政府関係機関予算の3種類がある。

　予算は内閣が作成し、国会が議決します。決算については、会計検査院の検査を経た歳入歳出決算を内閣は国会に提出することになっています。

　予算は一般の行政業務を行う**一般会計予算**、特定の事業を行うための**特別会計予算**、**政府関係機関予算**の3種類から成り立っており、また年度当初に国会によって成立する**本予算**（当初予算）、自然災害などが起こった場合などに組まれる**補正予算**、本予算が成立することが遅れた場合、つなぎとして組まれる**暫定予算**があります。

> **理解を深める** ▶ **財政投融資（第二の予算）**
>
> 　2001年から財政投融資のしくみが大きく変わった。かつての**財政投融資は国民から預かった年金積立金や郵便貯金資金などを大蔵省資金運用部に預託するしくみ**で、預託された資金は特殊法人などで運用され、社会資本の整備、中小企業への支援など高度経済成長を支える要因にもなった。しかし、その特殊法人が天下り先となったり、非効率な運営を行ったりしたため、2001年に財政投融資は大改革された。資金運用部に預託するしくみは廃止され、郵貯などの資金は一般の金融市場で**自主運用するしくみに変更された。** そのため財投機関（特殊法人や独立行政法人など）が資金を必要とする場合には、一般の金融市場で財投機関債という債券を発行し、原則自己調達するようになった。

④ 租　税

> それぞれの負担能力に応じて分かち合う「公平」の原則、税制が個人や企業の経済活動を歪めない「中立」の原則、納税者が理解しやすいものにする「簡素」の原則の3つが、租税の三原則であり、租税は租税法律主義にもとづいて、国会が議決した法律に定められている。

　税には**直接税**と**間接税**があり、**直接税は納税者（税を納める人）と担税者（税を負担する人）が同じ税、間接税はそれが異なる税**です。例えば、コンビニで商品を買ったとき、税を納めに税務署までダッシュしますか？

しません。

　当然しないですよね。消費税を負担するのは私たちですが（担税者）、税を納めるのはコンビニです（納税者）。所得税のように納税者と担税者が同じ税を直接税、異なる税を間接税と言います。ところで、戦前の日本は間接税中心の税制だったのですが、第二次世界大戦後の**シャウプ勧告**（1949）をきっかけに、アメリカと同じく直接税中心の税制となりました（なお、フランスやドイツは間接税が中心）。直接税中心の税制は、景気の変動に影響を受けやすい点にメリット・デメリットがあります。景気がよければ企業の業績もよいので税収が増えますが、景気が悪くなれば税収が減ってしまいます。日本はオイルショック以降の経済成長率の低迷で税収が減り、また、少子高齢化が進んで福祉財源の確保が必要になったことなどにより、近年では**直間比率**（直接税と間接税の割合）の是正が行われています。日本ではシャウプ勧告後、直間比率はだいたい7：3ぐらいでしたが、所得税、法人税などの直接税の減収、1989年から消費税が導入されたことなどにより、現在、5.5：4.5ぐらいになっています。ただ、消費税に代表される**間接税は、景気の変動を受けにくい**というメリットや、同じ消費をする人に同じ税率がかかるから、**水平的公平を確保しやすい**というメリットがありますが、一方で高所得者も低所得者も同じ負担になるので、低所得者ほど負担が増す**逆進性**の問題が指摘されています。直接税・間接税ともにメリット・デメリットがあるので、最もよい直間比率が具体的にいくつなのかは何ともいえません。

　さて先ほど、消費税には逆進性の問題があることを指摘したが、所得税には**クロヨン（9・6・4**。トーゴーサン〔10・5・3〕ともいう）の問題があります。

クロヨンって何ですか？

　会社員は給料から源泉徴収（天引き）されているので、所得の9割（10割）を国税庁に把握されていますが、税を申告する自営業は6割（5割）、農家は4割（3割）ほどしか正確な所得が把握（捕捉）されていないという、**所得捕捉率の不平等を表した言葉**です。同じ所得であったとしても、その所得が正確にわからないと税金を正しく納めることができないですよね。

　現在では、不公平な税制の是正の対策の一つとして**マイナンバー制度**がはじまっているので、国民の所得を把握し、正しく税を負担させることが重要です。

まとめ 直接税と間接税

	直接税	間接税
利点	・負担能力の大きい人にはより大きな税負担をしてもらう垂直的公平が確保できる。	・景気の影響を受けにくく、安定した税収入を確保できる。 ・負担能力の等しい人には等しく税を負担してもらう水平的公平が確保できる。
欠点	・累進課税制度が採られている所得税などは、景気の影響を受けやすく、安定した財源となりにくい。	・低所得者ほど負担が重くなる逆進性の問題がある。 ・個々の負担者の事情を配慮しにくい。

5 公債（国債・地方債）

> 歳入に見合った歳出を。赤字国債が財政法で禁止されている理由をもう一度、思い出せ！

公債は公の機関が発行する債券（お金を貸してくれたら後で借りたお金にお礼＝利息をつけて返しますよという証券）のことで、**国債とは国の信用にもとづいて発行する債券のこと**です。資産が多く、ほとんどの国債を国内で保有する日本では、ギリシャのように財政破綻することはまずありませんが、借金に頼る構図を何とかしないといけません。

国債って発行してよいのですか？

そもそも国債の発行は、財政法（1947）という法律で厳しく制限されています。日銀が政府の発行した国債を直接引き受ければインフレが発生してしまうので、財政法では**日銀の直接引き受けは禁止されています**（第5条、**市中消化の原則**）。また**一般財源の不足を補う赤字国債の発行も禁止されています**（第4条）。しかし、石油危機後の1975年から（**1990～93年度は除き**）発行され続けられています（1965年には歳入不足を補うため、歳入補填債が発行された）。これまで毎年、「今年だけは特例ですよ」と特例法をつくって赤字国債を

発行していましたが、「ねじれ国会」のとき与野党が対立し、地方交付税が支給されないなどの問題があり、2012年には特例公債法が改正され、**国会の議決の範囲内で複数年度にまたがって赤字国債が発行できるようになっています。**

　財政法で発行が認められている建設国債も1966年以降、毎年発行され続けています。今後も大量の国債が発行され続ければ、そのために私たちや将来の国民が苦しむことになりかねません。

　　赤字国債の問題点について教えてください。

　国債の発行には、具体的にどんな問題があるのかを見ていきましょう。

　まずは「**後の世代への負担が増す**」ことです。国債を償還（お金を返すこと）するのは結局、私たちの次世代以降にも及んでしまうので、借金を子や孫の代まで先送りをしてよいのかという問題です。建設国債は将来の人たちも使う道路や港湾を整備するために発行が認められているけど、中には必要のないムダなものもあります。そのムダなもののために私たちの子孫は絶対にお金を払いたくないと思うし、ましてや赤字国債の負担なんて、ありえません。このままでは世代間格差が開く一方です。

　次に、**財政の硬直化**です。現在、一般財源に占める国債費の割合は20％を超えていますが、この割合が増えれば増えるほど、必要な社会保障関係費や文教費などが削られることになってしまい、柔軟な財政運営ができなくなってしまいます。これを**財政の硬直化**といいます。

　ただ財政の健全化、PBの健全化を絶対目標として経済成長を止めてしまうのは論外です。経済成長させることで、財政をたて直す。国民に負担させることで財政をどうにかしようと考えるのは愚策としか言いようがありません。

まとめ 国　債

	建設国債	特例国債
原　則	市中消化の原則（日銀による直接引き受けの禁止）。 建設国債の原則（公共事業などのためならば建設国債を発行できる）。	
用　途	公共事業のために発行。	一般財源の赤字を補うために発行。
財政法	発行が認められている。	禁止。発行する場合には特例法の制定が必要。
発行年	1966年から毎年、発行されている。	1975年から恒常化。ただし、1990年代初頭は発行されていない。
問題点	・将来の世代に負担を残すことになる。 ・インフレーションが発生するおそれがある。 ・国債の償還（借金を返すこと）の割合が増えることで、社会保障など必要な財源を圧迫し、財政の硬直化を招く。 ・民間投資を圧迫し、景気が後退する（クラウディング＝アウト）。	

理解を深める▶ **国民負担率の問題**

　日本の租税負担率（国民所得に占める租税の割合）はヨーロッパに比べて低いが、今後、少子高齢化にともない国民負担率（国民所得に占める、租税負担と社会保障負担の合計の割合）の上昇が懸念されている。

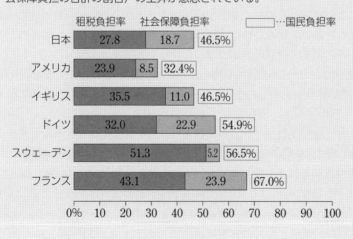

租税負担率　社会保障負担率　　　▢…国民負担率

	租税負担率	社会保障負担率	国民負担率
日本	27.8	18.7	46.5%
アメリカ	23.9	8.5	32.4%
イギリス	35.5	11.0	46.5%
ドイツ	32.0	22.9	54.9%
スウェーデン	51.3	5.2	56.5%
フランス	43.1	23.9	67.0%

0%　10　20　30　40　50　60　70　80　90　100

19 戦後の日本経済

① 戦後復興期

焼け野原からの再生。

戦後の日本経済史について教えてください。

　第二次世界大戦によって、日本は多くの尊い人命が奪われただけでなく、国富の 4 分の 1 を失ってしまいました。日本を占領した GHQ（連合国軍総司令部）のマッカーサーは、軍国主義の除去と日本の民主化を目的に五大改革を指示し、指示の一つに経済の民主化があり、**農地改革**と**財閥解体**が行われました。

　戦前、土地（田や畑）を持つ地主は土地を持たない農民を小作人として雇い、自分の土地で働かせていました（**寄生地主制**）。これでは農民がいつまでも豊かにならないので、地主から土地を買い上げ、それを小作人に安く譲り、多くの自作農をつくりました。これが**農地改革**です。

　そしてもう一つの財閥解体の目的は「日本をもう二度とアメリカに背かない国にすること」です。これは、軍国主義を除去するだけでなく、アメリカ経済にとって脅威となる財閥を弱体化させることも意味していました。アメリカの脅威になるほど戦前の財閥の経済力はすごかったのです。

　そこでマッカーサーは財閥が軍部と協力し、戦争を遂行したことを理由に（実際に財閥が戦争に協力したかどうかは疑問。三井は軍部と対立関係にあった）、三井・三菱・住友・安田など15財閥の資産の凍結や解体を命じ、1946年には持株会社整理委員会を設立し、財閥本体が所有する株式を一般投資家に売りました。また**1947年には独占禁止法を制定し、純粋持株会社の設立、すなわち財閥の復活を禁止しました**（1997年に解禁）。同じく1947年には過度経済力集中排除法が制定され、市場占有率が高い企業を解体することで、市場の開放を行ったのです。

　この財閥解体の結果、多くの企業は親会社の支配から独立することになりました。また戦争に加担したとして、GHQ により経営者や幹部らも第一線から退かされ、若い力が日本経済を引っ張ることにもなりました。日本経済にとって良いこともあったかもしれませんが、財閥解体により外国の企業に対抗でき

る巨大企業を失ったことも事実です。

さて、戦後の日本経済は問題が山積みでした。特に悪性インフレの発生とエネルギーの不足は深刻でした。

政府は旧軍人（復員）たちへの恩給、武器などの軍事関連費の支払いなどのため、お金が大量に必要だったから、とにかくお金を刷りました。また、空爆によって工場や機械などの生産手段が破壊されたため、戦前の3割程度しかモノをつくることができなかったのでモノが不足しており、紙幣の乱発＋モノ不足でハイパー＝インフレーション（インフレ）が発生していました。何とか生産力を回復させようとしても、エネルギーのもととなる石炭やそれを掘る道具もないという、まさしく八方ふさがりの状態でした。

 政府はどのような対策を採ったのですか？

政府はインフレを抑えるために金融緊急措置令を制定して、今まで使われていた「円」（旧円）を無効化し、預貯金を封鎖するだけでなく、さらに支払額を制限することで、あまりお金が世の中に出回らないように通貨量を制限しました。

また、モノをつくるエネルギーを何とかするため、1946年に**傾斜生産方式**を採用し、当時のエネルギー源であった石炭の採掘や鉄鋼の生産などに人的・物的資源を注入したのです。

 お金はどこから調達したのですか？

政府は**復興金融金庫**を設立し、そこが復興金融金庫債（復金債）という債券を発行して、日銀から直接資金を調達するしくみを採りました。

 そんなやり方をすれば、ますますインフレが激しくなってしまいそうですね。

復金債を復興金融金庫がいくら発行しても、それを日銀が引き受けてくれるので、復金債は発行し放題になります。結果、紙幣の供給量が増え、インフレが激しくなってしまいました（**復金インフレ**）。エネルギーの回復には一定の効果があったものの、悪性のインフレに悩まされ、日本政府だけでは対処が難しい状況だったので、そこでGHQは、インフレをやっつけるために予算均衡、徴税の強化、物価の統制などの**経済安定九原則**を発表し、それを実行するため

に、デトロイト銀行頭取のドッジとコロンビア大学教授のシャウプを招いて、日本経済の再生に協力させることにしました。

ドッジは超均衡予算を行ったのですよね。

それが**ドッジ＝ライン**です。単に均衡予算だと「歳入＝歳出」ですが、超均衡予算だから「歳入＞歳出」となります。

ドッジはインフレの原因となっている復興金融金庫の新規融資の停止、公務員の人員整理など徹底した歳出削減とまったく赤字を許さない予算を編成させました。また**１ドル360円の固定相場制**（**単一為替レート**）を採用し（正式には日本が IMF〔国際通貨基金〕に加入した1952年）、日本の輸出を後押しする改革を行いました（円安だと日本は輸出に有利）。しかし、厳しすぎる歳出削減は、投資や消費を抑制しすぎてしまい、インフレは収まったものの、今度はデフレーション（デフレ）に苦しむようになったのです（安定恐慌）。

また**シャウプ勧告**によって、日本は<u>直接税中心の税制改革</u>や地方税制改革を行いました。これによって所得税や法人税など直接税の徴収に重点を置く現在の税制のしくみになったのです。

日本経済は再生の道をゆっくり進んだ。でも、このゆっくりとした再生を一挙に進めたのは皮肉にも戦争でした。

朝鮮戦争の発生ですね。

1950年、北緯38度線を境にして対立していた北朝鮮と韓国の間でついに**朝鮮戦争**がはじまりました。このときにマッカーサーは、デフレで苦しんでいた日本から衣料品や医薬品、車両などの軍需物資を調達するよう指示しました（**デフレは総需要＜総供給**。デフレから脱出するためには内需と外需からなる総需要を増やすことが重要）、その結果、物資が飛ぶように売れたことによりデフレが解消し、一気に経済が戦前の水準へと回復しました（**特需景気**）。戦争によってボロボロになった日本が戦争によって回復する。何とも皮肉な結果です。

しかし戦争が終われば、需要は縮小して、経済は後退するはずです。でも戦争が終わった後も日本経済は成長し続けました。その背景には、復員によって国内に戻ってきた人たちが豊富な労働力となったこと、傾斜生産方式によるエネルギーの再生、エロア資金による援助、1ドル＝360円の日本にとって有利な固定相場制などがあげられます。荒野にまいた種がようやく芽吹いたのです。

2 高度経済成長（1950年代半ばから1973年）

年率10%以上の経済成長。日本を経済大国へと押し上げた！

（1）第1期高度経済成長（1950年代半ば～1965）──内需の拡大が経済を牽引

　高度経済成長期は実質で年率10%以上の高い経済成長を記録した時期で、「もはや戦後ではない」（経済白書。1956）という言葉が象徴する「神武景気」、高度経済成長期において最も高い経済成長を記録した「岩戸景気」、東京オリンピックの開催に合わせ、公共事業の増加が経済を牽引した「オリンピック景気」、そして高度経済成長期において最長を記録（1965.7～70.7）した「いざなぎ景気」といった大型の好景気が続きました。

　初期は内需が経済を引っ張りました。製品をつくるにも、原料を輸入する港湾やそれを運ぶための道路がないと話にならないので、政府はインフラ（生産関連社会資本）の整備を行いました。一方、企業は欧米から優れた技術を取り入れ、太平洋ベルト地帯を中心に石油化学コンビナートや製鉄所、造船所などを次々と建設し、積極的な設備投資を行いました。その結果、「投資が投資を呼ぶ」（1960年の『経済白書』）と表現されるように、民間企業の旺盛な設備投資は景気回復に大きな影響を与えました。

　さらに、三種の神器と呼ばれた白黒テレビ、電気冷蔵庫、電気洗濯機をはじめ、さまざまな商品が飛ぶように売れ、個人の消費も景気に大きな影響を与えました。また、政府も池田勇人内閣が今後10年間で実質GNPを2倍にする「国民所得倍増計画」を発表するなどして（7年間で実現）、景気を後押しし、日本経済は右肩上がりの成長を記録しました。でも、神武景気や岩戸景気の頃には大きな問題がありました。「神武景気」の後は「なべ底不況」、「岩戸景気」の後は「62年不況」のように、景気は変動するものですが、初期は特に好不況の波が激しかったのですがそれには国際収支の天井といわれる問題があったのです。

国際収支の天井って何ですか？

　当時の日本は常にドル（外貨）が不足している状態であり、輸入が増えればドルが流出し、ドルが足りなくなってしまいます。そこでドルの流出を防ぐためには、海外からモノを買わないよう、輸入を減らすしかありません。そのため、日銀は公定歩合の引き上げなどの金融引締策を行わざるを得ませんでした。

これは企業の設備投資を抑制することにつながり、せっかく旺盛な設備投資が経済を牽引（けんいん）しているのに、景気に水を差してしまいます。これが国際収支の天井です。

　しかし、輸入より輸出が増えればドル（外貨）不足に悩まされることはありません。輸出が輸入より伸びれば、国際収支の天井は解消されるはずです。この国際収支の天井の問題は輸出が輸入を上回るようになり、**いざなぎ景気**の頃には解消されました。

　それは神武、岩戸景気の頃に比べ、インフラが整備され流通網が整ったこと、企業の技術革新・設備投資の増大、国民の高い勤労意欲と質の高い労働力により、欧米に負けない商品の開発ができるようになったこと、そして日本の輸出に有利に働く超円安の固定相場制。これらの条件がそろって日本経済は外貨不足による制約を受けないようになっており、ついに高度経済成長は花を開いていくのですが、その前に「オリンピック景気」の話もしておきます。

　岩戸景気後の「62年不況」は、日本経済にとって深刻でした。しかし、日本には神風が吹きました。それが**東京オリンピック**の開催（1964）です。東京オリンピックはテレビ中継された最初のオリンピックです。オリンピックは平和の祭典ですが、当時は冷戦中です。そこでアメリカは、日本を資本主義の宣伝広告に利用しようと考えました。資本主義陣営の枠組みに入れば、こんなにも繁栄できるのだということを社会主義の国に見せつける絶好の機会だととらえたのです。

　アメリカの協力もあり、日本はIBRD（国際復興開発銀行）からお金を借りて、東海道新幹線や東名高速などの整備を行い、戦後からの復興をアピールしました。そして、**日本はOECD（経済協力開発機構）へと加盟し、先進国の仲間入りを果たした**のです（1964）。

（2）第2期高度経済成長（1965〜73）──開放経済体制の幕開け。輸出の増大と建設国債の発行による公共事業の拡大が経済を牽引

　第2期は輸出の増大（外需中心）が景気を牽引しただけでなく、1966年から政府は建設国債の発行を恒常化し、公共事業を増やしたことも経済を引っ張った要因です。特にベトナム戦争の激化により、またまた特需が発生したことが輸出の増大に大きな影響を与えました。

　1965年〜70年にかけての好景気は、「**いざなぎ景気**」と呼ばれ、**1968年にはGNPが西ドイツを抜いて、資本主義国第2位となり、経済大国の地位を築きました。**ですが、一方では、公害の発生や都市の過密化、地方の過疎化の問題も深

刻なものになり、経済成長の負の側面が目立つようになったのもこの頃です。

　しかし、外需に支えられたこの超大型の好景気も、アメリカ経済の減速とともに後退していきました。1971年8月、アメリカのニクソン大統領が、金とドルとの交換停止と、アメリカに入ってくる商品には10％の輸入課徴金を課すことを突然発表しました。この結果、固定相場制から一時的に変動相場制に移行し、世界経済は混乱しました。このことをニクソン大統領にちなんで**ニクソン＝ショック**といいます。そこで各国はアメリカに働きかけ、変動相場制になった為替相場を固定相場制に戻し、金とドルとの交換を再開することを要求しました。その結果、同年12月にワシントンD.C.のスミソニアン博物館で会議が開かれ、**ドルを切り下げて（ドル安にして）固定相場制へと復帰することが確認されました**（スミソニアン合意。スミソニアン協定）が、この協定も長くは続かず、1973年には先進国の多くは変動相場制へ移行しました。そしてまた、この1973年に、高度経済成長を決定的に終了させる出来事が起こりました。それが**第1次石油危機**です。

（3）高度経済成長の終了──産業構造の変化と安定成長の時代へ

　1973年10月、アラブ諸国とイスラエルとの間に再び戦争が起こりました。**第4次中東戦争**です。このとき、OAPEC（アラブ石油輸出国機構）はイスラエルに味方するアメリカやオランダに対し、原油の禁輸措置を採りました。またOAPECに呼応する形で、OPEC（石油輸出国機構）が原油の減産と原油価格の引き上げを行ったため、1バレル（約159㍑）＝3.01ドルだった原油価格が、一挙に11.65ドルへと上昇しました（約4倍）。この原油価格の大幅な上昇は原油関連の製品価格も引き上げ、インフレが発生しました（**第1次石油危機**）。このインフレは景気後退期に発生し、**景気停滞を表すスタグネーションと物価の継続的上昇を表すインフレーションが結びついて**、**スタグフレーション**と呼ばれました。

> 原油価格が約4倍に上昇したら、日本経済も深刻な影響を受けますね。

　1960年代に石炭から石油へのエネルギー革命が起こり、安価な石油にエネルギーを依存していたため、原油価格の上昇は日本経済を直撃しました。消費者物価指数（CPI）が20％以上も上昇したため、**狂乱物価**と呼ばれ、日銀はこの急激なインフレを抑えるため、公定歩合の引き上げ（公定歩合を9％に引き

上げ、1973年12月）などの金融引締策を実施しました（**総需要抑制政策**）。

公定歩合がそれだけ高いと企業は設備投資ができないですね。

　公定歩合を引き上げることで、インフレを抑えることには成功しましたが、旺盛だった企業の設備投資を抑制させることになり、**1974年には戦後初のマイナス成長を記録することになりました**。また1979年には、反米を掲げる宗教指導者のホメイニ師らによって、国王を追放するといった**イラン革命**が起こり、産油国イランの供給能力の懸念から、**第2次石油危機**が発生し、原油価格が1バレル18ドルから39ドルまで上昇しました。

2度の石油危機の結果、産業構造が変わりましたね。

　高度経済成長の頃は、**鉄鋼や造船などの資源を大量に必要とする重厚長大産業が中心でした**が、石油危機後は**コンピュータや自動車などの軽薄短小産業**へと中心が移りました。また**第二次産業から第三次産業中心となり、経済のソフト化・サービス化が進みました**(産業が高度化することにより、産業の重心が第一次から第二次、第二次から第三次産業へと移行していくことを**ペティ゠クラークの法則**という)。企業もテレビの深夜放送を自粛したり、OA(オフィス゠オートメーション)化やFA(ファクトリー゠オートメーション)化を進め、新規採用の抑制やパートタイマーの削減などの**減量経営**を行いました。このような努力もあり、日本は世界に先駆けて経済の回復に成功しましたが、年率10%という高い経済成長はもはや不可能であり、2～4%の低成長の時代に入ることになりました。

　また第1次石油危機をきっかけに、フランスのジスカール゠デスタン大統領の提案で**サミット**が1975年から毎年開催されるようになり、日本は1975年のランブイエ゠サミットからずっと参加しています。

3 1980年代の日本経済

「円」が世界を席巻。日本経済はピークに。

　※ここからは国際経済分野を学習してから読むと理解しやすいと思います。
　1980年代のアメリカは、ベトナム戦争の後遺症に悩まされ、自信を失っていました。そこで当時のレーガン大統領はレーガノミクスという政策を行いま

した。これは「強いアメリカ」の復活を目的とした政策です。

「強いアメリカ」の復活って、レーガン大統領はどんな政策を行ったんですか。

　強いアメリカを取り戻すため、レーガン大統領は軍事費を増大させました。当時、ソ連のアフガニスタン侵攻（1979〜89）を受けて、米ソ関係が悪化し、新冷戦と呼ばれる状態になっていました（1980年にはモスクワ五輪を西側諸国がボイコットした）。そこでレーガンは宇宙戦略を重視し、SDI（戦略防衛構想）を策定して軍備増強を行い、また法人税や相続税を引き下げる減税政策を行うとともに、強いドルを演出するため、高金利政策を採りました。しかし、この軍事費の増大と減税政策により財政赤字が、また高金利政策によりドル高となったため貿易赤字も拡大し、いわゆる双子の赤字が深刻なものへとなっていきました。

　しかし、このアメリカの政策は、2度にわたる石油危機により大打撃を受けていた日本経済にとっては景気回復の追い風となりました。ドル高は円安であり、円安は日本の輸出産業にとって有利に働きます。しかもアメリカは減税政策を採っていたので、需要が増え、日本企業は対米輸出を増加させることで、業績を回復させました。でも、この「集中豪雨的」とも呼ばれた対米輸出の拡大は、アメリカの対日感情を悪化させ、貿易摩擦が深刻化しました。1989年から**日米構造協議**が開催され、貿易摩擦を解消するために、アメリカ企業にとって日本市場への参入障壁となっていた「系列（ケイレツ）」などの排他的取引慣行の是正や独占禁止法の強化などが要求されました。当時は「アメリカがせきをすると日本は肺炎になる」といわれるぐらい、アメリカ経済に日本経済は依存するいびつな構造になっており、アメリカに逆らえる状況ではなかったのです。

　いつまでも双子の赤字を抱えるわけにはいかないアメリカは、各国に対して、「ドル高を是正してくれ＝ドル安にしろ‼」と言いだしました。その要求を各国がのんだ合意を**プラザ合意**といいます。1985年 9 月、**アメリカ、イギリス、フランス、西ドイツ、日本**の大蔵大臣（G5）がニューヨークのプラザホテルに集まり、アメリカの貿易赤字を解消するため、ドル高を是正することに合意しました。その結果、各国が協調してドル売り介入を行うことで、**ドル安へと為替相場を誘導しました**（各国が協調してドルを売れば、ドルの供給が増えてドル安へと向かう）。また日本はニクソン＝ショック以降、自国通貨を円安に誘導するよう、市場に円を供給するようにしていたが、それも難しくなりました。

それからの日本はどうなりましたか？

　この結果、1ドル＝240円だった為替相場が、わずか2年間で1ドル＝120円台へと推移しました。この急激な円高は、日本の輸出産業の国際競争力を奪い（円高だと商品を輸出する際に割高になってしまい、売れにくくなる）、日本は不況に陥りました（**円高不況**）。不況対策として日本銀行は、公定歩合を引き下げることにより、景気を刺激しました。ところが一部の企業や個人は、為替介入ができなくなったことにより円が供給過剰になっていること、また低金利政策を利用して銀行からお金を借りて、土地や株を買って大もうけしようとしました（財テク）。その結果、土地や株が実質値（適正な値段）よりも大幅な値上がりをし、**バブル経済**（資産インフレ）を生みだしました。

　一方、アメリカはドル安によって輸出を伸ばそうとしましたが、思うように輸出が伸びませんでした。アメリカの自動車などの製造業がNO.1だったのは、1950年代までの話で、完全にその地位にあぐらをかいており、技術革新が進んでいなかったので、高燃費でかつ左ハンドルのまま日本市場に輸出しようとしても日本や西ドイツなどの自動車メーカーに勝てるわけがありませんでした。また、ドル安は輸入商品が高く入ってくることになりますので、石油などのエネルギー価格が上昇し、インフレの心配が出てきました。そこでアメリカは一転して、今度は**G7**（G5＋カナダとイタリア）に対し、これ以上の「**ドル安はやめよう**」と要請しました。

 その要請を受け入れた出来事が「ルーブル合意」ですね。

　そうです。1987年2月の**ルーブル合意**により、各国はこれ以上のドル安が進行しないよう、ドル買いの市場介入を行いました。また日本は、円高不況対策で1986年11月には3.0％まで公定歩合を引き下げており、さらなる引き下げは難しかったのですが、アメリカに遠慮して、公定歩合をさらに0.5％引き下げ、2.5％と過去最低水準まで引き下げました。

　金利が低い状態が続くと、今度は景気が過熱気味になってしまうので、日本は公定歩合を引き上げようと考えていました。ところが、1987年10月に株価が急落した「**ブラックマンデー**」が起こり、アメリカをはじめ世界経済は大混乱しました（世界全体の損失額はなんと1.4兆ドルにも上るといわれている）。

　アメリカへの輸出に依存していた日本は、公定歩合を上げることが困難でした（もし、日本が公定歩合を引き上げてしまうと、ドルを円に換える動きが余

計に起こり、ますますアメリカ国内から資金が流出して、経済が悪化してしまいます。アメリカ経済が悪化すると日本の商品はアメリカで売れなくなり、日本経済も悪化してしまうため）。そこで日本は公定歩合を2.5％という低い水準のままで維持することにしました。しかしこの超低金利が、ますます日本国内に資金をあふれさせることになってしまいました（バブルの発生。バブルははじけてはじめてバブルだったと認識される）。

　日本は慢性的なカネ余りの状態となり、「土地の値段は下がらない」という土地神話から、ますます土地の価格が上昇し、土地を購入してマイホームを建てることができない一般の人々の不満が高まりました（なんと銀座4丁目の土地は一坪1億2000万円もした。さらに日本全体の土地の評価額は1600兆円!!　アメリカ全土の土地の評価額の2倍もあった）。そこで政府は、投資目的の融資を行わないように銀行に命令し（不動産融資総量規制）、地価税を導入するとともに、公定歩合を6％まで引き上げました。この結果、土地や株の値段は下落し、もともと実体のないバブル経済はあっという間に崩壊しました。結局、銀行には不良債権だけが残り、日本は不況へと陥ってしまったのです（**平成不況**、失われた10年、失われた1990年代）。

④ 1990年〜2000年代の日本経済

> 複合不況の発生。消費や投資の減退というフローの調整と3つの過剰（雇用・設備・債務）というストックの調整が、日本経済を長期不況へと陥れた（「失われた10年」）。

　バブル経済が崩壊したことにより、政府は税収不足、銀行は不良債権の処理、企業は3つの過剰（雇用・設備・債務）、家計は資産価格の下落（**逆資産効果**）とリストラクチャリング（リストラ）への不安に悩まされることになりました。

　また1993年のクリントン大統領の円高容認発言から、1995年4月、円ドルレートが当時としては史上最高値を記録し（1ドル＝79円75銭）、超円高となりました。国内の消費活動が弱い場合、国外に販路を求めますが、この超円高は国外での活動をも停滞させることになり、日本経済はバブル経済の後遺症プラス円高による輸出不振という危機的状況へと陥り、多くの中小企業が倒産しただけでなく、大手の金融機関までもが破綻しました（住宅金融専門会社、北海道拓殖銀行、日本長期信用銀行、日本債券信用銀行、山一証券など）。

　1996年に景気はいったん上向きかけましたが、1997年には当時の橋本龍太郎内閣による消費税3％（1989年に導入）から5％への引き上げ、健康保険料

の自己負担増（1割負担から2割負担、2003年から3割負担へ）が景気停滞に拍車をかけ、ダイエー（2004年に産業再生機構に救済を申請）などの大手スーパーも経営危機に陥るようになりました。また、円高は輸入の増加を招くことになり、安い外国商品（特に中国製）が国内市場に出回り、価格破壊をもたらして国内企業の収益を悪化させました。このように不況期における物価の下落が、さらに物価の下落を進める、デフレ＝スパイラルへと日本経済は陥りつつありました（安い中国製品は他国にも流入しているが、デフレに陥ったのは日本だけなので、日銀による資金供給不足がデフレを招いたとの指摘もある）。

　政府は、このような危機的状況に対し、大手銀行への公的資金の注入や、整理回収機構（RCC）を通しての公的資金による不良債権の買取りなどを行いましたが、銀行を対象とした公的資金（≒税金）の注入は国民から批判を招きました。

2001年に小泉内閣が誕生しましたね。

　小泉首相は、規制緩和や自由化など**新自由主義的な政策**を採り、日本経済を再生させようとしました。「聖域なき構造改革」や総合デフレ対策として「骨太の方針」を発表し、銀行の不良債権処理の加速、労働市場の規制緩和、「民間にできることは民間に」のスローガンのもと、**特殊法人の統廃合**、**独立行政法人の新設**、**道路公団の民営化**、**郵政民営化への道筋**、市場化テストの導入、公務員を純減させるなどの改革を行いました。

　また「小さな政府」への指向は地方分権を促し、**構造改革特区の創設、三位一体の改革**、市町村の統合（**平成の大合併**）などの改革が行われました。

　2002年から2007年にかけて**いざなみ景気**という長期の好景気を記録しましたが、この好景気の背景には中国やアジア諸国の経済成長による影響がありました。企業は利益の多くを内部留保や配当にあて、賃金の上昇を抑えたため、一般家庭には好景気という実感はなく、むしろ派遣などの不安定な雇用が増加し、格差が広がっていることを実感するようになりました。

　アメリカでは、2007年に**低所得者向けの住宅ローンが不良債権化するサブプライム問題**が表面化し、2008年には大手投資銀行であるリーマン＝ブラザーズが経営破綻しました。世界経済をリードしてきたアメリカが一番得意とする金融分野でつまずいたことにより、代わって中国などの新興国が台頭するようになりました。またヨーロッパでは、ギリシャの債務危機問題がヨーロッパ全体へと波及し、ユーロ不信へとつながりました。この世界的な不況は日本経済にも波及し、日本は深刻な不況に陥りました。

5 民主党政権から再び自民党政権へ

第2次安倍内閣の誕生。

　2011年3月に**東日本大震災**が起こり、日本のサプライチェーン（部品供給網）が寸断され、日本経済は大打撃を受けました。また福島第一原発事故の問題は日本の原子力政策を問う大きな問題となりました。

　2009年に、1955年に結党して以来、はじめて衆議院第一党の座を奪われた自民党は、2012年12月、再び政権の座を取り戻し、再び首相の座についた安倍晋三首相は**アベノミクス**と呼ばれる経済対策を行いました。アベノミクスとは、第2次安倍内閣が構想する経済政策で、安倍晋三の「安倍」と「エコノミクス」の造語であり、**三本の矢**（大胆な金融政策・機動的な財政出動・民間投資を喚起する成長戦略）を放つことで、デフレ・円高からの脱却、名目3%以上の経済成長の達成を図ることを目的としました。これを受けて日銀では、2%のインフレ目標を設定し、従来とは異なる量的・質的金融緩和を実施したほか、「国土強靭化」を掲げ、災害に強いインフラ整備などを行うために公共事業を増やし、民主党が掲げた「コンクリートから人へ」というスローガンとは対照的な政策を実施し、今日に至っています。

　2008年の麻生内閣のときに株価は6900円台まで下落しましたが、2023年3月には27000円台まで回復しています。これは日銀やGPIF（年金積立金管理運用独立法人）が買い支えていることが大きな要因です。しかし、新型コロナウィルスの流行、ロシアのウクライナ侵攻など、予測できない事態が世界で起こっており、われわれも無関心ではいられません。今後の日本や世界経済の行方について、皆さんの目でしっかりと確認していただきたいと思います。

> 理解を深める▶**金融危機とG20金融サミット**
>
> **サブプライムローン問題**からはじまる**世界同時不況**の対策として、2008年にG20「20カ国地域首脳会合（**金融サミット**）」が開催されることになった（G20は財務大臣・中央銀行総裁会議としては1999年にはじめて開催された）。従来ではG8が中心となって協議を行っていたが、G20には、先進国だけではなく、新興国も参加した。特に**BRICs**（ブラジル・ロシア・インド・中国）が世界経済に与える影響は大きくなっており、その影響力は無視できないものになっている（ロシアはサミット参加国でもあったが、2014年のクリミア半島の帰属問題を理由にサミットへの参加が停止させられている）。金融危機はアメリカへの一極集中から多極化への移行を象徴する出来事になった。

20 日本経済の諸課題

1 中小企業

> モノ作りの原点や新たなビジネスの登場。日本経済は中小企業が支えている。

> 中小企業の定義って何ですか？　会社の大きい、小さいって何をもっていっているのですか？　建物の大きさか、売上高ですか？　基準がバラバラだとわからないですね。

　そもそも会社が大きかろうが、小さかろうが余計なお世話ですが、日本では**中小企業基本法**という法律にもとづいて、中小企業を定義し、中小企業に該当すれば法人税の軽減などの優遇措置を受けることができます。

　以下が中小企業の定義です。

業　種	資本金	従業員数
製造業	3億円以下	300人以下
卸売業	1億円以下	100人以下
サービス業	5000万円以下	100人以下
小売業	5000万円以下	50人以下

　資本金規模、従業員数のいずれかの条件を満たす企業が「中小企業」です。
　この分類によると日本の製造業のうち99％は中小企業であり、他の産業も中小企業の割合が極めて高く、中小企業の数は全体で約357.8万社もあります。しかし、それだけの数をもってしても、売上額は少数の大企業と多数の中小企業との間に差がないことが問題です。
　中小企業は規模が小さい分、利潤を稼ぎ出す力がどうしても弱くなってしまいます。大量生産すればするほど、製品1個あたりのコストは下がることを**スケールメリット**（規模の経済）といいますが、大量生産が難しい中小企業ではスケールメリットが働きにくく、大企業であれば、株式や社債などを発行して資金を調達したり（**直接金融**）、銀行からお金を借りたりして（**間接金融**）設備投資を行い、生産規模の拡大を図ることができますが、中小企業は信用力に欠ける分、株式や社債などでの資金調達が難しく、銀行から融資を受けるにあたり、大企業に比べ、お金を返すときの金利が高かったり、より多くの担保を

求められたりと不利になる場合が多く、その分、設備投資が難しくなっています（**金融の二重構造**）。

　このように大企業と中小企業の関係には、資本装備率、労働生産性、労働環境などさまざまな格差が生じています。この格差のことを**二重構造**といい、日本経済が抱える大きな問題となっています。

　中小企業の多くは、自動車やテレビなどの完成品を生産・販売するよりも、それらを構成する部品を生産することが多いため、大企業の下請けになる場合が多く、そこで問題となるのが、大企業が優位な地位でもって中小企業から部品を安く買い上げたり、無理な要求をのませたりすることです。優越的な地位での圧力は下請法という法律で禁止されていますが、中小企業の多くは、泣き寝入りをするケースがほとんどです。また国際化が進み、外国企業とも競争にさらされる現在において、いかに安く商品やサービスを販売できるかがカギになっています。原料や人件費が高騰している中で勝負するには、相当なコスト削減が必要となっています。そのしわ寄せが中小企業に行っているのです。

　中小企業基本法の改正によって保護から自立へ、その目的を転換しましたね。

　1963年に制定された**中小企業基本法**は、中小企業を守ることが目的の一つでしたが、1999年に改正された現在の中小企業基本法では、**中小企業を新産業の創出などによる経済発展の担い手として、中小企業の自助努力支援を目的としています**。保護という側面が薄れ、中小企業の自立を促す内容となり、中小企業も独自ブランドの確立や、販路の拡大が求められるようになりました。

　成長を遂げている企業もありますよね。

　大企業が参入しにくいニッチな分野(ニッチ産業・すきま産業)に進出して、オンリーワンの技術を確立するなどして成長している企業はたくさんあります。「そこがあったか‼」と思う分野に進出している企業は本当にすごいと感心します。また情報通信技術の発展により、新たな市場がつくられ、そこに参入しているベンチャー企業も多く、ベンチャー企業の中にはSNSを使った広報戦略、徹底した市場分析、イメージ戦略などのマーケティングにたけているところもあります。今後、どのような新しい才能が飛び出すか非常に楽しみです。

　会社法の制定により最低資本金制度の廃止が恒常化され、また自由度の高い合同会社の形態が認められたことやベンチャー企業向けの市場が整備されてき

たことも、ベンチャー企業を育成する手助けとなっています。GAFA（グーグル・アップル・メタ〈旧　フェイスブック〉・アマゾン）と呼ばれる巨大企業も昔は小さい会社でした。世界に負けないユニコーン企業の台頭が日本経済回復の起爆剤となるかもしれません。

> 理解を深める▶**中小企業の形態**
>
> ・**下請企業**…大企業（親会社）の生産工程の一部を請け負う企業。
> ・**系列企業**…下請関係よりも結合を強化した企業。大企業が資金援助、技術提供、人材派遣などを通じて下請企業の経営に参加する。
> ・**独立企業**…大企業の下請や系列に組み込まれず、経営の独立性を保つ企業。ベンチャー企業などがその例。
> 　※産地（地場産業）型、ニッチ市場型、新興市場型などの分類もある。

> 理解を深める▶**中小企業に関する法律**
>
> ◆**大規模小売店舗立地法**（1998）
> 　1973年に制定された大規模小売店舗法では、中小の小売店舗の利益を図るため、デパートやスーパーなどの大規模小売店舗の出店、閉店時刻などが規制されていたが、**日米構造協議**の際、アメリカが大規模小売店舗法は非関税障壁に当たり見直しを求めると主張した。その結果、1998年に**大規模小売店舗立地法**に改正され、出店などの規制は大幅に緩和されることになった。
>
> ◆**中小企業基本法**（1963制定、99改正）
> 　1963年に制定された中小企業基本法は、「**大企業との格差是正**」が目的とされていたが、99年の改正により、中小企業を「**日本経済の発展と活力の源泉**」と捉え直し、企業の自助努力を国が支援していくという競争政策的な形に改められた。

2　農　業

> 農業を取り巻く環境は激変。農業の大規模化が進められている。

❶ 農業政策の変遷

まずは以下のデータを見てください。

	1960年	2020年
国内総生産の対する比重	8.7%	0.9%
農業就業人口※ （全就業者に占める割合）	1457万人（33%）	194万人（2.9%）
耕地面積	607万ヘクタール	435万ヘクタール（2021）

※農業就業人口：15歳以上の農家世帯員のうち、調査期日前1年間に農業のみに従事した者又は農業と兼業の双方に従事したが、農業の従事日数のほうが多い者。

どの項目も減少幅がすごいですね。

しかも農業に従事しているのは65歳以上が多いという状態です。

政府は何らかの対策を採っているのですか？

では、農業政策の変遷について見ていきましょう。

日本の農政の大きな変遷はまずは**農地改革**です。

マッカーサーは日本の再軍備を防ぎ、民主化を進めることを目的としました。当時の日本の農業は封建的で、土地を持つ農民（地主）が土地を持たない農民（小作人）を働かせる寄生地主制が問題視されていました。民主化を推進するためには、農業における主従関係を解消する必要から、自作農創設特別措置法を制定し、地主から土地を安く買い取り、それらを小作人に安く販売することで自作農を育成しました。この一連の農地改革の結果、大部分の小作人は解放されましたが、同時に大規模農家を失うことにもなりました。

1952年には**農地法**が制定され、**農地の取得が制限**されることになり、農地はますます細分化されるようになりました。この農地法の制定により、大規模な事業を行える株式会社の農業への参入が規制されることになりました（2009年の農地法の改正により、株式会社やNPO法人などでも農地や耕作放棄地の貸借が可能になった。ただし、原則的に**農地の所有はできない**）。

また、私たちが農業をやろうと思ってもいきなりはできません。農業をはじめるには、市町村の農業委員会の許可が必要であり、新規に農業をはじめることが難しいことも農業の零細化が進む要因となりました。

高度経済成長がはじまると、農業よりも工業に労働力が流出してしまい、農家は「3ちゃん（おじいちゃん・おばあちゃん・おかあちゃん）農業」と呼ばれました。そこで政府は農業の発展と農業従業者の地位向上を目指して、1961年に**農業基本法**を制定し、農家の近代化やコメ以外の作物の生産を奨励（農業の選択的拡大）することで、大規模農家を育成しようとしました。ところが、戦前に定められた**食糧管理制度**によってコメの価格が割高に維持されていたため、あまり転作が進まなかったし（食糧管理制度は1995年の新食糧法の施行により廃止）、食の欧米化によりコメの消費量が減少したためコメが売れず、

第2章 日本経済

コメ余りの状態になっていました。そのため、1970年から**生産調整（減反政策）**が行われるようになりました。また一方では、耕地を開拓するために高い機械を買ったことで農家の経営が苦しくなってしまった農家もありました（機械化貧乏）。

　このままでは日本の農業は衰退してしまうため、1999年に新たに制定されたのが**食料・農業・農村基本法（新農業基本法）**です。この法律は**食料安全保障**の観点から食料自給率の向上を図るとともに、水田の米を生産する以外の役割（国土の保全、水源の涵養など）にも目を向け、農業を振興していこうという法律です。この法律にもとづき食料・農業・農村基本計画が5年ごとに策定されることになり、日本の農業の再生に向けた取り組みが行われています。

農業者戸別所得補償制度もありましたね。

　民主党が導入した政策ですね（2010年）。**農業者戸別所得補償制度**は、特定作物をつくった場合、生産するときにかかった費用よりも販売額がこれを下回った場合には、差額を補償する制度です。

　自民党が大票田である農家の人気を得るための減反政策は「コメをつくらなかったら、お金をあげる」という政策でしたが、その減反政策も2018年に終了しました。なお農業者戸別所得補償制度は2013年に**「経営所得安定対策」**と名称が変更され、農家に直接差額が支払われる制度となっています。農家が高齢化し、かつてほど自民党の集票に影響しなくなったこともあり、農業を取り巻く環境が変わってきています。JA（農業協同組合）の監督機能を弱めたり、就農を希望する人に耕作放棄地などの農地を貸し出す**「農地バンク」**を導入したりと、農家も時代とともに変化しています。

農業のやり方も変わってきたと聞きました。

　私の祖父の家はなかなかの田舎ですが、ドローンが農薬をまいているのを見てびっくりしました。農業も明らかに変わってきています。

　安倍内閣は岩盤規制を破壊する規制緩和を進め、そのためのモデルケースとして**国家戦略特区※**が設置されています。農業では新潟市などが選ばれていますが、そこでは農地の集約、**6次産業化**の推進などが行われています。

　※国家戦略特区：国が主導し、地方・民間が一体となって、日本経済を再興させるため、特定の地域の規制を緩和し、IR（統合型リゾート）、観光、農業などさまざまな改革を進めるモデル特定地域。

例えば、酪農は第一次産業です。酪農をやってそこでチーズをつくれば製造業だから第二次産業、それをそこでレストランをつくって、そのチーズ料理を提供すればサービス業だから第三次産業。よって、1×2×3で6次産業化といいます。このように生産、加工・製造、流通・販売を一体化することで、農家の収入が増えることが期待されています。

また **Society5.0**（ソサエティ5.0）にも注目です。Society5.0は確実に農業分野にも及びます。いつ種をまき、収穫すればいいかなどを**ビッグデータ**から AI が判断し、ロボットが農作業を行う。こんな時代がもうすぐそこまできています。

❷ 食糧管理制度

太平洋戦争中、食糧をどうやって配分するかは大きな問題でした。そこで、政府が行った政策が**食糧管理制度**です。これは農家からコメをすべて買い上げて、そしてそれを国民に配分する制度です。

この食糧管理制度がはじまったのは太平洋戦争中の1942年。戦争中という異例の事態だからこそ食糧管理制度はつくられたのですが、なんと1995年までこの制度は続けられていました。

何か不都合はなかったんでしょうか？

この制度の大きな問題点は、農家からコメをすべて買い上げて、それを私たち消費者に売ることにありました。政府（自民党）は農家を守ることを名目に、わざと高い値段でコメを農家から買い取り、そのまま高い値段で売るのではなく、なんと安く売り渡しました。政府が農家から買い上げるときの価格を生産者米価、消費者に売るときの価格を消費者米価といい、高く買い取って安く売るという、とんでもない政策の結果、逆ざや（生産者米価と消費者米価の差）が生じ、食糧管理特別会計は大幅な赤字を抱えることになりました。これでは転作が進まないわけです。

この異常ともいえる状況が50年以上も続きましたが、1993年の大凶作にともなうコメの緊急輸入措置、GATT ウルグアイ＝ラウンドで、コメの**ミニマム＝アクセス**（低い関税で農産物を輸入しなければならない最低限の量。1999年からは**ミニマム＝アクセス米＋関税化**となっている）を受け入れたこ

とにより、1995年に新食糧法（主要食糧の需給及び価格の安定に関する法律）が制定され、ついに食糧管理制度は廃止されました。

　この新食糧法の結果、農家が直接消費者にコメを売ることはヤミ米といって禁止されていましたが、そのヤミ米は計画外流通米として認められるようになりました。また、米屋のようにコメを販売するには許可が必要でしたが、それも登録制になり、スーパーやコンビニなどでも販売ができるようになりました。そして2004年には新食糧法は改正され、計画流通米や計画外流通米の区分がなくなり、農家やJAは政府米（備蓄米）以外のコメを自由に販売できるようになりました。また、コメの価格が安くなりすぎないように規制がありましたが、それも市場の原理に委ねられるようになりました。そしてさらに、登録制であった販売も、20トン以上扱える業者であれば、届け出さえあれば、自由に販売できるようになりました。このように大規模な規制緩和をすることにより、競争を促すようになったのです。

❸ 食料自給率

　食料自給率にはカロリーベースの自給率と生産額ベースの自給率があって、日本のカロリーベースの自給率は40％程度、生産額ベースの自給率は65％程度となっています。

> カロリーベースと生産額ベースでは、だいぶ数字に差がありますね。世界では生産額ベースの自給率を用いると聞いたことがあります。

　日本の場合は、カロリーベースの自給率を使うことが多いが、これは1人1日あたり国産供給熱量を1人1日あたり供給熱量で割った数字です。

> カロリーベース総合食料自給率（2020年度）
> ＝1人1日あたり国産供給熱量（843kcal）／1人1日あたり供給熱量（2,269kcal）
> ＝37％
>
> 〔農林水産省のHPによる〕

　カロリーベースの自給率だと、自給率の高い野菜はカロリーが低いこと、畜産物の自給率を飼料から計算していることなどから、実際の自給率よりも低くなることが指摘されています。

　一方、生産額ベースは、食料の国内生産額を食料の国内消費仕向額で割った数字です。

生産額ベース総合食料自給率（2021年度）
＝食料の国内生産額（9.9兆円）／食料の国内消費仕向額（15.7兆円）＝63％
〔農林水産省の HP による〕

どちらの数字を使うのかで、見えてくるものが異なりますね。

　同じ食料自給率でも使うデータによって見え方は異なります。ちなみに、日本の農業の生産額は世界のトップ10に入りますが、この事実は意外ではないでしょうか。

　しかし、日本の農業生産額は世界の国々と比べ高いといっても、GDP 比で見れば非常に低く、またこれからも激しい競争にさらされます。

　TPP11の発効（2018）、2019年の EU との FTA（自由貿易協定）・EPA（経済連携協定）の締結、また TPP から離脱したアメリカとの間に FTA・EPA が結ばれ、2020年に発効しました。

　このように自由貿易の進展とともに、外国から安い農作物が入ってきています。1991年に牛肉・オレンジが自由化されたときには、日本の牛肉、みかん農家はアメリカによって淘汰されるといわれましたが、日本ブランドの確立、営業努力などにより、世界でも人気が高くなっています。また、TPP や FTA・EPA を発効しても、日本はもともとコメなどの一部の農作物以外は関税が低い国ですし、また国民も安心・安全な国産品を嗜好する傾向にあるといわれています。ですので、この安心・安全な国産品を世界へより発信する、攻める農業が今後はより求められます。

　かつてはメイド゠イン゠ジャパンの工業製品が世界を席巻しましたが、今度は日本の農作物が世界を席巻するかもしれないですね。

❹ 食品ロス

　約522万トン（2020年）。この数字は何だかわかりますか？

まったくわからないですね。

　この数字は、日本で本来食べられるにもかかわらず捨てられた食品ロスの総トン数で、これは世界全体の食料援助の約1.2倍だといわれています。この食品ロスは、毎日の食事のときに、1人あたりだとお茶碗1杯分をゴミ箱に捨てている計算になるそうです。

罰があたりますね。

　本当にそうですね。2015年に国連で採択された **SDGs（持続可能な開発目標）** でも、2030年までに食品廃棄物を半減させることが目標とされていますが、この問題はもっとテレビなどでも取り上げるべきだと思います。2005年に **食育基本法** が制定され、食べ残しをどうやって減らすかや食の安全や食文化等の適切な情報提供などの教育が行われていますが、食品ロスの問題は深刻です。

　また、世界では温暖化が問題となっていますが、余った食料を焼却処分すれば温室効果ガスの排出が増えてしまうわけですから、食品ロスをなくすことは環境対策にもつながるのです。

　フードマイレージ（食料の生産地から消費者の食卓に並ぶまでの輸送にかかった「重さ×距離」）が低い、地産地消を進めることも大切ですが、いかに食品ロスをなくすかが大きな課題です。

3 　消　　費

> 保護から自立支援へ。自らの身は自ら守ることが必要だ。

❶ 消費者主権

　どのような製品を、いつ、どこで、どれくらいつくればいいか、その決定権は消費者にあります。

　ところが消費者の立場は非常に弱いため、1962年にアメリカのケネディ大統領が特別教書の中で示したのが、**消費者の4つの権利** です。

 4つの権利って何ですか？

　安全を求める権利、知らされる権利、選ぶ権利、意見を聞いてもらう権利 の4つのことです。この結果、消費者主権の確立を目指した取り組みが進みました。

　消費者の中でも、消費者団体を結成し、企業に対し声を上げる取り組みが行われており、1948年には不良マッチを追放するため、主婦連合会（主婦連）が結成され、1951年には日本生活協同組合連合会が結成されるなどして、欠

陥商品の告発、商品テストの実施、共同購入など、消費者の安全確保に向けた活動が行われています。

　また、1968年にはケネディの4つの権利の影響を受けて、**消費者保護基本法**が制定されました。この法律は、国・地方公共団体・事業者の責務だけでなく、消費者の果たすべき役割も示されていましたが、内容的には消費者保護を全面に押し出した法律でした。しかし、制定されてから30年以上も経つと、ICT（情報通信技術）の進歩にともなう新たな消費者問題、社会情勢の変化など、消費者保護基本法が想定していなかった問題が発生したため、2004年に消費者保護基本法は**消費者基本法**に改正され、**従来の「保護」から消費者の「自立」に主眼が置かれ、それを支援していくことが目的とされました。**

　なお、2006年の消費者契約法の改正により、内閣総理大臣の認定を受けた消費者団体（適格消費者団体・特定適格消費者団体）が企業に不当行為の差し止め請求をおこせる**消費者団体訴訟制度**も導入されるようになっています。

中小企業基本法と同じで保護から自立支援なのですね。

　ねずみ講やネガティブオプションだけでなく、フィッシング詐欺やワンクリック詐欺などICTを用いた新たな**悪徳商法**が発生しており、お金をだまし取る手法が巧妙化しています。それらに正しく対処するためには正しい知識が必要であり、そのため、消費者基本法では、「**教育の機会が確保される権利**」や泣き寝入りを防ぐため「**被害が救済される権利**」などが消費者の権利として新たに加えられ、消費者自身が自主的・合理的に行動できるよう、行政がサポートする内容に改正されました。

　一方、行政側の対応としては、独占禁止法にもとづき不公正な取引を公正取引委員会が監視しているほか、1970年に国民生活センター（現在は独立行政法人**国民生活センター**）を設置し、消費者への情報提供・苦情相談・商品テストなどを実施し、**都道府県や市町村の消費生活センター**と連携して、消費者保護の活動を行っています。そして2009年には**消費者庁**が内閣府の外局として設立され、それと同時に消費者庁と消費者行政を監視するため**消費者委員会**が設置されました。消費者庁には縦割り行政を一元化し、より消費者の目線に立った活動が期待されています。

僕たちも賢い消費者にならないといけないですね。

　私たちは他人が持っているから自分も買う、他人が並んでいるから自分も並

ぶなど、他人の消費行動に影響されるし（**デモンストレーション効果**）、CM
や広告などによって、欲求が刺激されて不必要なものまで買わされてしまう
（**依存効果※**）ことがあり、主体性に欠けるところがあります。また、もうけ
話にうまい話などないのに、つい乗ってしまいますし、ダイエット薬が本当に
効くのであれば、そもそも一般人よりも先に肥満が深刻な人に使われているは
ずであって、薬を飲むだけでやせるわけがないのに買ってしまいます。

> ※依存効果：消費者の欲求が、企業の広告・宣伝などによって操作されてしまう
> ことで、影響を受けた消費者が不必要なものまで買わされてしまうこと。アメリ
> カの経済学者ガルブレイスが著書『ゆたかな社会』（1958）の中で指摘した。

 さすが怪しいダイエット薬に手を出していた先生が言うから説
得力がありますね。

　私たちはついつい楽なほうに逃げてしまうので、そこを業者につけ込まれて
しまいます。ですから、そのような隙を見せないようにすることが大切であり、
また **PL（製造物責任）法**や**消費者契約法**などの消費者立法が整備されている
ので、いざというときのためにも法律の知識を身につけておく必要があります。

理解を深める 気をつけなければならない主な悪質な商法	
ネガティブオプション	商品を一方的に送りつけて、消費者に受け取った以上、代金を支払わなければならないことを勘違いさせて支払わせることをねらった商法。
アポイントメント＝セールス	商品の販売目的を隠して、「宝くじが当たった」、「旅行に当たった」などと、有利な条件を強調して電話などで営業所や喫茶店に呼び出し、商品やサービスを購入させる商法。
ＳＦ（催眠）商法	安売りや無料配布の名目で人を集め、日用雑貨などを無料配布し、雰囲気を盛り上げて興奮状態にして、高額の商品を売りつける商法。
マルチ・マルチまがい商法	「組織に入って商品を販売すればもうかる」と誘い、自分の友人などを次々と販売組織に加入させていくと利益が得られるという商法。
モニター商法	商品やサービスのモニターになれば、商品やサービスを格安で購入できると思わせたり、多額のモニター料の支払いを約束して、商品購入を契約させる商法。

❷ 契約

　私法の大原則として**契約自由の原則※**がありますが、書面によらずとも契約

は成立するでしょうか？

 書面は必ず必要なのではないですか？　無用なトラブルを避けられるので。

　無用なトラブルを避けるためにも書面で交わすのが一番よいですが、**契約とは「当事者間の意思表示の合致、かつ当事者間に権利義務を生じさせる法律行為」**であって、原則、口約束でも成立します。例えば、コンビニに行ってモノを買うときにいちいち契約書を交わさないですよね。このように「売ります」、「買います」の当事者の意思表示の合意があれば契約は成立するのです。

> ※契約自由の原則：どのような内容の契約を結ぶかは、当事者間の自由意思に任せるという私法の原則。

　ただし、麻薬売買や賭博など**公序良俗**（公の秩序または善良の風俗。民法第90・91条）に反する契約は無効です。**無効**とは**はじめからなかったものにすること**で、**取り消し**とはクーリングオフのように、**こちらが取り消すまで、その契約は一応、有効**です（取り消されたことによってはじめて無効となる）。無効と取り消しは違うので注意が必要です。

21 環　境

1 4大公害問題

> 原告がすべて勝訴‼　でも後遺症に苦しんでいる人も多い。

　1960年代、日本は高度経済成長の真っ最中でした。「モーレツ」に経済を発展させた結果、国民の生活は豊かになりましたが、その反面、多くの公害問題を引き起こしました。その中でも特に問題となったのが**水俣病・イタイイタイ病・四日市ぜんそく・第二（新潟）水俣病**の４大公害問題です。

　４大公害はすべて被害を受けた人たちが勝訴しましたが、現在でもその後遺症に苦しんでいる人たちが多くいます。私たちが知らないといけない高度経済成長期の負の側面です。政府はこのような問題に対し、**典型七公害**（大気汚染、水質汚濁、土壌汚染、騒音、振動、地盤沈下、悪臭）**を規定した公害対策基本法**（1967）をはじめ、大気汚染防止法（1968）、水質汚濁防止法（1970）などを制定し公害対策に取り組みました。しかし、公害対策基本法は「経済との調和条項」が問題でした。政府は公害対策よりも、経済政策・産業振興策を優先させたいことがあからさまでした。これにはさすがに批判が高まり、1970年に開かれた臨時国会において、経済調和条項が削除されただけでなく、公害対策に関する14の法律の制定・改正が行われたほか、**1971年には環境庁（2001年からは環境省に格上げ）が設置されることになりました**。このように環境立法が整備されたことから、この国会は**公害国会**と呼ばれています。

> 公害対策基本法はもう廃止されましたよね。

　1992年の国連環境開発会議（地球サミット）の「**リオ宣言**」は27項目から成り、各国に環境法の整備を要請するものもありました。そこで、日本では公害対策基本法と自然環境の保護を目的とした自然環境保全法の一部を合わせた**環境基本法**が新たに制定されました。典型七公害の規定などは環境基本法に受け継がれています。

　この環境基本法は、環境憲法とも呼ばれる法律で、**環境権の規定はないものの、国や地方、事業者、国民の責務や果たすべき役割、デンマークやノルウェーなどで行われている環境税の導入を念頭に置いた条文などもあり（「**環境税

（地球温暖化対策のための税）」が日本でも2012年から導入されている）、地球環境保全に向けた理念が示されています（ただし、「基本法」なので、具体的なものではなく、具体的な内容は水質汚濁防止法などの個別法に委ねられている）。

　環境基本法制定以後、環境法制の整備が進められ、1997年には**環境影響評価法（環境アセスメント法）**が、1999年にはダイオキシン類対策特別措置法が、また2000年には**循環型社会形成推進基本法**が制定されました。

第**2**章

日本経済

> **理解を深める** **公害対策**
> **公害問題は外部不経済の典型的な例**である。公害を発生させた企業自身が公害防止費用を負担しない限り、社会全体が負担しなければならない社会的費用は増加してしまう。よって公害立法には、**濃度規制**に加え**総量規制**や**無過失責任の原則**、**PPP（汚染者負担の原則）**が取り入れられている。
> ◆大気汚染防止法及び水質汚濁防止法の改正（1972）…無過失責任の原則を導入
> ◆大気汚染防止法の改正（1974）、水質汚濁防止法の改正（1978）…総量規制の導入
> ◆公害健康被害補償法の制定（1973）…PPP（汚染者負担の原則）の導入
> 　※ PPPは1972年OECD（経済協力開発機構）の環境委員会が提唱した原則であり、公害の発生などを生じさせた加害企業などが公害防止費用などを負担しなければならないという原則である。

> 21世紀は循環型社会を目指さなければならないですね。

　2004年にノーベル平和賞を受賞したケニアのワンガリ＝マータイ氏は、日本の「もったいない」という言葉に感銘を受け、世界に「もったいない」を広げる活動を行いました。20世紀は「大量生産」・「大量消費」・「大量廃棄」社会であり、そこに「もったいない」の精神はありませんでした。そこで、21世紀は「最適生産」・「最適消費」・「最小廃棄」社会への移行を目的に、**3R**の実践（①Reduce：ゴミを減らす➡②Reuse：ゴミを再利用する➡③Recycle：資源として再利用する➡④熱回収➡⑤適正処理）や拡大生産者責任の原則など幅広い内容を取り入れたのが**循環型社会形成推進基本法**です。この法律を基本に容器包装リサイクル法、家電リサイクル法、グリーン購入法など循環型社会の実現に向けた個別法が制定されました。また2022年には、**プラスチック資源循環促進法**が施行され、3R＋Renewable（再生可能資源への

代替）を基本原則に2050年の**カーボンニュートラル**などの達成を図ることを目指しています。

2 地球環境問題

> 温暖化やオゾン層の破壊など、地球環境問題の解決は全人類の課題だ!!

　環境保護活動を行っているスウェーデンのグレタさんなど、むしろ若者たちのほうが環境保全への意識は高まっているように思えます。かつては農薬などの化学物質の危険性を指摘した**レイチェル＝カーソン**の『**沈黙の春**』（1962）や**ローマクラブ**の「**成長の限界**」（1972）などの著作やレポートが注目されました。そのような中で、1972年にスウェーデンのストックホルムで開催されたのが、**国連人間環境会議**です。国連人間環境会議は「Only One Earth（かけがえのない地球）」をスローガンに開催され、人間環境宣言やケニアのナイロビに **UNEP（国連環境計画）** を設置することが決められました。なお UNEP はアフリカに本部が設置された初の国連機構組織です。

　そして1992年、国連人間環境会議20周年を記念して、「**持続可能な開発**」をスローガンに、ブラジルのリオデジャネイロで開催されたのが、**国連環境開発会議（地球サミット）** です。

「持続可能な開発」って何ですか？

　「持続可能な開発」とは**現役世代だけが恩恵を受けるのではなく、将来の世代も恩恵を受ける開発の促進のこと**です。要は、焼畑農業などの一過性の農法ではなく、灌漑設備を整えるなどの将来につながる開発を行っていかなければならないという考え方です。私たちには**未来の環境に対しての責任（世代間倫理）** があります。地球を未来の世代にバトンタッチするためには、地球に負荷をなるべく与えないように、「**地球規模で考え足元から行動する（Think globally, act locally）**」ことが大切なのです。

地球サミットは非常に大規模な会議だったのですね。

　この地球サミットは世界172の国だけでなく、世界最大の環境 NGO である世界自然基金（WWF）など、多くの NGO もオブザーバー（国際会議なの

で、国でない NGO は専門的な立場から意見を述べることはできるが議決権はない）として参加した、非常に大規模な会議でした。

それだけの国が集まると合意するのは大変だったでしょうね。

本当にそうでした。この会議は「よく合意したな」と思うほど激しい対立が起こりました。途上国は経済発展を、先進国は環境保護を訴え、まとまる気配がありませんでした。しかし、何とかまとまり、**リオ宣言**、**アジェンダ21**、**森林に関する原則声明**が採択され、また、**気候変動枠組条約**や**生物多様性条約**の署名が開始されました。こうしてそれぞれの国が同じ目標に向かっているが、それぞれが異なる責任（**共通だが差異ある責任**）を果たすことになりました。

では主な条約とそれに関連する事柄を見ていきましょう。

まずは**気候変動枠組条約**です。温暖化が問題となっていますが、寒冷化している地域もあります。この温暖化や寒冷化をまとめて気候変動といい、これらの問題に対処するための条約が気候変動枠組条約です。

この条約を批准した国々が集まって開かれているのが気候変動枠組条約締約国会議（COP）で、1995年から開催されています。そしてその第3回気候変動枠組み条約締約国会議（COP3・1997）で合意したのが**京都議定書**です。

温暖化に対して猶予がない状況は今も昔も変わりませんが、温暖化を防ぎたい先進国や島しょ諸国と、経済成長を優先させたい途上国との間でまたまた対立が起こり、なかなか議論が進みませんでしたが、粘り強い交渉の結果、以下の内容にまとまりました。

・先進国全体で、温室効果ガス排出量（二酸化炭素やメタンなど）を 2008年から2012年の間に、1990年比平均5.2％削減する。
・先進国は途上国の排出抑制のための技術移転・資金協力を行う。

途上国には削減数値目標がなかったのですね。

そうです。まず大きなポイントは「**先進国全体で**」ということです。温室効果ガス排出量が多い中国やインドは途上国として扱われていたので入っておらず、先進国のみに削減数値目標が課せられることになった。

この結果、1990年比で EU は−8％、アメリカは−7％、日本やカナダは−6％の削減が数値目標とされました。アメリカで環境保護に積極的なのは民主党

であり、当時のクリントン大統領（特にアル＝ゴア副大統領）は、京都議定書の発効に向けて非常に熱心でした。しかしその後、温暖化防止などの環境問題に消極的な共和党選出で、かつ石油産業で有名なテキサス州を支持基盤に持つブッシュ大統領（子）が誕生したことにより、**アメリカは京都議定書からの離脱を表明**し（2001）、京都議定書の発効が危ぶまれました。でも、2004年にロシアが批准したことにより発効要件を満たし、2005年に京都議定書はついに発効しました。

 日本は目標を達成したのですか？

排出権取引や**クリーン開発メカニズム**などを活用し、何とか**－6％の削減数値目標を達成しました**。しかし、2013年以降のポスト京都に対しては不参加を表明しました。

 どうしてですか？

それは、**温室効果ガスの最大排出国である中国や1人あたりの排出量が最も多いアメリカが入っていないこと（次ページの資料）、削減目標を課せられたのが先進国だけであり、途上国に削減目標が課されなかったこと**などに不満があったからです。

 「共通だが差異ある責任」を果たすために途上国に削減数値目標がないのは仕方がないとしても、アメリカなどが入っていないのは納得できませんね。

そうだね。アメリカが入っていないのも問題ですが、温暖化を防ぐためには世界全体が協調してこの問題に取り組まなければなりません。そこでCOP21（2015）で採択されたのが**パリ協定**です。

パリ協定は京都議定書と異なり罰則をともなう削減数値目標が課されることはありませんでしたが、**すべての国が参加して温暖化を防ぐ**という大変意義があるものでした。我々には未来の人たちにも快適に暮らせる地球を残す義務があります。パリ協定は2020年以降の温室効果ガス排出削減等のための新たな国際枠組みですが、この協定がすべてではありません。温暖化を防ぐことは人類共通の課題です。

資料　国・地域別の CO_2 排出量と主な国別1人当たり CO_2 排出量

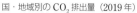

国・地域別の CO_2 排出量（2019年）

主な国別1人当たり CO_2 排出量（2015年）

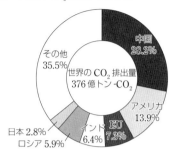

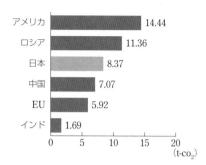

第2章　日本経済

　次は**生物多様性条約**です。**水鳥の生息地である湿地の保護を定めたラムサール条約**（1971）、**絶滅のおそれのある野生動植物の国際的な取引を禁止したワシントン条約**（1973）など、動植物を保護する条約はすでにいくつかが結ばれていますが、生物多様性条約は、生物種・生態系・遺伝子などの多様性を保護し、先進国による途上国への技術的・経済的支援などを行うための条約です。

　生物多様性条約も気候変動枠組条約と同じく、締約国会議が開催されています。2010年には名古屋で第10回生物多様性条約締約国会議が開催され、医薬品開発やバイオテクノロジーの発展に必要な遺伝資源※のアクセスとその利益を公正に配分する**名古屋議定書**と愛知ターゲット（目標）が採択されました（2014年発効、日本は2017年に批准）。

　この「遺伝資源のアクセスとその利益を公正に配分」とは、例えば、ドイツ人がブラジルのジャングルで草を採取し、その草から薬を生成し、特許をとって利益を得た場合、その利益や遺伝資源の情報を原産国であるブラジルにも教えてあげましょう、ということです。しかし、遺伝資源大国のアメリカが不参加を表明するなど、まだまだ課題があるのが現状です。

※遺伝資源：遺伝の機能的な単位を有する植物、動物、微生物、その他に由来する素材のうち、現実の、または潜在的な価値を持つもの。

③ 資源・エネルギー問題

再生可能エネルギーをいかに普及させるのかが課題だ。

　石炭や石油などの化石燃料の消費は環境に負荷を与えすぎてしまう。そこで環境に負荷を与えにくい、新たなエネルギー源の確保が大きな課題となっています。

日本では原子力発電所の建設が進められてきましたね。

　1955年に**原子力基本法**が制定され、原子力発電所の建設が進められてきました。原子力発電には、**発電時に二酸化炭素などの温室効果ガスを排出しない**という特徴があり、地球温暖化対策に効果があるといわれていますが、安全面での課題が非常に多いことが問題です。
　日本では、福島第一原子力発電所の原発事故が起こる前までは、発電のうち約30％を原子力発電でまかなっていましたが、今後は**再生可能（自然）エネルギー**を普及させることが課題となっています。

再生可能エネルギーにはどのようなものがありますか？

　太陽光・風力・水力・バイオマスなどさまざまなものがあります。
　政府は再生可能エネルギーを促進するために、2012年に**固定価格買取制度**を導入しました。固定価格買取制度とは、各家庭や企業などが再生可能エネルギーで発電した電力を、電力会社が一定価格で買い取らなければならない制度です。しかし、他国に比べ売電価格が高かったため、電力会社が高い金額で買い取った電力は、各家庭の電気料金の一部に転嫁されたことで再生可能エネルギーは高いと印象づけられたのは残念です。ですが、原子力に代わるエネルギー源としてだけでなく、地球温暖化を防ぐためにも、また石油などの資源の多くを外国に依存している日本にとって**エネルギー安全保障**の観点からも、再生可能エネルギーをはじめとした新しいエネルギーの開発・普及は不可欠なものとなっています。

資料　主要国の電源別発電電力量の構成比（2018年）

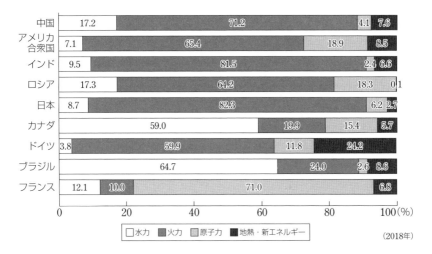

	水力	火力	原子力	地熱・新エネルギー
中国	17.2	71.2	4.1	7.6
アメリカ合衆国	7.1	65.4	18.9	8.5
インド	9.5	81.5	2.4	6.6
ロシア	17.3	64.2	18.3	0.1
日本	8.7	82.3	6.2	2.7
カナダ	59.0	19.9	15.4	5.7
ドイツ	3.8	59.9	11.8	24.2
ブラジル	64.7	24.0	2.6	8.6
フランス	12.1	10.0	71.0	6.8

（2018年）

一次エネルギー…石炭・石油など加工前に自然界に存在するもの。
二次エネルギー…ガソリン・電力・ガスなど一次エネルギーを加工し、人工的に作り出したもの。

まとめ 再生可能エネルギー（自然エネルギー）

〔種類〕太陽光発電・太陽熱発電・風力発電・バイオマス発電など
　　　※バイオマス発電：食品廃棄物・家畜のふん尿などを発酵させ、発生させたメタンガスを使って火力発電を行う。
〔利点〕無尽蔵で枯渇の心配がなく、二酸化炭素の排出量も少ない
〔欠点〕安定供給が難しい。コストが高い

理解を深める 原子力発電

① 利点と欠点
〔利点〕
・石油や石炭と異なり、地政学リスクが少なく、電力の安定供給が期待できる。
・発電時に二酸化炭素を排出しないため、温暖化防止につながる。
〔欠点〕
・原子力発電所の維持コストが高い。

・放射能漏れ事故や使用済み核燃料の処理など、安全面での問題が多い。

② 原発事故

1979年	アメリカ	スリーマイル島原発事故
1986年	旧ソ連	チェルノブイリ原発事故
1995年	日本	高速増殖炉「もんじゅ」ナトリウム漏れ事故
1999年	日本	東海村 JCO 臨界事故
2011年	日本	東京電力福島第一原発事故

③ 用語説明

◆**プルサーマル**…軽水炉でプルトニウムとウラン混合化合物（MOX）を燃料にする方式。2009年佐賀県の玄海原発ではじめて導入された。

◆**核燃料サイクル**…原発で使用後の核燃料から、ウランやプルトニウムを取り出して再利用する方式。

◆高速増殖炉サイクル…原発の使用済み燃料を再処理し、プルトニウムと燃え残りのウランを高速増殖炉で再利用する方式。燃やした量より多くの燃料を生むことができるため夢のエネルギーといわれたが、**高速増殖炉「もんじゅ」**は1995年のナトリウム漏れ事故など問題が多く、2016年に廃炉が決定した。

④ 脱原発の動き

・ベルギー、ドイツなどは原子力発電所を全面禁止する方針を発表。イタリアは2011年に国民投票を実施し、原発再開反対派が9割を超えた。
　※フランスは原子力発電の割合が約69%（2021年）と高く、同じEU諸国内でも足並みが揃っていない。

⑤ 原発の安全規制…環境省の外局として**原子力規制委員会**を設置。

⑥ 新エネルギー基本計画（2014・18）
　原子力発電所はベースロード電源（「低コストで安定供給できる」という意味）の一つとして位置づけられ、再稼働に向けた準備が進められている（2021年に「第6次エネルギー基本計画」が策定された）。

22 労　働

1 労働者の権利

> 勤労の権利・労働三権（団結権・団体交渉権・団体行動権）の労働基本権が憲法で保障されている。

まずは確認です。社会権の3本柱は何でしたか？

> 生存権・教育を受ける権利・勤労の権利・労働基本権（労働三権）です。

そのとおりです憲法**第27条**（勤労の権利・労働条件の法定・児童の酷使の禁止）と**第28条**（団結権・団体交渉権・団体行動権）に規定されていますね。

第25条の**生存権**によって国民には最低限度の生活が保障されていますが、だからといって働かなくていいわけではなく、**勤労の義務**も同時に課されている。そして働くためには教育が必要だから第26条には**教育を受ける権利**が、また第27条に**勤労の権利**があり、働くためには場所や技能が必要だから**ハローワーク**（公共職業安定所）や職業訓練所が設置されています。

次の第28条では、労働者が自主的にまとまる**団結権**、使用者と労働条件について話し合う**団体交渉権**、話し合いがうまくいかない場合には**団体行動権（争議権）**を認めている。これらをまとめて**労働三権**といいます。

なお、近代私法の原則の一つに**契約自由の原則**がありますが、使用者に比べ、弱い立場にある労働者は不利な雇用契約を押しつけられる可能性があります。そこで立場の弱い労働者を保護するために、契約自由の原則が労働者に不利に働かないように労働基準法などのさまざまな労働法規が定められているのです。

2 労働三法

> 労働組合法・労働関係調整法・労働基準法を労働三法という。労働契約法の制定にともない労働四法と呼ばれることもある。

はじめは**労働組合法**です。これは1945年に制定され、**労働三権のうちの団**

結権・労働組合の活動を具体的に保障している法律です。

　まず**労働組合**について。労働組合は労働者が**自主的**に結成したものでなければなりません。使用者によってつくられたような組合は、御用組合といって労働組合としては認められません（労働委員会が判定）。また使用者としてみれば、労働組合（**パートやアルバイトなどでも法的には労組に加入することができる**）をつくって「給料上げろ」とか、「労働条件を改善せよ」と要求ばかり突き上げる労働者よりも、文句も言わず働いてくれる労働者のほうがいいに決まっています。そこで使用者は、組合員に対し給料を引き下げたり、部署を変えたり、転勤させたりなどの嫌がらせを行うこともありますが、それらは**不当労働行為**※といって、すべて禁止されています。

> ※不当労働行為：正当な理由のない団体交渉の拒否、労働組合への支配介入、経費援助などのことをいう。このような行為を使用者が行ったら、労働委員会に申し立てを行うことが可能。

　また労働組合は、目的を実現するために争議行為（労働争議）を行うことができます。

　争議行為にはどのような種類があるのですか？

　労働組合が行う労働争議には**ストライキ**（同盟罷業）やサボタージュ（怠業）、ピケッティング（作業所閉鎖）があり、使用者が行うものにはロックアウト（作業所閉鎖）があります。このように労使双方で認められています。

　労働争議について注意すべきところはありますか？

　正当な行為であれば刑事免責、民事免責の両方が認められていることです。
　例えば、労働組合がストライキを行った場合、仕事をやらないわけですから会社に損害を与えてしまいます。また、会社を占有してピケ（バリケード）などをつくった場合、建造物侵入罪などの刑法違反となります。しかし正当な手段による争議行為であれば、刑事上の責任や損害賠償を請求される民事上の責任が免責されることが規定されています。

　労働三権はすべての職種の労働者に認められているのですか？

　労働三権は**民間の一般的な職業であればすべて認められています**が、国民生活に大きな影響を与える電力やガスなどの一部の職種では制限されています。

また、**公務員の一般職であれば団結権と団体交渉権（一部制限あり）は認めら れていますが、団体行動権は認められていません**。公務員は労働基本権が制限 される代わりに人事院勧告があり、公務員の給与は民間の給与水準を参考に人 事院が勧告することになっています。そして**団体行動権（争議権）は、国・地 方にかかわらず、すべての公務員に認められていません**。なお**警察や消防職員 には労働三権すべてが認められていません**。ILO（国際労働機関）加盟国で消 防に団結権を認めていないのは日本ぐらいなので、認めるよう勧告を受けてい ますが、日本ではまだ認められていません。

理解を深める▶ 労働三権の制限

公務員は労働三権すべてが制限されているわけでないことに注意!!

労働者の種類			団結権	団体交渉権	団体行動権	備　考
民間	一般事業	一般	○	○	○	工場等の安全保持施設維 持の妨害等の禁止
公務員	国家	国営企業	○	○	×	
		一般職	○	△	×	交渉は可。労働協約締結 権なし
		警察・刑務 官等	×	×	×	警察・海上保安庁・刑務 所の職員
		自衛隊員	×	×	×	
	地方	公営企業	○	○	×	都営地下鉄、市営バスな ど
		一般職	○	△	×	労働協約締結権なし
		警察・消防 職員	×	×	×	ILO加盟国で、消防に団 結権がないのは日本のみ

※ 公務員には、労働協約締結権はないが、人事院が勧告する（地方は人事委員会）。

　次は**労働関係調整法**です。これは1946年に制定されました。もちろん労使 間は円滑なほうがいいので、**争議行為の予防と解決を図るために制定された法 律**です。労使関係の調整は**労働委員会**（国は**中央労働委員会**、地方は**都道府県 労働委員会**。労働委員会は使用者・労働者・公益を代表する者の三者構成）が 行い、不当労働行為の判定や斡旋・調停・仲裁（仲裁だけは法的拘束力あり） などを行います。

　ただ現在では、労働争議自体が減っています（半日以上のストライキは1974 年には5000件以上もあった）。しかし、一方では給与の不払いや不当解雇な どの問題は後を絶ちません。従来は労働組合を通じて事態の打開を図る方法が とられましたが、正社員の減少とともに**労働組合の組織率が低下しているだけ でなく、労働組合がない会社も多くなっています**。そこで労働者個人が企業に 対して行うことができるのが、**労働審判制度**です。

労働審判って何ですか？

労働審判は2006年に登場した新しい制度です。

地方裁判所の裁判官から指定される労働審判官（1人）と専門知識を持つ民間人の労働審判員（2人）で構成される労働審判委員会が、労働者個人と会社との間の紛争を原則3回の審議で迅速に解決するしくみです。裁判は費用、時間がかかりますが、労働審判制度は費用も安く、期間も短くてすみます。ただ労働審判が起こらない環境づくりが必要です。

最後は**労働基準法**です。労働基準法は1947年に施行され、労働時間、休日など**労働条件の最低基準を示した法律**です。なお、労働基準法をはじめ事業主が労働法規をしっかりと遵守しているかどうかなどを監督するために、厚生労働省の出先機関として都道府県管内に**労働基準監督署**が設置されています。

労働基準法（第32条）には法定労働時間についての定めがあり、「1日8時間、週40時間を超えて労働させてはいけない」とある（**36協定**がある場合は除く）。この労働条件はあくまで最低基準のものであり、例えば「1日7時間、週49時間」といった労働契約は最低限度よりも短い1日7時間の部分は有効ですが、**最低基準に満たない「週49時間」の部分は無効**となります。

労働基準法は労働条件の最低基準を示した法律なので、最低基準を知らずに働くことは無謀ともいえます。法律は自分たちを守るためのものでもありますから、しっかりと学んでおかないといけません。

 就労ビザがないのに働いている不法就労者も労働基準法の対象なのですか？

もちろん、**労働者はすべて対象**となりますから不法就労者にも労働法規は適用されます。ただし社会保険に関しては、**事業主のみ**が保険料を負担する**労災保険**だけが対象となります。保険料を払っていない不法就労者は医療保険や年金保険などは受給できません。

次に第4条の**男女同一賃金の原則**。これは労働基準法の中で**同一労働・同一賃金**を定めた原則です。同じ仕事をするのであれば、同じ賃金を支払いなさいということですね。でも残念ながら**男性の賃金を「100」とすると女性はまだ「75」程度でしかありません**。同じ労働をしているのですから、賃金格差を改善していかないといけません。

3 労働形態の変化

> バブル崩壊後、日本的雇用慣行にも変化が起こり、正社員の数が減少した。正社員の減少は将来への不安、労働組合の弱体化につながっている。

　近年、日本の**完全失業率**は低くなっています。**完全失業率とは、労働力人口に占める完全失業者の割合**のことです。

　まず労働力人口とは、**働く意思と能力のある満15歳以上の男女**のことです（ちなみに**15歳から64歳までを生産年齢人口**といいます）。働く意思と能力を有するわけだから、アルバイトなどをしていない学生や専業主婦（夫）、定年退職した高齢者、**ニート**※などは**非労働力人口**といって労働力人口とは区分します。それらの人たちを除外すると、日本の労働力人口は6800万人ぐらいになります。一方、完全失業者とは、ハローワークなどに通いながら月末1週間に収入がなかった人のことで、月末1週間に時給1000円のアルバイトを1回でも行えば、完全失業者から除外されます。そのため日本の完全失業率は結果的に低く表示されているとの指摘があります。

> ※ニート（Not in Education, Employment or Training の略）：教育を受けているわけでもなく、就業しているわけでもなく、就業訓練を受けているわけでもない人のこと。

　　日本的雇用慣行について教えてください。

　日本的雇用慣行とは、**企業別労働組合、年功序列型賃金制、終身雇用制**の3つのことです。新規学卒者を学校卒業後同じ企業で定年まで雇用するのが終身雇用制で、勤続年数にしたがって給料と地位が上がるのが年功序列型賃金制です（企業別労働組合は後述）。これらが高度経済成長からの日本を支えてきましたが、バブル経済が崩壊後、企業は3つの過剰（雇用・設備・債務）を抱えるようになり、これらの慣行も崩壊しつつあります。

　　バブル崩壊後の労働環境の変化について教えてください。

　正社員がリストラされて減少した代わりに、契約社員や派遣労働者などの**非正規雇用労働者**が増加しました。

　派遣労働は長らく職業安定法により禁止されていましたが、1985年に労働

者派遣法（労働者派遣事業法）が制定されてから部分的に解禁され、2004年からは**製造業が解禁された**ことにより、**原則禁止から原則容認へ**と転換しています。2001年に小泉内閣が成立した頃には、中国やアジア諸国が台頭し、価格競争を強いられる日本企業にとって、人件費などのコスト削減は急務でした。またITバブルが崩壊したこともあり、2001年から2003年までは完全失業率が5％を超え、失業者も約350万人もいました。このような労働環境もあり、製造業もついに解禁されることになったのです。

　ただ非正規雇用労働者は正社員に比べ、給与が低く保障がないと言われています。ですが、**同一労働・同一賃金**の原則があり、また**労働契約法では不合理な差別は禁止されています**（第20条）。2018年には**正社員と非正規雇用労働者との待遇格差などにおいて最高裁判所は違法判決を下しています。**

 ＜ 日本的雇用慣行が崩壊したことによりどうなったんですか？

　非正規雇用労働者の増加は、労働組合の組織率の低下を招きました。日本の労働組合は**企業別労働組合**といって、**同一企業の正社員で構成される形態を**とっています。もちろん、**パートやアルバイトなどの非正規雇用労働者も加入することができます**が、非正規雇用労働者が加入することは少ないので、労働組合の組織率は低下し、**20％を下回るようになりました。**

　なお、労働組合の種類には**熟練工で組織される職業別労働組合**、自動車産業なら自動車産業、鉄鋼業なら鉄鋼業のように、**同一産業で熟練・未熟練に関係になく組織される産業別労働組合**があります。欧米は産業別労働組合が中心です。日本でようやく「同一労働・同一賃金」の原則が叫ばれていますが、これは同一産業で組織される産業別労働組合のほうが、会社ごとで組織される企業別組合よりも交渉力が強いからです。

4 労働の今後

> 労働力人口は女性や高齢者で補うことが可能。そのためには女性や高齢者などが安心して働ける労働環境の整備が急務だ!!

（1）高 齢 者

　人口減少社会に突入し、労働者の確保は重要な問題です。アメリカなどは、定年制自体が違法ですが、日本の場合には原則60歳が定年となっています。

 〔 60歳なんて、早すぎます。 〕

　人生60年といわれた時代と違って60歳を過ぎた人たちはお元気で、まだまだ働く意欲があります。また培った経験と技能を是非とも若い世代に継承してほしいと思います。2004年には**高年齢者雇用安定法**が制定され（2006年施行）、企業は**定年の引上げ**、**継続雇用制度の導入**、**定年の定めの廃止**のいずれかの措置を講じなければならないことになりました（2012年の改正により、希望者全員を65歳まで雇用することが義務づけられ、2021年からは70歳までの定年引き上げなどが努力義務となっています）。これは**団塊の世代**の大量離職問題、いわゆる2007年問題に対処するために制定された法律です。1947年から49年生まれの人たちは日本の人口の中でもっとも人数が多い世代です。その人たちが定年を迎えはじめる2007年からは、多くの人たちが離職してしまうので、この法律がつくられました。高齢者の知識・技能を活かすだけでなく、労働者の数も確保でき、基礎年金を受給できるのが原則65歳からなので、高齢者にとってもメリットがありました（もちろん、高齢者が雇われることで、若年層の雇用が減るという問題があります）。

（2）女 　 　 性

　次に女性労働者の問題です。「男は仕事、女は家庭」という固定的な役割分担を解消するため、1999年に**男女共同参画社会基本法**が制定され、男女共同参画会議が内閣府に設置されました。また、1985年に**女子差別撤廃条約**（1979年採択）を批准するにあたり、勤労婦人福祉法の代わりに制定されたのが、**男女雇用機会均等法**です。
　男女雇用機会均等法は、1985年に制定された後、1997年、2006年などにも改正されています。この法律は制定当初、**「募集」・「採用」・「配置」・「昇進」**

に対する格差を是正することは**努力義務にすぎません**でした。

努力義務だなんて、あってないようなものですね。

　努力義務に罰則や拘束力はないので、ほとんど守られることはありませんでした。そこで1997年に改正され、**努力義務は禁止事項となった**ほか、セクシュアル＝ハラスメント（セクハラ）の防止配慮義務も規定されました。さらに2006年には性による差別の禁止が強化され、**間接差別の禁止**、**男女問わずセクハラ行為が禁止**されることになりました。また1997年の改正にあわせ、99年には労働基準法の女子保護規定（時間外労働の上限、休日労働、深夜業の規制）も緩和・撤廃され、法律面からも女性の社会進出を促すようになりました。
　最後に育児と介護の問題です。

育児や介護を女性に押しつける風潮は未だに残っています。

　それではいつになっても固定的な役割分担は解消できません。そこで1995年に**育児・介護休業法**（1991年に成立した育児休業法に、介護休業も加えられ、名称変更された）が制定されました。以後は育児について話をしていきます。
　この法律では**父母双方が育児休業を取得できる**よう定められました。育児・介護休業法はたびたび改正されていますが、原則として子が1歳に達するまで育児休業を取得できます（保育所などに入所できない場合に限り、子が1歳6カ月まで、再延長で2歳まで延長することが可能）。
　このように女性だけでなく、男性も育児が当たり前になる体制を整えようとしていますが、現実には保育所に入れない待機児童の問題や、取得しづらい職場環境などもあり、**女性の育児休業取得率が81.6％に対し、男性の育児休業の取得率は12.65％に過ぎず（2020年）、女性と比べはるかに低い水準となっています**。女性が育児などのために職場を辞めると貴重な労働力が失われるだけでなく、社会にとってもマイナスです。2021年の改正で、子どもの生後8週間以内に最大4週間の育児休業が取れるようにするなど、男性の育児休業取得を促進する内容となっていますが、私たちの意識改革を進めることも重要です。

理解を深める▶**女性が働きやすい環境を目指して**
①女性の労働力率の推移
　日本の女性は、結婚や出産、育児の時期に仕事を辞め、子育てが終わった頃に再就職をする傾向があるため、「M字型」となっていたが、近年では女性の社会進出が進んでいることから「M字型」カーブは緩やかになっている。

資料　年齢階級別労働力人口比率（労働力率）　M型雇用

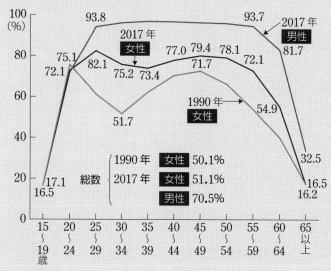

※労働力人口比率＝（労働力人口÷15歳以上人口）×100
　労働力人口は、15歳以上人口の内の就業者と完全失業者の数。

②男女雇用機会均等法の変遷

	1985制定、86施行	1997改正、99施行	2006改正、07施行
募集・採用・配置・昇進	**努力義務**	**禁止**	禁止
定年・解雇（教育訓練）	禁止（一部禁止）	禁止	禁止
セクシュアル＝ハラスメント	**規定なし**	**事業主の配慮義務**	**男性にも適用 事業主の措置義務**
制裁措置	規定なし	違反した企業は公表	違反した企業は公表
妊娠等による不利益な取り扱い	妊娠等による解雇の禁止	妊娠等による解雇の禁止	妊娠等による解雇の禁止、妊娠中・産後1年以内の解雇は無効

※2006年の改正で間接差別が禁止された。間接差別とは、表面上は性と無関係に見えながら、実際には、男女の一方に不利益につながっている規定や雇用慣行で、仕事と関連がなく合理性・正当性もないものをいい、具体的には採用で身長・体重・体力を募集・採用の要件にする、総合職の募集・採用で全国転勤を要件にするなどのことである。

※2017年の改正により、妊娠や出産に対するマタニティ＝ハラスメントの防止措置を講じることが事業主の義務となった。

（3）外国人労働者

> 外国人労働者の数が増えていますね。

日本で働いている外国人が、年々増えてきていますよね。
ところで3Kって聞いたことありますか？

> きつい・きたない・くさいかな？

惜しい！　くさいじゃなくてキケンですね。

　このような3Kの現場は人が集まらず、労働力不足が顕著になっていました。
また1980年代のバブル期には、さまざまな業界で人が足りなくなっていました。

　そこで、1990年に**出入国管理及び難民認定法（入管法）**が改正されて、特別な知識や技能を持つ外国人の就労を認めました。しかし、**単純労働は認められませんでした**（日系外国人は可能）。その後、1993年には**外国人技能実習制度**を導入し、外国人に日本の技能を伝えることを名目に、労働力を確保していましたが、この制度は労働環境があまりにも悪すぎたため、諸外国からも批判を浴びました。

　また日本は、FTA（自由貿易協定）・EPA（経済連携協定）を締結することにより、インドネシア（2008）、フィリピン（2009）、ベトナム（2014）からの看護師・介護福祉士候補者の受け入れを開始しました。

> 看護師や介護福祉士さんは特に人が足りないですものね。でも受け入れたのは候補者なのですね。

　そうです。日本で看護師・介護福祉士の資格を取らなければならないから大変です。

　また、個別に作成しないといけないケアプランの作成は日本語が不自由だと意思の疎通が難しいのでより大変です。ただAIの導入が本格的に進めばもっと外国人の人たちの負担が減り、日本で働きやすくなると思います。

看護や介護だけでなく、農業や建設現場でも人手不足は深刻ですね。

　このような状況下で新たな在留資格として、2019年4月にはじまったのが「特定技能」です。この新たな資格は、医師や弁護士などの高度な専門分野に限定していた就労目的の在留資格を**単純労働分野にも広げました。**

　この特定技能には1号と2号とがあり、1号は比較的簡単な仕事につく人が対象で、2号は熟練指導者向けとなっています。1号の残留期間は最長5年で家族の帯同は認められませんが、2号は在留期間の制限はなく、また配偶者やその子どもの帯同が認められることになっています。

　政府が求める数の労働者（2023年末までに最大34万5150人を受け入れ）が日本にやってくるかどうかは疑問ですが、今後の日本の職場を大きく変えることになるのは間違いありません。

5 働き方改革

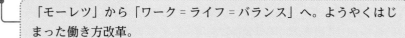

「モーレツ」から「ワーク＝ライフ＝バランス」へ。ようやくはじまった働き方改革。

　過労死などの労働災害を防ぐためや**ワーク＝ライフ＝バランス**（仕事と生活の調和）の観点からも長時間労働の是正が模索されています。

　大きな変化は2018年に制定された**働き方改革関連法**（2019年4月施行）です。この法律の制定により、長時間労働の是正が行われることになりました。

具体的にどのような内容なのですか？

　1つは**36協定**の**特別条項に上限規制が設けられたこと**です。
　労働基準法には法定労働時間が定められていますが、労使協定（労働基準法の禁止規定を例外的に許容することができる規定。代表的なものに、時間外労働・休日労働の取り決めを行う36協定がある）を労働基準監督署に届ければ、一定時間の残業は可能となっていました。また36協定に特別条項を設ければ、1年のうちの6カ月に限り、残業時間の上限がなくなるため事実上、残業をやらせたい放題でした。

グレーじゃなくてまさしくブラックですね。

　長時間労働は労働者の精神や身体を消耗させ、過労死やうつ病の原因となります。そこで働き方改革関連法の施行によって**罰則付き**の**上限規制**が設けられることになりました。これによって無制限だった時間外労働の上限が月100時間、年720時間に設定されました。

それでも長いですね。もっと良い方法はないですか。

　日本の総労働時間の見た目はアメリカよりも短く見えますが、サービス残業を加えるとアメリカよりも長くなります。またドイツやデンマークに比べ、非常に長いのです。※次ページの資料①を参照

　労働時間を短縮させるために、例えば現在では、月60時間を超える時間外労働の割増賃金の割増率は50％以上となっていますが、仮にこれを割増率100％などにすれば、使用者による長時間労働の抑制になります。また年次有給休暇を年5日以上取ることを義務づけられていますが、それを10日に増やす。さらに、**テレワーク**〔離れて（テレ。テレフォンの「テレ」）仕事する（ワーク）〕などをもっと認める環境の整備なども考えられますよね。

　ILO（国際労働機関）は1999年のILO総会において、ディーセント・ワーク（働きがいがある仕事）を21世紀のILOの活動目標として示した。

他には何かありますか？

　勤務時間終了後、一定時間休まないと働くことができない勤務間インターバルの導入が努力義務とされました。ヨーロッパでは導入済みだが、労働時間の短縮、ワーク＝ライフ＝バランスへの配慮を進める大きな改正となっています。

労働時間の短縮は素晴らしいですね。

　しかし、給料が上がらないと意味がないと思います。労働時間が減っても、その分、副業に精を出すようになれば何も変わらないですからね。

　日本は消費税を5％に引き上げた1997年頃から給料の伸びが低迷しています。ドイツは日本よりも労働時間が短いですが、1人あたりの労働生産性は日本よりも高くなっています。いかに付加価値が高い仕事をし、いかに給料を上

げるか考えなくてはいけません。※資料②を参照

　メンバーシップ型から欧米のようなジョブ型雇用に変化する中で、付加価値の高い仕事に対し、政府は、**高度プロフェッショナル制度**を創設（2019年4月）しました。高度プロフェッショナルとは、高度に専門的な職務につき（為替ディーラー、コンサルタントなど）、一定の年収（年収1075万円以上の人）を有する労働者については、本人の同意などがあれば労働時間等の規制の対象外とすることができる制度です。

 裁量労働制と何が違うのですか？

　裁量労働制とは、労使であらかじめ労働時間を想定し、賃金を決定する制度で、専門業務型（システムエンジニア、デザイナーなど）と企画業務型がありますが、裁量労働制であれば、残業代（労使が前もって決めた分）や深夜手当、休日手当も支給されます。でも高度プロフェッショナル制度ではそれらがすべて支給されません。もちろん休日の日数などの規定はありますが、やはり長時間労働に陥るとの批判が多い制度です。

資料①　OECD加盟諸国の年間平均労働時間

1位	ドイツ	1,349
2位	デンマーク	1,363
3位	ルクセンブルク	1,382
4位	オランダ	1,417
5位	ノルウェー	1,427
6位	アイスランド	1,433
⋮		
18位	日本	1,607
⋮		
33位	アメリカ	1,791
⋮		
40位	韓国	1,915
⋮		
42位	コロンビア	1,968
43位	コスタリカ	2,078
44位	メキシコ	2,128

※正社員だけでなく、パートタイマーやアルバイトなども含めた年間平均労働時間であり、日本の場合、正社員のみだと1900時間を超えると言われている。

資料②　OECD加盟各国の労働生産性

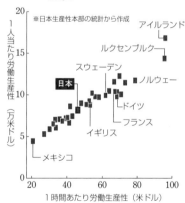

23 社会保障制度

1 社会保障制度

> 社会保障制度の 4 本柱は社会保険、公的扶助、社会福祉、公衆衛生。

繰り返しになるけど、社会権の 3 本柱は何でしたか？

> 社会権は「人間らしく生きるための権利」で…。忘れました…。

　社会権（＝人間らしく生きるための権利、国家による自由）の 3 本柱は「**生存権**」、「**教育を受ける権利**」、「**勤労の権利、労働基本権（労働三権）**」です。この3本柱の一つ「生存権」（憲法第25条）の理念を具体化するものが社会保障制度で、**社会保険・公的扶助・社会福祉・公衆衛生**の4本の柱から構成されています。

　まずは社会保障制度の 4 本柱について見ていきましょう。

　私は今は健康ですが、突然、病気になるかもしれない。あるいは「もう来なくていいよ」なんて言われて、失業するかもしれない。また加齢によって働くことができなくなるかもしれない。このように病気やケガ、失業などの「もしものとき」や、確実にくる「老い」に備えて、働けるうちにあらかじめ**お金を積み立てておく**（拠出制）のが**社会保険**です。**社会保険は貧しくなることを防ぐための防貧制度**であり、**ドイツ**ではじまりました。日本の社会保険は**医療保険・年金保険・雇用保険・労働者災害補償保険・介護保険**の5つの柱で構成されているのが特徴です。

　次は公的扶助です。

　世の中は健康な人たちばかりではありません。ハンディキャップを負って、働くことができない人たちだってたくさんいます。そのような人たちが、あらかじめお金を積み立てておくことは難しい。

　社会保険は「もしものとき」に備える保険ですが、社会保険だけでは生活することが難しい場合も当然あるはずです。そこで、憲法第25条の**生存権**「**すべて国民は健康で文化的な最低限度の生活を営む権利を有する**」（でも最高裁はプログラム規定説を採っている）を保障するために、**生活困窮者に対してお金の援助を行っていくのが公的扶助**です。**公的扶助は貧しい人たちの生活援助**

を行う**救貧制度**であり、**イギリス**ではじまり、日本でも明治時代に登場した制度です。

　公的扶助といっても、お金の援助だけで生活することは難しい。例えば親を失った小さい子どもに、「3億円あげるから頑張って生きていけよ」と言って3億円渡しても、頑張って生きることは無理な話だ。やはりお金だけでなく、児童扶養施設や老人ホームなどの現物（モノ）の援助も絶対に必要になります。その場合に、**モノの援助などを行う**のが**社会福祉**です。

　そして最後に、施設に入所したとしても、疫病が蔓延して、命の危険にさらされる場合もあるかもしれません。それでは安心して生活できなくなってしまいます。そこで、**伝染病などを防いで、国民の健康と安全を守る**のが**公衆衛生**です。現在では、乳幼児保健や老人保健などのサービスを市町村保健センターで実施する地域保健法が制定されています。

　このように社会保障制度は**社会保険・公的扶助・社会福祉・公衆衛生**の4本柱で構成され、社会保険は私たちもお金を負担しますが、それ以外は**全額、公費で賄われています**。全体像がわかったところで次は個別に見ていきましょう。

2 社会保険

> 「もしも」のときに備える防貧制度。医療保険・年金保険・雇用保険・労働者災害補償保険・介護保険の5本柱で構成!!

社会保険　「もしものとき」のための保険

もしも……	種　類
仕事外の病気・ケガなど	➡ 医療保険
老齢・障害など	➡ 年金保険
失業など	➡ 雇用保険
仕事中のケガ、病気など	➡ 労働者災害補償保険
介護サービスの提供	➡ 介護保険

❶ 医療保険

　病気やケガなどで病院に行って受診したとき、保険証を提示すれば、自己負担が**3割**ですみます。もし保険証がなければ全額負担することになるので、金額が高くて大変です。3割負担（小学校就業前までは2割負担。75歳以上は1

割負担。70〜74歳は原則2割負担。75歳以上でも現役並みの所得がある人は3割負担）ですんでいるのは、「もしものとき」のためにあらかじめお金を支払っているからです。

　医療保険には、会社員が加入する**健康保険**、公務員や私立学校の先生ならそれぞれの**共済組合保険**、自営業や農家の人たちなら都道府県が運営する**国民健康保険**、船員なら**船員保険**、75歳以上を対象とした**後期高齢者医療保険**と全部で5つあります。

❷ 年金保険

> 年金制度の歴史について教えてください。

　年金保険は老後の生活に備える保険です。日本の年金制度は明治時代に設けられた軍人を対象とした恩給制度がはじまりといわれていますが、当時、一般の人たちにはまだ年金制度はありませんでした。しかし、昭和の時代になり、第二次世界大戦がはじまると政府は莫大な戦費の調達が課題となりました。そこで考えられたのが年金制度です。「老後の生活のために」を名目に人々からお金を集めることができればそれが戦費になる。そこで1941年に労働者年金保険法が制定され（男性の肉体労働者が主な対象であり、男性事務員や女性などは対象外）、1944年には、民間企業に勤める男性事務員だけでなく女性も対象とした**厚生年金法**が新たに制定されました。戦争が年金制度の対象を広げることになったのです。

　一方、定年退職がない自営業や農家の人たちは年金制度がありませんでした。しかし、1959年に**国民年金法**が制定されたことにより（施行は1961年）、1958年に制定された**国民健康保険法**と合わせ（施行は同じく1961年）、**誰もが何らかの保険や年金に入ることができる国民皆保険・国民皆年金が1961年に実現しました。この皆保険・皆年金実現は岩戸景気の頃で、農業と工業との所得格差が問題となった時期**でもありました（ちなみに、船員年金は厚生年金に統合）。

> これで年金制度は共済年金、厚生年金、国民年金となったのですね。

　その後、年金制度は1985年に改正され、1986年に施行された**国民年金法**により大転換を迎えることになりました。従来、公務員などは各種**共済年金**、

会社員は**厚生年金**、自営業・農家の人たちは**国民年金**と分かれていましたが、**国民年金を満20歳以上のすべての国民が加入する基礎年金とし、その基礎年金の上に各種共済年金、厚生年金を上乗せする2階建てのしくみが誕生しました**。これによって、歴史も制度もバラバラな年金制度が一元化されたことになりました。さらに、2012年の**社会保障と税の一体改革関連法**により、**共済年金は厚生年金に統合されることになりました**（被用者年金の統合。2015年10月～）。

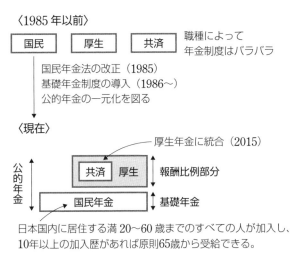

〈1985年以前〉

| 国民 | 厚生 | 共済 | 職種によって
年金制度はバラバラ

国民年金法の改正（1985）
基礎年金制度の導入（1986～）
公的年金の一元化を図る

〈現在〉

厚生年金に統合（2015）

共済 | 厚生　報酬比例部分

公的年金

国民年金　基礎年金

日本国内に居住する満20～60歳までのすべての人が加入し、
10年以上の加入歴があれば原則65歳から受給できる。

　さて、この満20歳以上のすべての国民が加入することになった国民年金はいったいどのようなしくみなのか見ていきましょう。

　国民年金は、原則として国籍にかかわらず日本国内に住所がある満20歳から60歳までのすべての人が保険料を支払い、10年以上の加入歴があれば、原則65歳から年金を受け取ることができる保険です。もちろん、年金額は減額されますが、60歳からでも年金を受け取ることができるし、長生きする自信があるのであれば75歳から年金を受け取ることもできます（75歳から受け取るともらえる年金額が増額される）。また10年以上の加入歴を満たさない場合には、年金を受け取ることができませんが、加入歴を満たすために一定期間内であれば、過去にさかのぼって保険料を納めることも可能です。

　将来、無年金にならないためにも保険料を納めることは忘れてはいけません。年金制度にはさまざまな特例があり、例えば、収入が少ないなどの理由で保険料が高くて納められない場合は免除申請ができ、免除期間中の分の年金は減額されますが、加入歴は満たすことはできます（免除期間の分も後に保険料を納めることができる）。特に学生は納めることを忘れがちですが、国民年金は老

後にもらえる老齢基礎年金だけでなく、遺族基礎年金、障害基礎年金の3本柱となっており、もし部活でケガをし、体がマヒした場合などには障害基礎年金がもらえる場合もあります。ところが、保険料も支払わず、免除申請もしない場合には、障害基礎年金はもらえない。国民年金に関し、とやかく言う人も多いが、総合保険制度と考えれば、この保険は非常に優れたものです。

 年金の保険料は払うべきなのですね。

　よく「年金なんて払う必要がない、将来、どうせもらえないのだから」と言っている人がいますが、その考えは誤りです。**国民年金は保険**だからお金を払わなければもらえるわけがありません。また、保険料を払わない人でも税金は納めているはずです。2009年から**国庫負担（要するに税金）の割合が3分の1から2分の1に引き上げられ**、保険料と国庫負担が半分ずつになりました。納めた保険料に国が上乗せをして返してくれるわけですから、この国民年金は必ず払ったほうがいいです。ついでにアドバイスすると、国民年金の1号被保険者だけは付加年金のしくみがあります。これは毎月400円納めるだけで、年金が200円上乗せされるしくみです。掛けた保険料は2年で回収され、後はプラスになります。第1号被保険者の方は、是非、加入することをお勧めします。

国民年金の被保険者
第1号被保険者…自営業、農業など
第2号被保険者…被用者保険加入者
第3号被保険者…第2号被保険者の配偶者

 年金制度で気をつけておくことがありますか？

　年金制度は、**在職中に積み立てた年金を老後に受け取る積立方式**を採っていたが、現在は**その年の在職者がその年の年金を賄う賦課方式**に変わっています。
　積立方式だと、インフレーション（物価が継続的に上昇することにより、貨幣価値が下がる現象）が発生した場合、実質の年金額が目減りするという問題があるため、1973年からだんだんと賦課方式へと移行しています（**修正積立方式**といわれるが、事実上、賦課方式である）。一方、賦課方式には、少子化・高齢化が進展することで、若年層の負担が高まってしまう問題点があります。
　また年金制度については、1973年の田中角栄内閣のときに、物価に応じて年金額が変化する**物価スライド**が導入されました。しかし公的年金の支給額を抑えるため、2004年から**マクロ経済スライド**が採られることになりました。

これは**物価だけでなく、少子化・高齢化などの社会的要因も考慮して、年金額を調整するしくみ**で、2015年にはじめて発動されました。

知っとく

年金のしくみ

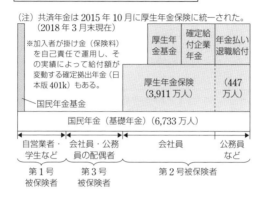

確定拠出年金（企業型・個人型）

（注）共済年金は 2015 年 10 月に厚生年金保険に統一された。

		厚生年金基金	確定給付企業年金	年金払い退職給付
※加入者が掛け金（保険料）を自己責任で運用し、その実績によって給付額が変動する確定拠出年金（日本版 401k）もある。 国民年金基金	（2018 年 3 月末現在）			
		厚生年金保険 （3,911 万人）		（447 万人）
	国民年金（基礎年金）(6,733 万人)			

自営業者・学生など	会社員・公務員の配偶者	会社員	公務員など
第 1 号被保険者	第 3 号被保険者	第 2 号被保険者	

（出典　令和 2 年　第一学習社　教科書＋より作成）

※国民年金基金は1号被保険者のみが加入できる（公的年金ではない）。

※私的年金である3階部分の厚生年金基金の新規設立はできない。

※確定拠出年金については、**GPIF**（年金積立金管理運用独立行政法人）が2006年から運用を行っている。

まとめ 積立方式と賦課方式

	積立方式	賦課方式
しくみ	それぞれが在職中に積み立てたお金を老後に受け取るしくみ。	その年に必要な年金を、その年に納められた保険料で賄うしくみ。
利　点	人口の年齢構成の影響を受けにくい。	インフレによる目減りがない。
欠　点	将来、インフレが発生すると目減りして、実質減額となる可能性がある。	少子化・高齢化が進めば、若年層の負担が大きくなる。

❸ 雇用保険

　雇用保険は失業した場合などに備える保険で、失業給付などセーフティネットの役割を果たしています。また雇用保険制度では失業の予防や解雇の抑制を行う雇用安定事業と、転職や再就職の援助、職業訓練を行う能力開発事業の2つの事業が行われています。

❹ 労働者災害補償保険（労災保険）

　労災保険は職場での事故や通勤途中での事故に備える保険で、労働基準監督署に申請します。この保険の特徴は**保険料を全額、事業主が負担する**ことです。それ以外の保険は私たちも保険料を負担しますが、労災の保険料は負担する必要がありません。よって**不法就労者などは保険料を納めていないので医療保険や年金保険などは受けることができませんが、労災保険だけは受給が可能**です。
　近年の労働条件の悪化により、**過労死**やうつ病など**労働災害**が増えていますが、なかなか事業主は労災を認めません。労災が認められると、事業主の保険料が上がり、経営に影響を与えることになりかねないからです。「人」は商品でもなければ使い捨てでもないので、労働災害が起こらない職場づくりを事業主はしないといけません。

❺ 介護保険

　介護保険は1997年の**介護保険法**（2000年施行）によって整えられた新しい社会保険です。
　高齢者の場合、病院にかかる理由が、病気か、高齢によるものなのかがわか

りにくく、とりあえず病院に行くので、医療保険の支出がどんどん増えていきました。そこで**医療と介護を分離するために登場したのが介護保険**です。

 介護保険の特徴を教えてください。

　特徴の一つは、**運営主体が市町村および特別区（東京23区）となっていること**です。そのため、介護保険は年金保険と異なり、**40歳から保険料を納付します**が（利用する場合には1割負担。現役並みの所得がある人は3割負担）、その**保険料は住む自治体によって異なる**。一概には言えませんが、高齢者の割合が高い限界集落や、高額な介護施設を備えている自治体の保険料は相対的に高くなる傾向があります。

 介護サービスは何歳から利用できるのですか？

　介護サービスを利用できるのは**原則65歳から**だが、一定の理由がある場合には保険料を納める**40歳からでもサービスを受給する**ことができます。

　介護サービスの対象年齢になると本人や家族などが申請し、訪問調査による1次判定とかかりつけ医の意見書をもとに、市区町村の介護認定審査会が、介護が必要かどうかの判定を行います。介護の度合いは軽い順に**自立**、**要支援1・2**、**要介護1〜5**となっており（2023年3月時点）、その度合いに応じて介護サービスを受給できます。もし要介護認定を受ければ**ケアマネージャー**が**ケアプラン**を作成し、それ以外なら介護予防プランを無料で作成してくれます。

　介護保険制度ができた当初は、**特別養護老人ホーム**などでの**施設介護が中心**でした。しかし、介護保険費の増大をうけて、2005年の介護保険法の改正（介護保険は3年ごとに見直される）によって、ホームヘルパーや看護師の訪問、デイサービスへの通所などの**在宅介護中心**へとサービスが変化しました。また介護サービスは民間でもできますが、介護報酬の低さや人手不足が大きな問題となっています。FTA・EPAをフィリピンやインドネシア、ベトナムと締結したことにより、看護師候補者や介護福祉士候補者が日本で資格を取れば働けるようになり、また2019年からは「**特定技能**」による外国人の介護分野への参入も認められるようになりました。

> 地域包括ケアシステム（住み慣れた地域で医療や介護などのサービスが受けられ、暮らし続けるための制度）には、自助（自分のことは自分でする）・互助（助け合う）・共助（社会保険制度）・公助（行政サービス）が必要であり、これからは特に自助と互助が求められている。

3 公的扶助

生活困窮者に対し、生存権を保障した救貧制度。

　憲法第25条の生存権を具体化するために、最低限度の生活の保障（ナショナル＝ミニマム）だけでなく、生活困窮者の自立支援を目的として制定されているのが**生活保護法**です。

　公的扶助は生活に困っている人たちに対し、無償の現金給付を行う制度です。生活保護には**住宅・医療・出産・介護・葬祭・教育・生活・生業扶助**の8つの扶助があり、生活保護を希望する世帯（生活保護は世帯単位で行われる）は、資力調査（ミーンズ＝テスト）の結果、所得が最低の基準を下回っていると判断されると、**生活自助の原則にもとづき、最低基準に満たないものだけが公費によって無差別・平等に支給されます。**

　近年では長引く不況や高齢化などの影響もあって、生活保護受給世帯は160万世帯を超えています。本当は必要ではないのに受給している世帯もあるため、福祉事務所などの行政当局が監視しなければなりませんが、それによって本当に必要な人が受給躊躇する可能性があります。生活保護は救貧制度であることを忘れないでほしいですね。

4 社会福祉

児童、一人親家庭、障害者など社会的弱者に対する生活の援護。

❶ 社会福祉

　社会福祉は児童や老人、一人親家庭・障害者など、本人や家族の力だけでは社会生活を送ることが難しい人々に対して、必要なサービスを提供する制度です。

　社会的弱者それぞれの福祉（幸せ）を支援するために、児童なら児童福祉法、障害者なら身体障害者福祉法・知的障害者福祉法、高齢者なら老人福祉法、母子・父子家庭なら母子及び父子並びに寡婦福祉法が制定されており、生活保護法を含めた福祉六法を中心に行われています。

　また近年では、**高齢者や障害者などの社会的弱者も普通に社会で暮らせるようにしようというノーマライゼーション**や**普通に暮らすための物的障害を取り除こうというバリアフリー**という考え方も一般的になっています。これらの社

会を実現する取り組みとして、2006年には**バリアフリー新法**が制定されました。また、目が見えない人たちのためにシャンプーのボトルの横にはギザギザをつけるなど、すべての人が平等に使える製品をデザインする**ユニバーサルデザイン**が発案されるようになりました。

　誰もが普通に暮らせる社会の実現は、まだまだはじまったばかりですが、モノだけでなく、点字ブロックの上に駐輪しないなど、私たちの気遣いが重要なのです。

❷ 高齢者福祉

　1973年は「**福祉元年**」といわれています。この年にはなんと、70歳以上（寝たきりの場合は65歳から）の**老人医療費の無料化と物価上昇によって年金支給額が上がる物価スライドが導入され**、老後の生活に不安を抱えた人々にとっては画期的な制度が誕生しました。しかし、1973年には第4次中東戦争により第1次石油危機が起こり、さらに1979年にはイラン革命の影響で第2次石油危機が発生したこと、また健康なお年寄りが、無料なのをいいことに病院に入り浸り、病院がお年寄りの社交場になったことなどにより、鳴り物入りではじまったこの制度も財源問題が起こり、福祉見直し論が登場し、1982年の老人保健法により、83年には**老人保健制度**がはじまり、この結果、無料であった老人医療費は本人の一部負担制が導入されることになりました。

　その後、高齢化の進行もあり、老人福祉を充実するため**ゴールドプラン**が登場し（1989年策定、90年実施。のちに**新ゴールドプラン**、**ゴールドプラン21**となった）、さらに2008年には高齢者の医療の確保に関する法律にもとづき、**後期高齢者（長寿）医療制度**が導入されました（都道府県を単位とした広域連合が運営する）。これは**75歳以上を健康保険や国民健康保険の対象からはずして後期高齢者とし、現役世代や国が後期高齢者を支えるだけでなく、後期高齢者にも一定割合の負担をしてもらうしくみ**です。貯蓄が少ない後期高齢者にとっては厳しいしくみですが、団塊の世代（1947〜49年生まれ）が後期高齢者となり医療費の負担が増える中で、医療費負担の世代間格差が広がらないようにするためには仕方がないのかもしれません。

❸ 児童福祉と少子化

　満15歳から49歳までの**女性が一生の間に産む子どもの数**のことを**合計特殊出生率**といい、日本では晩婚化・非婚化などのライフスタイルの変化、経済的な事情などもあり、出生率の低下、また出生数の減少が問題となっています。

　2009年に自民党から政権を奪った民主党は、子育てを経済的に支援するた

めに、**児童手当**を廃止して所得制限を設けない**子ども手当**を新たに創設しました。しかし、子ども手当は2012年に廃止され、所得制限のある児童手当に戻ってしまいました（2023年には所得制限を廃止する予定）。

　また、2019年に幼児教育・保育の無償化がはじまったが、「無償化」といってもすべてが無料ではないので注意が必要です。

> ほかにどのような問題がありますか？

　待機児童の問題と**子どもの貧困の問題**があります。

　保育施設の入所条件を満たしていても入所できない待機児童対策として保育所の拡充、育児・介護休業法を改正して育児休業の延長を認めることなどが進められています。また子どもの貧困の問題ですが、日本では7人に1人が貧困であるとのデータがあり（2016）、事態は深刻です。将来を担う子どもたちの教育を受ける機会を奪わないためには、世代間格差をなくしていかないといけません（2023年月、各省庁にまたがっていた子ども行政の縦割りを打破するため、内閣府に「子ども家庭庁」が設置された）。

24 国際経済

1 比較生産費説と国際分業

> アダム゠スミスの「絶対生産費説」を発展。比較生産費説にもとづく国際分業論をリカードは主張した。

　人には得意なものと苦手なものがあります。もちろん苦手を得意に変えることは大事ですが、得意なものに専念して、得意をもっと得意にしたほうが何かにつけてよいかもしれません。得意なものを極めれば、それでご飯を食べていくこともできるかもしれません。

　得意・不得意は1つの国でもいえます。農業に適した気候であれば、農業をやればいいし、石炭や鉄鉱石がたくさん採れる資源国なら、工業に特化してもいい。そしてお互いが、得意なものに専念し、足りないものを補う。このように国際間で分業すれば、結果的にお互いの国にとってプラスになる。このような考えを主張したのが**リカード**です。

> リカードって、アダム゠スミスの分業などをさらに発展させて、比較生産費説を唱えた人ですね。

　リカードは主著『**経済学及び課税の原理**』（1817）で**比較生産費説にもとづく、国際分業を主張**しました。比較生産費説とは、たとえすべての産業で相手国より生産力が劣っていても、自国内で生産性の高い産業を輸出産業にすることができ、また、相手国よりもすべての産業で生産性が優れていても、圧倒的に有利な産業を輸出産業にすることができるという考え方であり、その結果、**貿易とは競争ではなく、相互に利益をもたらす交換**だということを証明した理論です。

> 保護貿易についても教えてください。

　第二次世界大戦の発生は、世界恐慌後、各国が保護貿易体制を強いたことが原因の一つであり、自国ファーストの保護貿易には批判があります。しかし、一定の人たちからは歓迎されている政策でもあります。

仮に工業国と農業国が比較生産費説にもとづき貿易を行った場合、工業国は工業に、農業国は農業に固定されることになってしまい、農業国の経済発展が難しくなってしまいます。よって、経済の発展段階に応じて、ある程度の規制（関税や**非関税障壁**※）が必要であると主張したのがドイツの**リスト**です。リストは『**経済学の国民的体系**』（1841）の中で、**経済発展段階説をもとに、幼稚産業を保護することを主張**しました。このような主張はどうかと思いますが…。

> ※**非関税障壁**：関税以外の貿易を阻害する要因。税関検査や数量規制、為替割当などがある。

 国際分業について教えてください。

国際分業の形態には**垂直的分業**と**水平的分業**があります。垂直的分業は、**食料や原料などの一次産品を生産する農業国と機械などの工業製品を生産する工業国との間に行われる分業のこと**であり、水平的分業とは、**農業国同士、工業国同士で行われる分業のこと**です。

また近年では、**フェアトレード**が注目されています。

 フェアトレードって？

先進国は途上国の商品を安く買い取るのではなく、途上国の生産者に公正な賃金や労働条件を保証した価格で商品を買い、途上国の自立や環境保全を支援する国際協力の新しい運動やしくみのことです。

お店に行って商品のパッケージを見ると、さまざまなフェアトレードの認証マークが入っているものやフェアトレードと書かれている商品があります。世界には、子どもたちに満足な教育の機会を与えず、生産に従事させるところもあります。フェアトレードにまったく問題がないわけではないのですが、環境保全や子どもたちに対する支援は重要ですので、商品を購入するときには注意してみてください。

② 外国為替市場

> 為替（＝通貨と通貨の交換比率）の問題は**需要**（実需・投資・投機）
> がポイント。どちらの通貨をみんながほしがるか（＝人気があるか）
> を考えることがカギ!!　短期の投機で為替を動かすファンド（基金）
> の動向にも注意。

　海外に行くと日本の通貨である円が使える国もありますが、ほとんどの国で
は使えません。そこで、円をその国の通貨に換える必要があります。その**通貨
と通貨の交換比率のことを為替**といいます。かつては1ドル＝360円で固定さ
れていましたが（**固定相場制**）、現在では「1ドルはいったいいくらの円と交
換できるのか」は絶えず変化する**変動相場制**が採られています。為替は**外国為
替市場**という市場で決定されますが、これはその通貨に対する<u>需要（人気）で
決まります</u>。

「円高」とか「円安」っていまいちわからないです。

　ではまず、為替の変化要因を説明する前に、よく耳にする「円高」や「円安」
の意味から説明しましょう。**円高とは、円の価値が上がること、円が強くなる
ことをいい、円安とは円の価値が下がること、円が弱くなることを意味します。**
　例えば1ドル＝100円を基準として、1ドル＝200円と変化すれば、これは
円安・ドル高です。

> **円高とは円の価値が上がること。円が強くなること。**
> 1ドル＝100円　→　1ドル10に変化　＝　円高・ドル安
> **円安とは円の価値が下がること。円が弱くなること。**
> 1ドル＝100円　→　1ドル200円に変化　＝　円安・ドル高

　では、どうして為替が変化するかですが、これは需要で決まります。みんな
があるモノをほしがれば、そのモノの値段が上がる（＝価値が上がる）ように、
為替も需要で決まります。

❶ 為替の変化要因

　それでは、為替の変化要因について考えてみましょう。

① 金利平価説

　現在、為替相場が1ドル＝100円だったとします。このとき、10000円を

日本の銀行かアメリカの銀行に預けようと考えた場合、日本の銀行の金利が年10％、アメリカの銀行の金利が年５％だったら、手数料とか細かい話は全部抜きにして考えると、**日本の銀行にお金を預けたほうが絶対に得です**（１年後、日本の銀行にお金を預けると11000円になりますが、アメリカの銀行にお金を預けると10500円にしかなりません）。

　この状態だと、金利が高い日本の銀行にみんながお金を預けようと考えるはずです。しかし、ドルで預けられても日本の銀行は困ってしまいますので、海外の人は、**ドルを円に換えて、円で預けなければなりません**。ドルを「円に換える」。これは、**円の需要が高まるということ**なので、円高になるのです。

　このように金利の差で為替が決定すると考えることを**金利平価説**といいます。

② 経常収支決定説

　国際的な取引は、ドルで決済されるのが一般的なので、日本から商品を輸出したり、アメリカの株を買って配当を得る場合などは、ドルで支払われることが多いです。でも、ドルをもらってもそれを円に換えないと、日本では使えないので、ドルを円に換える必要があります。よって、貿易・サービス収支（モノやサービスの取引）や第一次所得収支（利子や配当などの受け取りと支払い）が黒字の場合には、為替は円高に進むと考える学説を**経常収支決定説**といいます。

③ 購買力平価説（マック＝レート）

　続いて**購買力平価説**（マック＝レート）です。これは、ある時点における同一の市場の財・サービスは1つの価格になるという「一物一価」の考え方のもとで、為替レートは２国間の通貨の購買力で決定されるという考え方です。

④ ファンダメンタルズ（経済の基礎的条件）説

　ファンダメンタルズとは、経済成長率や物価上昇率、失業率や株価など、その国の経済状況を表すことばです。

　例えば日本の株価が上昇傾向にあるのであれば、日本企業の株を買う外国人投資家が増えます。日本企業の株は、円で買わないといけないので、円の需要が高まり、円高になります。

　また、日本の失業率が上昇しているのであれば、日本の経済の見通しがあまりよくないということなので、日本に投資していた資金を引き揚げる外国人投資家が多くなり、円安となります。

　このように経済のさまざまな統計が、為替相場を決めていくと考える学説を**ファンダメンタルズ説**といいます。

> （例）日本の株価が上昇傾向
>
> 日本の株式を買うともうかるかも
>
> →日本の株式を買うためにドルを円に換える
>
> →円の**需要が高まる**。よって、円高＝ドル安へ

⑤ **通貨量で決まる**

　2012年に安倍内閣が成立して、2013年からは日銀総裁に黒田東彦氏が就任し、異次元緩和と呼ばれる金融緩和政策を採りました。その頃、為替相場は円安にシフトしましたが、これは金融緩和の影響が大きかったです。

 どうしてですか？

デフレってどのような現象でしたか？

 物価が継続的に下落する現象です。

　デフレは物価が下落することで貨幣価値が上がり、逆にインフレは物価が上昇することで貨幣価値が下がる現象です。

　ということは、もしインフレが発生した場合、**インフレとは貨幣価値が下がる**現象だから、**そんな国のお金は要らない**ですよね。だから通貨安になるのです。またデフレであれば、貨幣価値が上がるわけだから通貨高になります。

　黒田氏が総裁に就任して以降、日銀は物価を上昇させるために、お金を市場に供給し続けました。円が他の通貨に比べ、相対的にたくさんあれば、円の価値（需要）は下がり円安になります。

　2011年10月には、なんと１ドル75円32銭まで円高が進みましたが、東日本大震災が発生し、日本のサプライチェーン（部品供給網）が破壊されたとなれば、円安に行きそうですが円高になったのです。

　円高になった背景の一つには、2008年のリーマン＝ショックがあります。その対策としてアメリカはゼロ金利政策などの大胆な金融緩和政策を行い、なんと約400兆ものお金を市場に供給しました。それに対して日銀は「包括的金融緩和」を行ったものの、アメリカに比べればたいした金融緩和ではありませんでした。ドルの供給量がべらぼうに多くて、円が少ない状況が続けば円高・ドル安になります。アメリカで起こったリーマン＝ショックの影響を何で日本がモロに受けたのかを考えれば、政府・日銀の対応がきわめて悪かったといわざるをえません。このように中央銀行の発行するお金の量で長期的な為替相場

はほぼ決まります。

⑥ 協調介入と単独介入

この後で登場するプラザ合意のように、各国が為替介入をする場合を協調介入といいます。例えば、**ドル安に誘導したいのであればドルを売ります**。これを複数の国が行うことが協調介入です。

一方、単独介入は1つの国で為替介入を行います。正しくは**外国為替平衡操作**といいます。

例えば、「円高傾向にあるから円安に誘導したい」と考えたとしましょう。その場合、**財務大臣が日銀に指示して介入を行います**。

円安に誘導する場合、円を売りますが、日銀が円を刷るわけではありません。財務大臣には外国為替資金特別会計という財布があり、その財布を使って介入を行います。具体的には短期国債を発行し、円を市場から調達して介入します。

日本が単独介入をしたことってあるんですか？

固定相場制の時代はしょっちゅうでした。勝手に1ドル360円のように固定されるわけではありませんので。日本は変動相場制に移行してからも行っていましたが、**プラザ合意**でそれまでわざと円安に誘導していたことを叩かれてからは控えるようになり、近年ではほとんど行われていません。やはり自国通貨を安くすると諸外国から批判されてしまいますからね。実際行うのは75円台に突入したときのように、為替が大きく振れたときぐらいです。

2022年に日米の金利差などの影響で円安が進み、2011年11月以来の為替介入を行った。

❷ 為替相場の影響

次は為替相場の影響について考えてみましょう。

突然ですが問題です。日本人が海外旅行に行くには、円高か円安、どちらのときに行ったほうがいいでしょうか？

何か悩むな〜。

円高と円安、輸出と輸入はどっちが有利か。慣れないうちは図をつくって考えるとわかりやすいと思います。

1ドル＝100円を基準として、

10000円の商品を海外に輸出すると**図1**のようになります。

図1	円高・ドル安	基準	円安・ドル高
	1ドル=10円	1ドル=100円	1ドル=200円
10000円	1000ドル	100ドル	50ドル

　円高の場合、<u>**ドルで表示した（ドル建て）**</u>商品の値段が100ドルから1000ドルに上がるので、誰も買わない。**輸出に不利**。

　円安の場合、50ドルに下がるので、輸出先は安く買える。**輸出に有利**。

一方、100ドルの商品を海外から輸入した場合、**図2**のようになります。

図2	円高・ドル安	基準	円安・ドル高
	1ドル=10円	1ドル=100円	1ドル=200円
100ドル	1000円	10000円	20000円

　円高の場合、**円で表示した（円建て）**商品の値段が10000円から1000円に下がるので、日本にとってお買い得。**輸入に有利**。

　一方、円安の場合は、20000円に上がるので、誰も買わない。**輸入に不利**。

　ということは、1ドル100円のときに、アメリカに10000ドル（100万円分）のドル建て資産を持っていた場合、円安が進んで1ドル200円になって、ドル建て資産を売れば200万円になります。もし、お金をもうけたいのであれば、円高でドルを買って、円安になってからそのドルを売れば為替差益（お金がもうかる）が発生します。

　このように図で考えると間違いがなくなります。先ほどの問題の解答だけど、日本人が海外旅行に行くときは、**図1**のように、基準だと10000円が100ドルになるけど、円高だと1000ドルにもなるから、円高で行くほうがより多くの外国のモノを買えることになるのでお得です。

　また、日本人がアメリカに出稼ぎに行って、アメリカから日本へ送金する場合、円高・円安、どっちのときに働きに行けばいいでしょうか？

 円安＝ドル高のときかな。

　そうですね。**図2**を見てください。同じ働くにしても、基準だと100ドルは10000円ですが、円安になれば、100ドルは20000円になります。よって外国に出稼ぎに行く場合は、通貨高の国で働いて、母国に送金したほうがよりお得ということです。

③ 国際収支

> 国際収支はある一国が一定期間に行った対外的な経済取引であり、経常収支・資本移転等収支・金融収支・誤差脱漏の４つの項目から成り立っている。

経常収支
- 貿易・サービス収支 ── 貿易収支…モノの輸出入
  └ サービス収支…旅行・知的財産権等使用料など
- 第一次所得収支　雇用者報酬
　　　　　　　　　投資収益…配当金、債権利子など、
- 第二次所得収支　対価をともなわない資産提供
　　　　　　　　　食料や医療品など消費財の無償資金援助、国際機関
　　　　　　　　　拠出金、母国への送金など

資本移転等収支　対価をともなわない固定資産提供、鉱業権、土地、商標権などの取引

金融収支　※資産・負債の増加は「プラス」、減少は「マイナス」として表記
- **直接投資**…経営支配目的の投資
- **証券投資**…配当金、利子を目的に、外国の株式や国債を購入
- **金融派生商品**…先物取引、オプションなどのデリバティブ取引など
- **その他投資**…外国銀行への預金など
- **外貨準備**
- (cf) 外貨準備高…日本は世界2位の12275億ドル。1位は中国の31840億ドル（ともに2023年）

誤差脱漏　統計上の誤差や漏れを調整

※統計上のルール　**経常収支＋資本移転等収支－金融収支＋誤差脱漏＝0**

　貿易には受け取りと支払いが必ずあるので、それを勘定項目ごとに分けたのが**国際収支表**です。まず勘定項目は「**経常収支**」、「**資本移転等収支**」、「**金融収支**」の３つが主で、統計上の誤差や漏れを調整する「**誤差脱漏**」を入れると4つに大きく分けられます。ただ、**タックスヘイブン（租税回避地）**の問題などがあって、誤差脱漏の額が大きい年もあります。

　経常収支はモノの取引や知的財産権の使用料、旅行費などサービスの取引である**貿易・サービス収支**、株式から得られる配当や海外から得られる賃金の受け取りおよび支払いなどの**第一次所得収支**、医療品や食料など消費財の無償資

金援助などの**第二次所得収支**の3つに分けることができます。

　一つ一つ見ていきましょう。まずは**貿易収支**。これはモノの取引の収支を統計したものです。2011年から2015年にかけて貿易収支が黒字から赤字へ転落したときに大騒ぎされましたが、個々の企業にとっては「黒字」は利益で「赤字」は損失だから大問題だけど、貿易収支が黒字であろうと赤字であろうと気にする必要はあまりありません。

どうしてですか？

　例えば、東南アジアにある日本企業の工場で部品を生産し、それを日本に輸入し、完成品を日本国内で販売した場合を考えてみてください。

貿易収支は赤字になるけど、国内で売れて利益が出れば、その企業にとっては黒字ですよね。

　貿易黒字というのは、国内で余ったお金を海外に投資しているだけにすぎません。よって貿易黒字だ、赤字だというのは気にする必要はありませんし、貿易赤字だと経済が後退しているということでもないので気にする必要はありません。貿易赤字が経済を後退させるのであれば、万年貿易赤字のアメリカやカナダはとっくに途上国になっています。

　次の**サービス収支**は、異次元緩和による円安、査証（ビザ）の要件緩和など、訪日外国人の増加によって赤字額が減少しましたが、新型コロナウイルスの影響を受けて赤字額が再び拡大しました。ただし、新型コロナが落ち着けば、円安傾向にあることもあり、黒字化する可能性は十分にあります。

　そして次の**第一次所得収支**が**最大の黒字勘定項目である**ことは知っておいてください。これは投資収益（利子や配当）、雇用者報酬からなる項目です。

　経常収支の最後は**第二次所得収支**。これは**対価をともなわない収支**。「ありがとうございます」に関する収支です。

「ありがとうございます」ってどういうことですか？

　例えば、みなさんが海外に留学したとしましょう。そのときに誰かからお金を送ってもらったら何て言いますか？

「ありがとう」って言います。

　このように海外への送金や医療・食料品など消費財の無償援助、国際機関への拠出など、お金をもらって「ありがとうございます」に関する収支です。日本はずっと「ありがとうございます」って言われているほうが多いのが特徴です（**日本の第二次所得収支はマイナスが続いている**）。

　ここまでが経常収支。続いて**資本移転等収支**ですが、これは第二次所得収支が形のないものに対し、道路やダムなどの社会資本（インフラ）に関するものです。

　そして大項目の最後が**金融収支**。これは「資産・負債の増減」（債権・債務の移動）に関するものです。

「資産の増減」？

　例えば、アメリカの工場を買収したとします。これは日本人の資産が増えたことになるのでプラスとして計上されます。ちなみに生産手段の取得や企業の買収など**直接投資**に計上されます。ほかには株式や債券などの購入は**証券投資**、それ以外には金融派生商品や外貨準備などがあります。

　そして最後は統計上のルールです。**「経常収支」に「資本移転等収支」を加えた値と「金融収支」は必ずイコールの関係になります**（統計上の不備を補う**誤差脱漏を金融収支から引く**）。これは複式簿記をとっているから「ゼロ」になるのは当たり前ですが、簿記をやっていないと理解しにくいかと思います。この式を移項すると、

　　経常収支＋資本移転等収支－金融収支＋誤差脱漏＝0

になることを覚えておいてください。

4 戦後の国際通貨体制

　　固定相場制の採用（ブレトン＝ウッズ協定）から変動相場制への移行（キングストン合意）までの流れをつかめ。

国際通貨体制の流れを教えてください。

1929年10月、世界最大の企業と呼ばれた GM（ゼネラル゠モーターズ）の株価が大幅に下落しました。世界一の企業の株価が下落するという投資家の不安から、ニューヨーク証券市場は売り一色に染まって株価が大暴落、それが全世界に波及しました。これが**世界恐慌**です。この恐慌から経済を回復させるため保護主義に走った各国が採った政策が**ブロック経済**であり、**為替ダンピング策**でした。

　自国の経済が崩壊しつつある状態で、他国の商品を買えば、お金が流出してしまい、ますます自国の経済が悪くなってしまいます。それでは困るので、イギリスやフランスのように植民地をたくさん持つ国はブロック経済を行いました。

　ブロック経済とは、本国と植民地のみで貿易を行い、他の国からは商品が入ってこないように高関税を課す政策のことです。また、少しでも海外に商品を売るためには、通貨価値が低いほど有利です。そこで各国は紙幣を大量に印刷して、自国の通貨価値を下落させる必要がありました。しかし、当時は**金本位制**を採っていたので、**金の保有量を超えて紙幣を発行できませんでした**。そこで各国は金本位制から離脱し、**中央銀行が通貨量を調節する管理通貨制度へと移行**し、為替を自国通貨安へと強引に誘導しました（為替ダンピング）。

　このような保護主義政策の結果、世界の経済秩序は完全に崩壊し、植民地をほとんど持たない国などは、自国経済を回復させるためには他の国の富を奪い取るしかないと考え、戦争へと突き進んでしまいました。そして、ドイツのポーランド侵攻によってはじまったのが、**第二次世界大戦**です。

　このように第二次世界大戦が起こった背景には、ブロック経済や為替ダンピングなどの各国の保護主義政策があります。そこで、世界平和の維持のためには**国際経済秩序の安定が不可欠**であると考えた44の連合国がアメリカのニューハンプシャー州ブレトン゠ウッズで開いた会議が**連合国国際通貨金融会議**、通称**ブレトン゠ウッズ会議**（1944）です。そこで結ばれた協定を**ブレトン゠ウッズ協定**といいます。

　ブレトン゠ウッズ会議の目的は国際経済の秩序回復と安定にあります。そこで、**為替相場を安定させることを目的に IMF（国際通貨基金）**を、**自由貿易を推進するために ITO（国際貿易機関）**を、戦後復興のため**長期融資を行う機関として IBRD（国際復興開発銀行・世界銀行）**を設立することが話し合われた。でも、ITO 構想はアメリカの反対で失敗し、代わって後に **GATT（関税および貿易に関する一般協定）**が結ばれることになりました。

ほかにはどのような内容が合意されたのですか？

ドルを基軸通貨（キーカレンシー）とし、**各国の通貨をドルと一定の比率で交換できるようにすることで、通貨価値の安定を図る**ことになりました（**固定相場制**、ドル＝ペッグ制の採用。「ペッグ」とは固定するという意味。ただし、**上下1%の変動幅を認めていた**ので、実際はアジャスタブル〔調整できる〕＝ペッグ制だった）。そのためにはドルに信用を持たせることが不可欠だったので、ドルのみが世界のどこでも、金と交換できるしくみ（金1オンス＝35ドル〔1オンスは約31g〕）が採用されました。

　日本も**ドッジ＝ライン**によって、**固定相場制を採用し、1ドルは360円に固定されました**。このように1ドル＝360円で為替相場が固定されると、受取金額が明確になるため、安心して取引を行うことができます。貿易が行いやすい環境が整えられたわけです。

ブレトン＝ウッズ体制の崩壊

　戦争に勝利し、世界に覇権を唱えるようになったアメリカは、繁栄の絶頂にありましたが、その繁栄にも陰りが見えはじめた。

　まず、アメリカ経済後退の背景には、**日本や西ドイツなど西欧諸国の台頭**があります。当時、アメリカといえば自動車産業など工業製品の生産が盛んでしたが、品質がよく、より安い、日本や西ドイツ製商品に押されるようになっていました。

　当時アメリカの大手自動車メーカーであるGMやクライスラーなどは、従業員の流出を防ぐためや、労働組合が強かったこともあり、高賃金・高年金体質となっており、それらの支払いのため、十分な設備投資をしなかったことが、日本や西欧諸国との競争に敗れるようになった大きな要因でした。資本主義経済の象徴であるアメリカが、資本主義の本分を忘れていた結果でした。

　1960年代には**ベトナム戦争**が泥沼化し、アメリカは**戦争のために莫大なお金を費やしたこと**も経済を後退させる要因となりました。やがてアメリカは、自国経済の回復と戦費を賄うため、ドルを大量に印刷するようになり、ドルは信用を失っていきました。

　しかし、ドルは信用を失っても金と交換できたため、全世界でドルを安定資産である金に換える動きが加速しました。そのため、アメリカの金は国外に流出するようになり、ブレトン＝ウッズ体制が崩壊するのは時間の問題となりました。

ニクソン＝ショックと変動相場制への移行

　1971年8月、アメリカのニクソン大統領は「今後、金とドルとの交換をやめます。また輸入品には10%の税金を課します」と発表しました。これを**ニクソン＝ショック**といいます。この声明に当時の人々は驚きを隠せませんでし

た。「金とドルとを交換できるようにすることでドルの信用を確保し、ドルを世界通貨にする」、これこそがブレトン＝ウッズ体制であり、この体制をつくった張本人がアメリカなのに、そのアメリカ自身がやめるというのだから、驚いたのは当然です。

　突然、「今度からドルは金と交換しないけど、ドルを信用しろ!!」なんて言われても、どう対応していいのかわかりません。これは、1ドル＝360円という基準を失うことになり、基準がわからないとどれぐらいの比率で交換すればいいのかわからなくなるので、貿易に与える影響は甚大でした。

　そこでイギリスやフランス、西ドイツ、日本など先進10カ国はアメリカに協議を申し入れました。1971年12月、ワシントン D.C. 郊外の「スミソニアン博物館」に集まって、もう一度、固定相場制に戻ることと、輸入課徴金を課すことをアメリカがやめることを求めました。

　アメリカとしては、1ドル＝360円や1ドル＝4マルクといった超ドル高での固定相場が貿易赤字の原因だったので、アメリカの要求は「ドルの価値を切り下げること（ドル安にすること）」でした。ドル安になれば、輸出が有利になって、貿易赤字を減らすことができる。そう考えたアメリカは、「ドルを切り下げてくれたら、固定相場制に戻してあげるよ」と条件を出しました。

　その結果、円やマルクはドルに対して切り上げられたほか（円高やマルク高になったということ。円は1ドル＝308円と16.88％も切り上げられた）、「金1オンスにつき、35ドルで交換できますよ」という金平価も、アメリカ国内からの金の流出を防ぎ、ドルの価値を下げるため、「金1オンス＝38ドル」とより多くのドルを払わないと金と交換できないように変更されました。これらの合意を「スミソニアン合意（スミソニアン協定）」といいます。ちなみにアメリカが課していた10％の輸入課徴金は撤回されることになりました。

　しかし、せっかくの合意も、ドルに対する不安を取り除くことはできず、1973年には主要国は変動相場制に移り、1976年、ジャマイカの首都キングストンで行われた「キングストン合意」により、変動相場制（管理フロート制）への正式な移行とSDR（特別引出権、SDRは1969年に創設）の役割強化が確認され、現在に至っています。

　この管理フロート制が威力を発揮したのが、1985年のプラザ合意であり、1987年のルーブル合意でした（⑲戦後の日本経済〈▶ p.170〜〉を参照）。

5 自由貿易の推進（GATT と WTO）

> GATT と WTO の原則は、自由・無差別・多角（ラウンド）の3つ‼ ウルグアイ゠ラウンドの長期化、ドーハ゠ラウンドの停滞は自由貿易体制の損失だ。

　第二次世界大戦の要因となった極端な保護貿易主義に対抗するためには、国際的な貿易機関が必要でした。ところが、ブレトン゠ウッズ協定において設立が予定されていた ITO（国際貿易機関）は、アメリカが反対したため設立することができませんでした。その代わりとして登場したのが **GATT** ですが、GATT は機関ではなく、単なる協定（Agreement）です。

　さてその GATT ですが、自由貿易を推進するため、**自由・無差別・多角**の GATT 三原則が掲げられています。この三原則は、GATT を発展的に解消し、1995年に設立された **WTO（世界貿易機関）** にも受け継がれています。

　まず自由。**自由貿易を妨げる関税を引き下げることや数量規制などの非関税障壁を撤廃することを目的としています。**

　次に無差別。「あなたの国は私の国と仲がよいから関税を払わなくてもいいよ」とか、**特定の国だけを特別扱いするのではなく、最も有利な条件をすべての国に与える最恵国待遇の原則**や、**外国からの輸入品には消費税を大幅に上げるなどせず、国内の商品と同様に扱う内国民待遇の原則**が無差別の原則です。

　そして最後が多角。二国間で話し合うのではなく、**複数の国で話し合いによって自由化に向けた取り組みを行っていきましょう**ということです。

　以上が GATT、そして GATT を受け継いだ WTO の三原則ですが、これには例外が非常に多いです。

　例えば、**UNCTAD（国連貿易開発会議）** で提唱された**一般特恵関税制度（特恵関税）**。これは、途上国に対して関税の引き下げなどの優遇税制を設けることですが、途上国だけを特別扱いすることになるので無差別の原則に反します。また、FTA（自由貿易協定）や EPA（経済連携協定）のように特定の国だけで自由貿易を行うことは自由の原則に反しています（**GATT、また WTO では、地域間協定や FTA・EPA は自由貿易を補完するものとして認めている**）。さらに日本は、対米貿易摩擦を解消するために輸出を自主規制してきましたが、これも GATT の自由の原則に反します（**輸出自主規制は WTO では禁止されている**）。これら以外の例外には、大量に輸入品が入ってくることを防ぐ**セーフガード（緊急輸入制限）**や農業の特例措置などもあります。このように例外が多い原則ですが、この例外を減らしていくことも現在の WTO の役割の一

つなのです。

■GATTのラウンド

　自由貿易を推進するためにGATTではラウンドが開かれてきました。1〜5回のラウンドでは目立った成果はありませんでしたが、**ケネディ゠ラウンド**（1964〜67）から自由貿易に向けた大きな前進がありました。

　詳しく教えてください。

　ケネディ゠ラウンドでは、従来の品目の個別交渉から**関税の大幅一括引き下げ交渉**が合意されました。この結果、鉱工業製品について平均35％の関税引き下げが実施されることになりました。しかし、関税の一括引き下げは合意したものの**非関税障壁に関してはほとんど合意できませんでした**。

　そこで次の**東京ラウンド**（1973〜79）では、ケネディ゠ラウンドよりもさらに関税を一括に引き下げることや非関税障壁についても話し合われ、結果的に鉱工業製品の関税を平均33％、農作物の関税を平均41％一括して引き下げること、**非関税障壁を軽減すること**が合意されました。

　このように自由貿易に向けた取り組みが進み、次の**ウルグアイ゠ラウンド**（1986〜94）ではモノの取引だけでなく、**サービス貿易、貿易関連投資、知的財産権のルールづくり**などが話し合われることになりました。

　さてそのウルグアイ゠ラウンドですが、合意するまでに8年の歳月を要しました。ウルグアイ゠ラウンドは各ラウンドに比べ、途上国からの参加も増え、先進国対途上国、先進国対先進国など、各国の思惑が入り乱れ、それでも何とか合意に至り、**サービス貿易、貿易関連投資、知的財産権**のルールづくりだけでなく、農業分野では**「例外なき関税化」**が合意されました。

　この「例外なき関税化」（＝関税を課してでも構わないから輸入しろ）の結果、聖域といわれたコメの輸入を認めさせられることになり、日本はコメに高い関税をかける代わりに、毎年コメを一定量輸入するという**ミニマム゠アクセス**（MA。低い関税で農産物を輸入しなければならない最低限の量。これを超えて輸入する場合に高関税を課すことができる）が取り決められ、1999年からはMA米＋関税化となっています。

　そしてウルグアイ゠ラウンドで結ばれたマラケシュ協定の結果、貿易裁判所としてWTOが設立されることになったのです。

GATT のラウンド

ケネディ ＝ラウンド （1964〜67・ 62カ国）	品目の個別交渉から**関税の大幅一括引き下げ交渉へ** 鉱工業製品について平均35％の関税引き下げを実施。ただし、**非関税障壁の軽減の合意はなし**
東京ラウンド （1973〜79・ 102カ国）	鉱工業製品平均33％、農産物平均41％の関税の一括引き下げ、**非関税障壁の軽減**
ウルグアイ ＝ラウンド （1986〜94・ 123カ国）	◆**サービスの貿易に関する一般協定・貿易に関連する投資措置に関する協定・知的財産権の貿易関連の側面に関する協定**の締結により3分野のルール化 ◆**農作物貿易の自由化（例外なき関税化）** ：日本は**ミニマム＝アクセス（最低輸入量）**として、国内消費量の4〜8％を段階的に輸入、以後は**関税化**（1999年〜） ◆**WTO（世界貿易機関）**の設立 ：紛争処理小委員会（パネル）の設置やアンチダンピング措置など役割強化

WTO の設立

現在、WTO は2001年には<u>中国と台湾</u>が、2007年には<u>ベトナム</u>が、2012年には<u>ロシア</u>が加盟し、2023年の段階では164の国と地域が加盟する国際機関となっています。

WTO は GATT を発展的に解消する形で1995年に設立され、GATT ではモノの取引が対象でしたが、サービス貿易も対象となるなど、紛争案件の幅がかなり広がりました。

また、貿易裁判所としての役割を強化するために WTO では**紛争処理小委員会(パネル)**が設置され、パネルでは**ネガティブ・コンセンサス方式(＝全会一致の否決)**が採用されました。これは全会一致とは異なり、委員すべてが「否決」としない限り「可決」になります。このしくみを採用したことで、全会一致を原則としていた GATT に比べ、WTO の紛争解決処理のスピードは格段に上昇しました。

さらに WTO では不当に安く商品を輸出（ダンピング）した場合、**輸入国に反ダンピング措置を認めました。また、セーフガードも引き続き認められる**ことになり、日本も暫定的でしたが、2001年にネギ・シイタケ・畳表に対して、セーフガードを発動したことがありました。

このように WTO の紛争解決手段は強化され、自由貿易を目指して活動していますが、残念ながら、ウルグアイ＝ラウンド以降、各国が合意したラウンドはありません。2001年からカタールのドーハで**ドーハ＝ラウンド（ドーハ開発アジェンダ）**がはじまりましたが、あまり進展が見られません。もはやすべての国で合意することは困難なので、各国は **FTA**（自由貿易協定）や **EPA**（経済連携協定）の締結など、排他的な貿易協定を結ぶことを推進しており、新たな保護主義として懸念が高まっています。

FTA・EPA って何ですか？

FTA は GATT 第24条で定義された協定で、**2カ国以上の国・地域間で、関税やサービス貿易の障壁などを撤廃する協定**であり、一方、EPA とは FTA に加えて、**ヒト・モノ・カネの移動の自由化・円滑化を目指し、幅広い経済関係の強化を図る協定**とされています。

要するに FTA よりも EPA は広い概念ですね。日本はどのような国と FTA・EPA を締結しているのですか？

日本は2002年にシンガポールと結んだことを皮切りに、2005年にはメキシコ、2019年には EU、2020年にはアメリカと結んでいる。またインドネシアやフィリピン、ベトナムとも結んだことから、看護師候補者や介護福祉士候補者を受け入れています。

貿易額が大きい中国や韓国などとは結んでいないですね。

中国や韓国との間には結ばれていません。しかし、中国や韓国、ASEAN 諸国なども含めた **RCEP（地域的な包括的経済連携、アールセップ）** が2022年に発効しており、域内における自由貿易が促進されています。

ものすごく巨大な経済圏ですね。

2018年12月に発効した**環太平洋パートナーシップに関する包括的及び先進的な協定（包括的・先進的 TPP）**もそうですが、世界では、このようなメガ FTA（多国間の広域な FTA のこと。実質的には EPA）が複数結ばれ、グローバル化がどんどん進んでいるのです。

25 地域経済統合

1 地域経済統合の形態

> 統合を進める動きが加速。新たな保護主義の台頭との懸念も。

　世界には **EU（欧州連合）** や **USMCA（米国・メキシコ・カナダ協定。NAFTA を改称）**、**AFTA（ASEAN 自由貿易地域）**、**MERCOSUR（南米南部共同市場）** など経済統合が進んだ地域があります。その主なものを見ていきましょう。

> **理解を深める** 地域経済統合（2022年5月時点）
>
> ◆ **NAFTA**（北米自由貿易協定、1994）
> 　アメリカとカナダ、メキシコの3カ国で構成。EUとの違いは、労働者の移動が制限されている、3国が統一した経済政策を採る必要がない、統一した域外関税を導入していないことなどがあげられる。
> ※トランプ大統領は、NAFTA はアメリカにとって不平等であると主張し、新たな協定をアメリカ・カナダ・メキシコで結んだ。その結果、NAFTA は **USMCA**（United States–Mexico–Canada Agreement）と名称が変更されている。NAFTA の「自由貿易（Free Trade）」という単語がなくなっていることが特徴である（2020年7月に発効）。
> 　(cf) **AFTA**（ASEAN 自由貿易地域、1992）
> 　原則すべての ASEAN 産品に対する域内関税の引き下げなどを図る。2015年には、域内におけるモノやサービス、ヒト、カネの移動を自由化する AEC（ASEAN 経済共同体）が創設された。
>
> ◆ **ASEAN**（東南アジア諸国連合、1967）
> 　域内関税の撤廃による貿易の促進、経済発展などを図るために、1967年、タイ・マレーシア・シンガポール・インドネシア・フィリピンの5カ国で結成された。設立当初はベトナム戦争中であり、反共産主義だったが、現在ではベトナムなどの社会主義の国も参加している。加盟国は10カ国（タイ・マレーシア・シンガポール・インドネシア・フィリピン・ブルネイ・ベトナム・ミャンマー・ラオス・カンボジア）。
>
> ◆ **RCEP**（地域的な包括的経済連携、2022）
> 　ASEAN10カ国と日本・中国・韓国・オーストラリア・ニュージーランドの

5カ国でFTAを進める広域的な包括的経済連携。発効すれば域内の人口、GDP が世界の約30%という巨大な市場が誕生する。ただし、すべての関税撤廃を原則とするTPPと異なり、RCEPは関税の撤廃を原則としながらも、参加国の「個別かつ多様な事情を認識する」とされており、各国の国内事情に応じた交渉が可能となっている。

◆ APEC（アジア・太平洋経済協力、1989）

貿易・投資の自由化、貿易・投資の円滑化、経済・技術協力を活動の柱とし、近年ではテロ対策や環境問題などの討議も行われている。日本やアメリカ、ロシアなど環太平洋地域が参加している。

◆ MERCOSUR（メルコスール・南米南部共同市場、1995）

ブラジル・アルゼンチン・ウルグアイ・パラグアイの4カ国ではじまり、ベネズエラやボリビアが加わり6カ国で構成されるようになったが、ベネズエラは加盟資格が停止中であり、ボリビアは各国議会の批准を待っている状況にある。途上国における初の共同市場として注目されている。

◆ AU（アフリカ連合、2002）

OAU（アフリカ統一機構）を発展改組し、2002年に設立された地域協力機関でアフリカの55の国と地域が加盟する。アフリカの高度な政治的・経済的統合の実現と、紛争の予防・解決を図ることなどを目的としている。なお、2019年5月にアフリカ大陸自由貿易圏設立協定（AfCFTA）が発効した。アフリカのすべての国・地域を対象とする。これは、アフリカ域内の物品関税の撤廃、サービス貿易や投資の促進を含むFTAである。

◆ TPP11

2006年にシンガポール・チリ・ニュージーランド・ブルネイの4カ国ではじまったEPA（経済連携協定）が起源で、2010年からはアメリカ・オーストラリア・ペルー・ベトナム、2011年にはマレーシア、2012年にはカナダ・メキシコ、2013年には日本も交渉に参加した。協定では、発効から10年以内に関税をほぼ100%撤廃する方針で、知的財産権や政府調達を含め21分野での市場開放を目指す。2017年にアメリカは離脱したものの、**アメリカを除いた**11カ国で、一部の条項を凍結した上で2018年12月に環太平洋パートナーシップに関する包括的及び先進的な協定（包括的・先進的TPP協定）として発効した。

第**3**章

国際経済

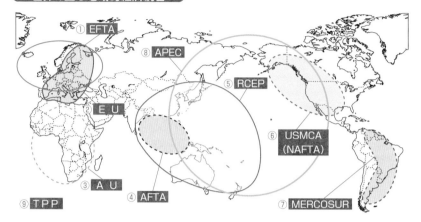

世界の主な地域的経済統合

① EFTA　⑧ APEC　⑤ RCEP　E U　⑥ USMCA (NAFTA)　③ A U　④ AFTA　⑨ T P P　⑦ MERCOSUR

① EFTA（4カ国）：スイス、ノルウェー、アイスランド、リヒテンシュタイン
② EU（27カ国。2020年、イギリスが離脱）：ドイツ、フランス、イタリア、オランダ、ベルギー、ルクセンブルク、デンマーク、アイルランド、ギリシャ、スペイン、ポルトガル、フィンランド、スウェーデン、オーストリア、エストニア、ラトビア、リトアニア、ポーランド、チェコ、スロバキア、ハンガリー、スロベニア、マルタ、キプロス、ブルガリア、ルーマニア、クロアチア
③ AU（アフリカの55の国と地域）
④ AFTA（10カ国）：ラオス、ミャンマー、カンボジア、シンガポール、マレーシア、インドネシア、フィリピン、タイ、ブルネイ、ベトナム
⑤ RCEP（15カ国）：ASEAN加盟国＋日本、韓国、中国、オーストラリア、ニュージーランド
⑥ USMCA（NAFTAを改称・3カ国）：アメリカ、カナダ、メキシコ
⑦ MERCOSUR（4カ国）：ブラジル、アルゼンチン、パラグアイ、ウルグアイ
⑧ APEC（21カ国・地域）：アメリカ、カナダ、メキシコ、日本、韓国、中国、香港、台湾、シンガポール、マレーシア、インドネシア、フィリピン、タイ、ブルネイ、ベトナム、オーストラリア、ニュージーランド、チリ、パプアニューギニア、ペルー、ロシア
⑨ TPP11（11カ国）：シンガポール、オーストラリア、ニュージーランド、ブルネイ、チリ、ペルー、ベトナム、マレーシア、カナダ、メキシコ、日本、イギリス（2023年に加盟予定）

2 EU 統合への歩み

> ヨーロッパを1つに。ヨーロッパの統合もいよいよ最終段階へ。しかし、イギリスは離脱した。

　ヨーロッパの歴史は対立の歴史といっても過言ではありません。特にフランス・ドイツにまたがるアルザス・ロレーヌ地方は鉄鉱石、石炭の産地として有名で、鉄鋼を生み出すこの地方をめぐる争いがたびたび発生しました。

　そこで、「ここが紛争の種なら、みんなで仲良く使おう!!」と提唱したのが、欧州統合の父といわれているジャン＝モネです。このジャン＝モネの提唱を実現させるべく頑張ったのが、フランスの外相シューマンです。

　ジャン＝モネの「みんなで仲良く使おう」という提案は瞬く間にヨーロッパ各国に広まりました。第二次世界大戦が終了し、戦争ばっかりやっていたヨーロッパの人々も、さすがに平和の素晴らしさに気づいたようです。

　ヨーロッパ全体で石炭・鉄鋼を共同管理するというシューマンの考え（シューマン＝プラン）をもとに、1951年にパリ条約が結ばれ、翌1952年に**ECSC（欧州石炭鉄鋼共同体）** が設立されました（初代議長にはジャン＝モネが選ばれた）。このECSCの設立がヨーロッパ統合の第一歩となり、現在EUは27カ国となっていますが（2023年3月時点）、ECSCを設立したフランス・西ドイツ・イタリア・ベルギー・オランダ・ルクセンブルクの6カ国は原加盟国と呼ばれています。

　その後、1957年にはローマ条約が結ばれ（発効は1958年）、**EEC（欧州経済共同体）** と **EURATOM（欧州原子力共同体）** が設立されました。

　EECやEURATOM設立の背景にも2度にわたる世界大戦があります。大戦の結果、世界の政治・経済の中心はアメリカに移り、もはや一国の力でアメリカやソ連に対抗することは不可能でした。そこで、経済的に1つになって米ソに対抗しようとしたのがEECであり、同じく、米ソに遅れをとっていた原子力開発を何とかするために設立したのがEURATOMです。

　また、EECは域内共通関税政策が採られましたが、このEECに入らなかったのが、ヨーロッパの主要国の一つであるイギリスです。イギリスは主権を侵害されることを嫌がって、EECには加盟せず、EECより緩やかな経済的結びつきをつくろうと考え、**EFTA**（欧州自由貿易連合）をつくりました。中心であったイギリスが1973年に脱退して、ECに加盟してしまいましたが、EFTAは現在でもノルウェーやアイスランドなど4カ国が加盟しており、EUとともにEEA（欧州経済領域）をつくって自由貿易圏をつくっています。

さて、パリ条約やローマ条約を経て、ECSC・EEC・EURATOMの3本柱ができましたが、それぞれに総会や司法機関などがあり、少々ややこしかったので、それらを一本化するために結ばれたのが、1965年のブリュッセル条約です（1967年に発効）。この条約にもとづき **EC（欧州共同体）** が設立されました。

　ECは工業製品の関税同盟・共同市場・共通農業政策の強化（CAP）を進めるだけでなく、EMU（経済通貨同盟）の創設を目指しました。またECは加盟国の拡大を掲げ、1973年にはイギリス・デンマーク・アイルランドが（第1次拡大）、1981年にはギリシャが（第2次拡大）、1986年にはスペイン・ポルトガルが加盟し（第3次拡大）、ECは12カ国体制になりました。

　ECは共同市場を形成していましたが完全ではありませんでした。例えばお医者さんや弁護士の資格基準が域内で異なればヒトの自由な移動はできないし、金融や放送なども、ある加盟国では許可制、他の国では免許制だとサービスの自由化の障壁になってしまいました。そこで、資格基準やサービスを共通化することで移動にともなう障壁をなくし、ヒト、モノ、カネ、サービスのより自由な移動を可能にし、欧州域内統一市場の実現を目的としたのが単一欧州議定書です。

　また、1992年の**マーストリヒト条約**（発効は1993年）で **ECはEUへと改組**され、1995年にはオーストリア・スウェーデン・フィンランドが加盟しました（拡大EU）。

　このマーストリヒト条約では、単一通貨ユーロを導入するしくみであるEMU（経済通貨同盟）を設置し、EMU参加国の金融政策を **ECB（欧州中央銀行）** に移行させることや政治同盟（EPU）を進めるために共通外交・安全保障政策（CJHA）を盛り込むことなどが定められました（**すべてのEU加盟国がEMUに参加しているのではなく、現在EU27カ国中19カ国が参加している**。なお、ユーロは1999年に導入され、2002年から一般流通がはじまった）。

　その後、EUの中・東欧拡大を見越して、個人の基本的人権の尊重や性や民族、宗教などで差別することを禁止する非差別条項、ヨーロッパ間は国境審査なしで自由に移動できる**シェンゲン協定**を欧州連合の法に取り入れることなどを定めたアムステルダム条約が1999年に発効し、2003年のニース条約発効、2004年のハンガリー・チェコ・ポーランドなど10カ国のEU加盟、2005年のEU憲法条約の失敗、2007年のルーマニア・ブルガリアの加盟を経て、2009年には**リスボン条約**が発効しました。

　このリスボン条約では共通外交・安全保障政策（CJHA）を担当する上級代表がEU外相として格上げされたほか、任期2年半（再選可）の**欧州大統領（欧**

州理事会常任議長）が設置されることになり、政治的な統合が目指されています。

　さて、このようにヨーロッパを1つにする動きの中で、2016年イギリスでEU離脱の是非を決める国民投票が実施され、その結果、離脱することが決定した。イギリス国内では北アイルランドとアイルランドの国境問題やスコットランドの独立問題などがあり、なかなか決まりませんでしたが、2020年1月末、正式に離脱しました（イギリスの離脱はリスボン条約にもとづく）。

理解を深める▶EU加盟国の推移

1952（ECSC）	フランス、西ドイツ、イタリア、ベネルクス三国（ベルギー、オランダ、ルクセンブルク）
第1次拡大(EC・1973)	イギリス、デンマーク、アイルランド
第2次拡大(EC・1981)	ギリシャ
第3次拡大(EC・1986)	スペイン、ポルトガル
第4次拡大(EU・1995)	オーストリア、スウェーデン、フィンランド
東方拡大（2004）	ポーランド、チェコ、ハンガリー、スロベニア、スロバキア、バルト三国（エストニア、ラトビア、リトアニア）、キプロス、マルタ
第5次拡大（2007）	ブルガリア、ルーマニア
第6次拡大（2013）	クロアチア
2016	イギリスが国民投票で離脱を決定
2020	イギリスが離脱

※クルド人問題やキプロスとの対立を抱えるトルコは加盟を申請しているが、加盟が認められていない。

※東ヨーロッパの国もEUに加盟している。またすべての国がユーロを導入しているわけではないことに注意。

26 国際経済の諸課題

1 南北問題

「貧困をなくすこと」これは SDGs の一つ。

　先進国と途上国との経済・教育などさまざまな格差のことを**南北問題**といいます。

　先進国の多くは北半球、途上国の多くは南半球にあるため、1959年にイギリスのロイズ銀行のオリバー゠フランクスが、東西よりも南北問題が重要な問題だという趣旨の言葉を用いたことがはじまりといわれています。

南北問題の原因は何ですか？

　植民地支配の影響が大きいです。欧米列強は自国で生産することが難しい**一次産品**（農林水産物や鉱産物など）の生産に植民地の人々を従事させたため、**途上国は特定の一次産品の生産に輸出を依存する経済構造**（**モノカルチャー経済**）になってしまいました。このモノカルチャーの状態では、国の財政を支える輸出が天候や国際市場の動向によって左右されてしまうので、国の財政は非常に不安定なものになってしまいます。特に1960年代には農作物の価格が相対的に下落し、先進国との格差が世界的な問題となったのです。

国連ではどのような対策を採っているのですか？

　1960年の国連総会において、アメリカのケネディ大統領が「国連開発の10年」を提唱し、国連では1960年代を「第1次国連開発の10年」と位置づけ、先進国が援助を拡大することなどが目標とされました。

　また1964年には、**途上国の要請を受けて UNCTAD（国連貿易開発会議）**が設立され、第1回総会の**プレビッシュ報告**では、先進国の国民所得の1％を援助に用いることを求めるとともに**「援助よりも貿易を」**というスローガンが提唱されました（のちに「援助も貿易も」へ）。第2回総会では、**一般特恵関税制度**が合意され、先進国は途上国からの輸入品には特別に低い関税率を与えることになりました（GATT・WTO 三原則の例外）。ほかに **IBRD（国際復**

興開発銀行）の下部機関である **IDA**（国際開発協会）は IBRD よりも緩い基準での援助を行っています。

> UNDP も南北問題の解決に取り組んでいますよね。

　UNDP（国連開発計画）は世界の開発とその援助のために1966年に設立された国連総会の補助機関です。この「開発」は、単に経済中心の開発ではなく、**「人間が自らの意志にもとづいて自分の選択と機会の幅を拡大させること」**を目的としています。つまり UNDP の「開発」は、**人間の尊厳をいかに確保するかにあります**。そのため UNDP は、**「人間の安全保障」**の提唱や、国連の重要な方針となっている **SDGs**（持続可能な開発目標、エス＝ディー＝ジーズ）を推進する取り組みなどを行っています。

> 1970 年代に国連資源特別総会が開かれていますね。

　1960年や70年代には、メジャー（大資本を持ち、採掘・開発・生産から精製・輸送・販売まで一貫操業を世界的規模で行う会社）などの多国籍企業の支配から自国の資源を守る資源ナショナリズムが高まり、1974年には **NIEO（新国際経済秩序）樹立宣言**が**国連資源特別総会**で提案され、**多国籍企業の進出規制**と天然資源の恒久主権、交易条件の改善などが採択されました。また1973年の第4次中東戦争は産油国の国際的な発言力を高める契機となりました。しかし産油国が行った石油戦略は、製品価格も上昇させることになり、先進国だけでなく、製品を輸入する産油国の経済をも苦しめることになってしまいました。

　一方、メキシコなどの中南米の国は、先進国からの投資によって経済成長を遂げていましたが、石油危機の影響で先進国は投資を抑制したり、投資した資金を引き揚げたりするようになってしまいました。

　投資の減少によって、新たな開発ができなくなり、資源を売ってお金に換えることができなくなっただけでなく借金のほとんどがドル建てだったので、アメリカのドル高政策も相まって（レーガノミクス）、ドル建ての借金の負担が実質的に増え、経済が成り立たない国も出てきました。

　そこで途上国は、先進国に**債権放棄**や**債務の繰り延べ**（リスケジューリング）を求めましたが、根本的な解決策にはならず、**1982年にはついにメキシコがデフォルト（債務不履行）を宣言**しました。危機的な状況はブラジルやアルゼンチンなど中南米の国だけでなく世界各国でも起こり、それらの国々では通貨

価値が大幅に下落するなどの問題が起こりました。

 国連以外の機関も南北問題などに取り組んでいるのですか。

　国連以外だと、**OECD（経済協力開発機構）の下部機関である DAC**（開発援助委員会）は、**ODA（政府開発援助）を GNI 比0.7％を目標とすること**を提唱しています。

　また民間でも、**ソーシャル＝ビジネス**（環境や貧困などの社会的課題の解決を図るための取り組みを持続可能な事業として展開すること）や**フェアトレード**などが注目されており、ソーシャル＝ビジネスでは、BOP ※市場（経済的に社会の底辺にいる貧困層）に進出し、成功したバングラデシュの**グラミン銀行**の取り組み（**マイクロファイナンス**。BOP 層低所得者にお金を貸し出し、自立を促す取り組み）などが有名です。

> ※ BOP：Base of the Economic Pyramid の略で経済的な貧困層を指し、世界人口の約70％を占める。その市場規模は約5兆ドルを超えるといわれている。

② 南南問題

> BHN（ベーシック＝ヒューマン＝ニーズ）を確保できない、絶対的貧困の国の多くはアフリカに集中している。

　途上国の中でも経済発展を遂げた国、多くの天然資源を武器に豊かになる国、そして資源もなく、工業化も進まなかった国とがあり、それはやがて途上国間での格差となりました。この途上国間での格差のことを**南南問題**といいます。

　工業化が進まず、資源が乏しい国は**後発開発途上国**（最貧国、LDC。国連では GNI の 3 年平均推定値が1018ドル以下であることなどを要件としている）と呼ばれ、特に支援が必要とされるようになっています。また、これらの国の多くでは内戦の勃発、子どもたちの徴兵、慢性的な飢餓、難民の発生、テロ組織の拠点になるなどさまざまな問題を抱えています。

　LDC の多くは資源に乏しいため、先進国の関心が薄く、支援が後回しになっていますが、世界から紛争をなくし、子どもたちに安全な生活を保障するためには、義務教育を普及させ、飢餓や貧困、失業の問題をなくし、水や食料など人間にとって最低限必要な**人間の基本的ニーズ（BHN）**を確保することが大切です。日本や国連が目標とする「**人間の安全保障**」を進め、皆が日々笑える生活ができたらいいなと思います。

3 中国の台頭

チャイナ・マネーがアフリカへ。

　日本や西欧諸国の援助は、人権問題に取り組むこと、民主化を進めることなどの見返りに援助を行う、「金も出すけど、口も出す」援助なので、独裁政権にとってみれば魅力的にはうつりません。でも中国は「金は出すけど、口は出さない」援助を行っているため、独裁政権には受けがよく、**一帯一路構想**を進める中国のアフリカへの進出がすごい勢いで進んでいます。しかし、特定の人たちだけが潤う一時的な繁栄は「**アラブの春**」からわかるとおり長くは続かないと思います。

　日本はアフリカとの関係を強化するため **TICAD**（Tokyo International Conference on African Development・アフリカ開発会議）を1993年から定期的に開催しています。

　日本はアフリカに対し、「質の高いインフラの提供」、「人間の安全保障」の観点から一人一人の能力強化を目指し、教育の普及などの活動を行っています。現状は中国に押されていますが、「独裁体制で自由は統制されるが、経済が潤えば文句は言わない」中国式の選択をアフリカの人々は採るか、それとも西欧式の民主主義を採るか。今後もアフリカの情勢が気になります。

4 ODA（政府開発援助）

より戦略的に。量より質への転換。

　いよいよ最後のテーマですね。

　ODA（政府開発援助）は**政府や政府関係機関が途上国や国際機関に行っている援助のこと**です。**1991年から2000年まで日本のODAの総額は世界1位**でしたが、近年では順位を落としています。また**DAC加盟国の目標であるGNI比0.7％に達したことは一度もなく、0.2～0.3％程度**となっています。日本のODAは戦争の賠償という意味合いが強く、高度経済成長に合わせて増額してきましたが、日本のODAには何かと批判が多かったようです。

どのような批判ですか？

　まず贈与（無償資金援助や技術協力）の割合が少ないとの批判です。日本の場合は後で「返せ」という有償の借款の割合が他の国の援助に比べて高いのが特徴です。

　「後で返さないといけない」と考えれば、返すように努力しますから、個人的には賛成ですが、援助される側には不満が多かったのです。

　次に日本のODAは「ひもつき（タイド）援助」という批判です。生活環境の整備や人道的支援ではなく、援助国の役に立つかどうかわからない橋や道路をつくり、さらにその橋や道路の資材などを現地の企業ではなく、日本の企業にすべて調達させるため、単なる公共事業の輸出にすぎないと批判されました。これについては、日本のODAは1954年に途上国の援助機関であるコロンボ・プランに加盟したことによりはじまりましたが、当時の日本はドル（外貨）がなかったので、援助を円で貸し付けたため（円借款）、何かをつくる際には支払いが円でできる日本企業にほぼ限定されていたことも影響しています。

　最後にアジア偏重であるとの批判です。日本のODAは戦後賠償の意味が強いのでアジア偏重となっています。もちろん、その他の国にも供与していますが、資源が豊富な国への援助が多く、資源が少ない国への援助は少ないと批判されていました。これは他の国にもいえることですが、ODAは単なる援助ではなく、国益の確保も重要であるため、資源が多い国に偏ってしまい、本当に必要な国に援助を行っていかないと、途上国間での格差は拡大するばかりです。また資源があるなしに関係なく、国際会議では同じ1票を持っているわけですから、いざとなったときに備え、国際社会に仲間を多く持つことは非常に重要なので、ODAを戦略的に用いる必要があります。

　日本では、1992年にODA大綱が定められ、1999年からは援助の内容を量から質へと転換させました。その結果、「ひもつき（タイド）援助」の割合を減らし、「ひもなし（アンタイド）援助」を増やすことで、援助国がより弾力的に使えるように、また円借款の比率を下げるとともに、贈与を増加させ、さらにアフリカ諸国への援助割合を増やすなどの改革を行いました。

　その後、2003年にODA大綱は改定され（新ODA大綱）、そして2015年には「開発協力大綱」へと名称も変更されました。

　安倍晋三内閣では積極的平和主義の方針のもと、開発協力の目的に、「国際貢献に加え、国益の確保に貢献する」という文言をはじめて明記したほか、基本方針に「非軍事的協力による平和と繁栄への貢献」が示されました。

このように ODA 改革は行われていますが、ODA を行っている国の中には日本から ODA を受けていることを国民が知らない国もあり、それでは「国益の確保」とはなりません。海外派兵を禁止している日本にとって、ODA は日本の国際的地位を高める重要な手段です。その重要な手段を援助国、また国際社会にいかにアピールするのか、日本の発信力が問われています。

理解を深める▶ **経済協力**

◆ **ODA**（政府開発援助）の種類

ODA	二国間援助	贈与※	無償資金協力	被援助国に返済義務を課さない資金協力。
			技術協力	専門家の派遣や研修の実施を通じて、途上国の技術水準の向上や、制度・組織の整備を図る。
		有償資金協力		低金利・長期返済の条件での開発資金の貸し付け。
	多国間援助			国際機関に対する出資・拠出など。

　日本の有償資金協力は円で行われることが多いので、**円借款**と呼んでいる。多国間援助については、日本は IBRD（国際復興開発銀行）やユニセフなどの国連の機関や、ADB（アジア開発銀行）のような地域開発金融機関などに対して行っている。また、国際協力機構（JICA、日本の独立行政法人）を通じた**青年海外協力隊**の派遣により技術協力を行い、相手国の人材を育てるなどして相手国の経済・社会の発展に貢献している。
　※贈与：グラント＝エレメントが100％のもの。なお、グラント＝エレメントとは借款の金利や償還期間などを考慮した援助条件の緩やかさの指標である。

執行　康弘（しぎょう　やすひろ）

　兵庫県出身。駿台予備学校、東進ハイスクール・東進衛星予備校、代々木ゼミナール、実践学園中学・高等学校、警察大学校講師。

　「暗記」の大前提となる「理解」にこだわり、「なぜ」に注目した授業を展開。現在の制度や仕組みをわかりやすく説明することで、「楽」に「わかった」と気づかせることを追究している。受験生の学習意欲に火をつける絶妙なトークで多くの支持を集め、毎年多くの受験生を第一志望校合格へと導いている。今、最も勢いのある実力派講師の一人である。

　著書に、『直前30日で9割とれる　執行康弘の　共通テスト政治・経済』『改訂版　大学入学共通テスト　政治・経済の点数が面白いほどとれる本』（ともにKADOKAWA）などがある。

大人の教養　面白いほどわかる政治・経済

2023年5月26日　初版発行

著者／執行　康弘

発行者／山下　直久

発行／株式会社KADOKAWA
〒102-8177　東京都千代田区富士見2-13-3
電話　0570-002-301（ナビダイヤル）

印刷所／株式会社加藤文明社印刷所
製本所／株式会社加藤文明社印刷所

●お問い合わせ
https://www.kadokawa.co.jp/（「お問い合わせ」へお進みください）
※内容によっては、お答えできない場合があります。
※サポートは日本国内のみとさせていただきます。
※Japanese text only

定価はカバーに表示してあります。